AGRICULTURE STUDY ON SELECTED AFRICAN COUNTRIES

非洲农业国别调研报告集

（第七辑）

安哥拉　莱索托　纳米比亚　津巴布韦
ANGOLA　LESOTHO　NAMIBIA　ZIMBABWE

农业部国际交流服务中心　编著

中国农业科学技术出版社

图书在版编目（CIP）数据

非洲农业国别调研报告集. 第七辑 / 农业部国际交流服务中心编著. —北京：中国农业科学技术出版社，2013.12
　ISBN 978-7-5116-1172-7

　Ⅰ.①非…　Ⅱ.①农…　Ⅲ.①农业发展—研究报告—非洲　Ⅳ.① F34

中国版本图书馆 CIP 数据核字（2012）第 297975 号

责任编辑　李　雪　朱　绯
责任校对　贾晓红

出　　版	中国农业科学技术出版社
	北京市中关村南大街 12 号　　　　邮编：100081
电　　话	（010）82106626　82109707（编辑室）　（010）82109702（发行部）
	（010）82109709（读者服务部）
传　　真	（010）82106650
网　　址	http://www.castp.cn
经　　销	各地新华书店
印　　刷	北京昌联印刷有限公司
开　　本	787mm×1092mm　1/16
印　　张	16.5
彩　　插	24 面
字　　数	294 千字
版　　次	2013 年 12 月第 1 版　2015 年 6 月第 2 次印刷
定　　价	60.00 元

版权所有·翻印必究

《非洲农业国别调研报告集》

编 委 会

主　　任　王　鹰

执行主任　屈四喜

副 主 任　蔡春河　唐盛尧　叶安平　童玉娥　孙咏华
　　　　　　李　雪　杨从科

编　　委　董志强　蒋和平　杨从科　陈淑仁　顾卫兵
　　　　　　蔡春河　孙咏华　郭　粟　周　敏　付　严
　　　　　　黎林燕

《非洲农业国别调研报告集》

第七辑编写人员

安 哥 拉 杨前进　孙业强　张　明　王　逊

莱 索 托 申义珍　刘建文

纳米比亚 肖秀娥

津巴布韦 刘晓辉　林玉柱　沙湧波　张小燕

　　　　　　何　望　成兴广　尉继强　胡宇舟

　　　　　　孔令聪　刘桂富　李　卓

安哥拉
Angola

莱索托
Lesotho

纳米比亚
Namibia

津巴布韦
Zimbabwe

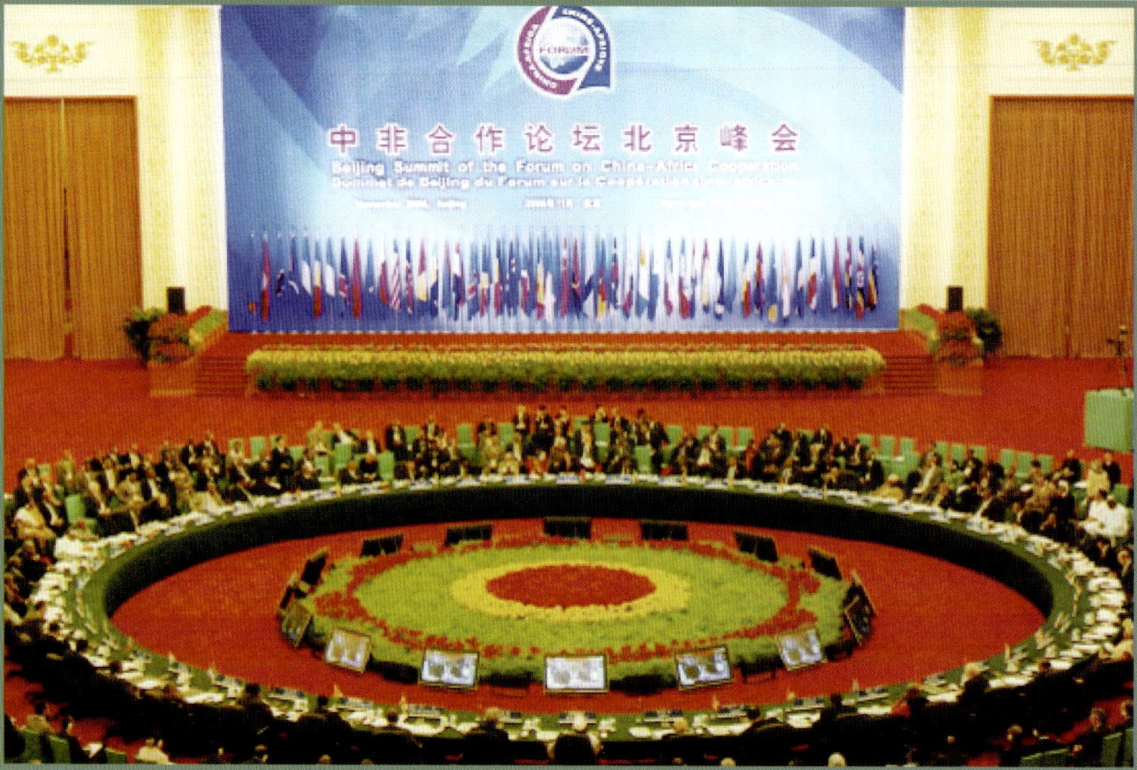
中非合作论坛北京峰会
Beijing Summit of the Forum on China-Africa Cooperation

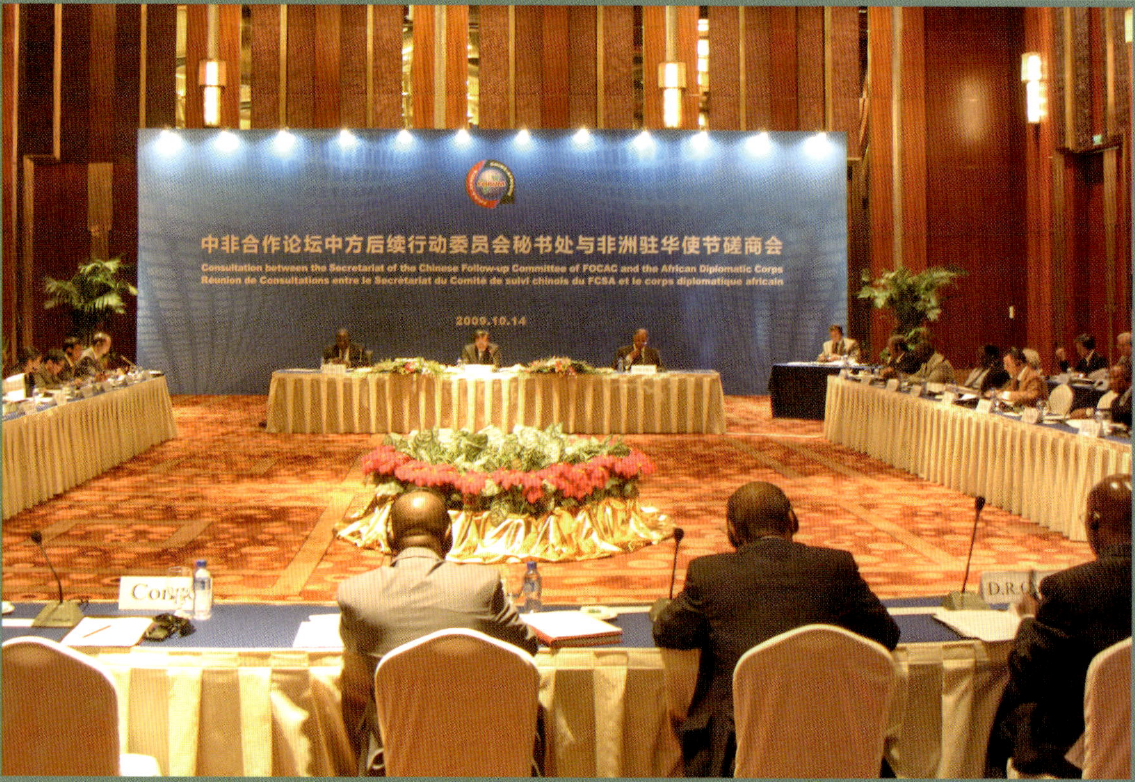
中非合作论坛中方后续行动委员会秘书处与非洲驻华使节磋商会
Consultation between the Secretariat of the Chinese Follow-up Committee of FOCAC and the African Diplomatic Corps
Réunion de Consultations entre le Secrétariat du Comité de suivi chinois du FCSA et le corps diplomatique africain
2009.10.14

援非百名高级农业专家项目总结大会

援非高级农业专家项目联合巡视考察团在津巴布韦与援津巴布韦高级农业专家组合影

序

中非人民的深厚友谊是在半个多世纪的岁月中不断积累和发展起来的。尽管世界发生了沧桑巨变，但中国与非洲依然保持着风雨不改的兄弟情谊。

非洲将农业和市场准入、基础设施、资本流动、人力资源并列为四大重点发展领域，其中农业位居第一。农业是非洲经济发展的重要支柱，是实现就业和粮食安全的双保险。非洲的农业资源利用程度低，农业生产水平低。如果没有农业的发展，就难以根除非洲贫困问题。由于非洲农业发展最严峻的问题是粮食安全，中国对非洲农业的援助也基本上都是围绕增强其粮食生产能力展开的。自中国1959年向几内亚政府提供无偿粮食援助开始，经过50多年的发展，中非农业合作取得了显著的成就和丰富的经验。2000年以来，中国和非洲的农业合作进入了全面深化阶段，中非合作论坛机制以及各类多双边农业合作文件的签署将中非农业合作从项目式的行动逐渐发展成为规范的制度化和可持续的全面合作。目前，中国已先后与埃及、南非、埃塞俄比亚、苏丹等16个非洲国家签署了28份农牧渔业合作协议，并与埃及、南非等9个非洲国家建立了双边农业合作组机制。2006年11月，中非合作论坛北京峰会上，中国国家主席胡锦涛宣布了旨在加强中非务实合作、支持非洲发展的8项政策措施，其中包括3年内向非洲国家派遣100名高级农业专家、建设10个农业技术示范中心以及为非洲国家培训1 500名农业人才的对非农业援助。2009年8月，中非合作论坛第四届部长级会议上，温家宝总理提出进一步加强中非农业合作，把中国在非洲国家援建的农业技术示范中心增至20个，向非洲派遣50个农业技术组，为非洲国家培训2 000名农业技术人才，提高非洲实现粮食安全的能力。

为落实中非合作论坛北京峰会精神，推动中非新型战略伙伴关系发展，农业部经过遴选和培训，在2008—2009年两年内选派了104名高级农业专家赴33个非洲国家开展为期一年的援助工作，超额完成了领导人的对外承诺。援非工作期间，专家们怀着高度的政治责任感，以帮助受援国提高粮食安全水平为中心任务，发扬艰苦奋斗的作风，克服种种困难，扎实有效地开展了各项工作：一是广泛深入开展调研，为受援国农业发展和中非农业合作建言献策；二是积极开展农业生产技术指导、培训、试验、示范和推广，促进了受援国农业生产和管理水平的提高；三是积极促进中方与受援国农业行政部门、农业院校和企业之间的合作，为中国农业企业赴非开展农业合作提供帮助和支持，为农业"走出去"战略的实施作出了贡献。

《非洲农业国别调研报告集》系列图书的出版，是援外专家辛勤工作的结晶，是中国农业援非工作的大总结。丛书全面系统地阐述了非洲30多个国家的农业发展概况、农业发展的经验和教训、中非农业合作的情况及设想，等等。相信这些鞭辟入里的研究和分析会对中非农业的合作发展有所裨益。

中华人民共和国农业部副部长
牛　盾
2012年7月

目 录

安哥拉

第一部分　安哥拉概况 …………………………………………… 5
　　一、自然地理概况 ………………………………………………… 5
　　二、人文与社会概况 ……………………………………………… 9
　　三、经济发展状况 ………………………………………………… 13

第二部分　安哥拉农业发展概况 ………………………………… 19
　　一、安哥拉农业在国民经济中的地位 …………………………… 19
　　二、农业行政管理体系 …………………………………………… 19
　　三、农业经营管理体制 …………………………………………… 20
　　四、农业基础设施与装备 ………………………………………… 23
　　五、农业科技与教育 ……………………………………………… 24
　　六、农产品生产与加工 …………………………………………… 28
　　七、农产品消费、流通与贸易 …………………………………… 34
　　八、农业资源开发与生态环境保护 ……………………………… 48

第三部分　安哥拉农业发展的经验教训和对策建议 …………… 49
　　一、安哥拉农业发展的经验和教训 ……………………………… 49
　　二、安哥拉农业发展存在的主要问题 …………………………… 51
　　三、对安哥拉农业发展的对策建议 ……………………………… 53

第四部分　安哥拉与中国农业合作情况 ………………………… 56
　　一、中安农业合作进展成效 ……………………………………… 56
　　二、中安农业合作发展前景 ……………………………………… 59
　　三、对中安农业合作发展的建议 ………………………………… 60

莱索托

第一部分　莱索托概况 ·· 69
　　一、自然地理概况 ·· 69
　　二、人文与社会概况 ·· 70
　　三、经济发展状况 ·· 71
第二部分　莱索托农业发展概况 ····································· 73
　　一、莱索托农业在国民经济中的地位 ································ 73
　　二、农业行政管理体系 ·· 74
　　三、农业经营管理体制 ·· 76
　　四、农业基础设施与装备 ·· 79
　　五、农业科技与教育 ·· 82
　　六、农产品生产与加工 ·· 85
　　七、农产品消费、流通与贸易 ····································· 103
　　八、农业资源开发与生态环境保护 ································· 104
第三部分　莱索托农业发展的经验教训和对策建议 ···················· 113
　　一、莱索托农业发展的经验和教训 ································· 113
　　二、莱索托农业发展存在的主要问题 ······························· 115
　　三、对莱索托农业发展的对策建议 ································· 116
第四部分　莱索托与中国农业合作情况 ······························ 119
　　一、中莱农业合作进展成效 ······································· 119
　　二、中莱农业合作发展前景 ······································· 120
　　三、对中莱农业合作发展的建议 ··································· 120

纳米比亚

第一部分 纳米比亚概况 ··· 127
  一、自然地理概况 ··· 127
  二、人文与社会概况 ··· 129
  三、经济发展状况 ··· 132

第二部分 纳米比亚农业发展概况 ······························· 138
  一、纳米比亚农业在国民经济中的地位 ··························· 138
  二、农业行政管理体系 ··· 139
  三、农业经营管理体制 ··· 141
  四、农业基础设施与装备 ······································· 142
  五、农业科技与教育 ··· 142
  六、农产品生产与加工 ··· 144
  七、农产品消费、流通与贸易 ··································· 149
  八、农业资源开发与生态环境保护 ······························· 155

第三部分 纳米比亚农业发展的经验教训和对策建议 ············· 158
  一、纳米比亚农业发展的经验和教训 ····························· 158
  二、纳米比亚农业发展存在的主要问题 ··························· 163
  三、对纳米比亚农业发展的对策建议 ····························· 164

第四部分 纳米比亚与中国农业合作情况 ························· 167
  一、中纳农业合作进展成效 ····································· 167
  二、中纳农业合作发展前景 ····································· 168
  三、对中纳农业合作发展的建议 ································· 171

津巴布韦

第一部分　津巴布韦概况 ·················· 177
 一、自然地理概况 ·················· 177
 二、人文与社会概况 ·················· 179
 三、经济发展状况 ·················· 179

第二部分　津巴布韦农业发展概况 ·················· 183
 一、津巴布韦农业在国民经济中的地位 ·················· 183
 二、农业行政管理体系 ·················· 185
 三、农业经营管理体制 ·················· 186
 四、农业基础设施与装备 ·················· 187
 五、农业科技与教育 ·················· 193
 六、农产品生产与加工 ·················· 198
 七、农产品消费、流通与贸易 ·················· 231
 八、农业资源开发与生态环境保护 ·················· 232

第三部分　津巴布韦农业发展的经验教训和对策建议 ·················· 236
 一、津巴布韦农业发展的经验和教训 ·················· 236
 二、津巴布韦农业发展存在的主要问题 ·················· 241
 三、对津巴布韦农业发展的对策建议 ·················· 243

第四部分　津巴布韦与中国农业合作情况 ·················· 245
 一、中津农业合作进展成效 ·················· 245
 二、中津农业合作发展前景 ·················· 246
 三、对中津农业合作发展的建议 ·················· 247

安哥拉
Angola

援安哥拉高级农业专家受邀参加中国驻安哥拉大使馆举办的国庆60周年招待会
（右一孙业强，右二杨前进，右三大使张伯伦，右四大使夫人，右五张明，左一王逊）

中国援安哥拉高级农业专家组

工作时间：2009年7月至2010年7月

组　　长：杨前进，安徽省农业科学院水稻研究所研究员

组　　员：孙业强，山东省枣庄市农业局研究员
　　　　　张　明，四川省达州市农业局研究员

翻　　译：王　逊

专家项目考察时受到扎伊尔省长 Pedro Sebastião 先生（左四）接见

专家们与安哥拉农业部副部长（中）、计划司司长（右二）座谈

中安两国高级农业专家在中信农场进行农业技术交流

安哥拉农业部为专家举办欢送会

安哥拉农业部、农业科学院、种子管理总站官员参观专家的各种作物试验

专家在南宽扎省孙贝市考察指导棉花生产

专家指导玉米生产

第一部分　安哥拉概况

一、自然地理概况

（一）地理位置与地形地貌

安哥拉共和国位于非洲大陆西南部，处于南纬4°22′～18°02′，东经11°41′～24°05′，是中部非洲和南部非洲的结合部，也是南大西洋和印度洋海运的要冲。北邻刚果（布）和刚果（金），东接赞比亚，南连纳米比亚，西濒大西洋，海岸线全长1 650千米。另外，安哥拉共和国本土以北的大西洋沿岸有一块飞地领土即卡宾达省，位于刚果（金）境内。国土面积为124.67万平方千米。

安哥拉地形主要是高原，地势东高西低。全国大部分地区是海拔在1 000～2 300米以上的高原，自东向西直到大西洋沿岸，呈阶梯状延伸。北部以山地为主，地势缓斜，为刚果盆地南侧边缘；中部为高原，地势高峻挺拔，占国土大半，全国海拔2 620米的最高山峰莫科山就位于中部高原；南部地势开阔，为卡拉哈里盆地的西北端；西南部过渡为丘陵平地。主要盆地有扎伊尔盆地、宽扎河盆地、库内内盆地和赞贝泽盆地。从地理构成上看，全国大致可分为6个部分。

中西部为比耶高原：海拔1 500～2 000米，有"安哥拉屋脊"之称，这里有安哥拉乃至刚果、赞比亚许多河流的发源地。比耶高原是全国的主体，群峰错落、层峦叠嶂，由花岗岩、片麻岩构成，地表起伏，多岛山，深受宽扎河、库内内河、库邦戈河等切割影响。比耶高原西部地势高峻，最高的莫科山（Moco）海拔2 620米，为全国最高峰。比耶高原包括比耶省、万博省和本格拉省东部。该区域多铁、铜、铀等矿藏，属于热带草原气候，盛产玉米、烟叶和阿拉伯种咖啡。

西北部马兰热高原：海拔500～1 000米，占马兰热、威热、北宽扎大部分和扎伊尔的一部分，宽扎河流经其中。该高原降雨充沛，年降水量1 000毫米左右。主要生产木薯、咖啡、棕榈、玉米、花生、食豆等作物，是重要的农业生产区。

东北部为隆达高原：海拔1 000米以上。包括北隆达、南隆达、莫希科、宽多库邦尔等省。年降水量在1 000毫米以上。河流流入刚果和赞比亚。北部为木薯、地瓜、马铃薯、玉米、食豆产区，南部为谷物产区。该区盛产钻石，全国最大的钻石矿位于此高原。

西南部为威拉高原：占威拉省和库内内省的大部分地区，自北向南，海拔由1 500米降至1 100米，地表平缓。该地区气候干旱凉爽，库内内河流经贯穿本区域。威拉高原多森林，草场广阔，畜牧业发达，为安哥拉重要的养牛区。威拉高原的北部富蕴铁、铜等矿藏。

大西洋沿岸：是一片北宽南窄、宽约50～100千米的带状平原，从最北部的刚果河口一直延伸到最南端，但面积只占国土总面积的3.3%，这一带有不少天然海港。带状平原海拔不到200米，有低矮丘陵，靠近本格拉海的最窄处仅有25千米。首都罗安达以南的宽扎河谷地区是这一片低地的最宽处，在150千米以上。沿海低地的自然景观明显异于占安哥拉整个面积大部分的高原地区，这是因为大西洋向北的本格拉寒流使得沿岸雨量明显减少，气候相对干燥，并且在安哥拉南部沿海地区形成纳米贝沙漠。沿海北部地区是平原，被厚厚的灌木覆盖，到沿海地区的中间地带又变成了干燥灌木。另外，安哥拉的飞地省份卡宾达省境内的大部分土地也都为沿海低地和丘陵地形。

沿海平原和内陆高原之间的过渡山地：这片过渡山地与沿海地带平行，海拔400～1 100米不等。这个狭窄地带与内陆的距离从20～100千米，宽扎河将这个地区分成两部分。宽扎河以南，山区陡然升起，形成一个巨大的断崖，从罗安达以东延伸出来一直向南到纳米比亚。断崖的最高点孙贝（Sumbe）镇的东南角达到了2 400米，在整个南部山区范围内都是最陡峭的。许多发源于高原的河流向西注入大西洋，流经山地地带形成许多峡谷和飞瀑急流，是安哥拉重要的旅游和水电资源。

（二）气候类型

安哥拉全境位于南半球的亚热带地区之间，北部等大部分地区属热带草原气候，南部是亚热带气候，中东部高海拔地区则为温带气候。安哥拉虽靠近赤道，地处低纬度，但因地势高耸，又靠近大西洋，受到大西洋上本格拉寒流影响，气候并不太炎热，全年平均气温22℃左右，有"春天国度"的美称。整体上来讲，随着纬度的增加，温度逐渐下降，而距离大西洋越近，温度越高。例如，刚果河口索约（Soyo）市，年平均温度为26℃左右，但到了中部高原的万博市（Huambo），年平均温度却在16℃以下。

安哥拉季节变化明显，全年分旱、雨两季。北部地区的9月至次年4月为雨季，1—2月份雨量稍小；南部地区的雨季则是从11月到次年2月，此时天气炎热，气温高，湿度大。北部地区的5—8月为旱季，南部的旱季则是从3月持续到10月。最凉的月份为7月和8月，纬度高一些的地区可能会出现霜冻。5月和9月为过渡月份。雨季时候连降暴雨，使得高原上周期性发生的洪灾，成为安哥拉主要的自然灾害。飞地卡宾达省的气候更为温暖潮湿，属于热带雨林气候。

（三）水资源

安哥拉是非洲水资源最丰富的国家之一，原因如下。一是年降水量大。降水量从东北向西南逐渐递减，东北高原地区年均降水量可达1 500毫米以上，沿海平原的年降水量锐减为250～1 000毫米，而南部纳米贝沙漠地区年均降水量则仅为50毫米。通常北方的降水量更高一些，内地的降水量则比同纬度的沿海地区高一些，随着纬度的增加降水量也增加。但地区之间降雨量和时空分布不均，雨季降雨多，旱季基本不降雨。二是境内有30多条较大的河流，均发源于中部高原，河流多呈南北或东西走向，放射状向四面奔流。对安哥拉社会、经济影响较大的河流主要有库邦戈河（Kubango）、宽扎河（Kuanza）、库内内河（Kunene）、宽多河（Cuando）和宽果河（Cuango）等河流，其中最大河流为宽扎河。这些河流多为水流湍急，是很好的水力发电和农业灌溉资源，河水总流量为184立方千米/年，相当于平均每人每年17 200立方千米，其中大部分（约占总量的41%）注入大西洋。部分地区水资源不足，不能满足农业、畜牧业及居民用水。中部高原及沿海平原的落差使得这个地区具有建立水库等水利设施用于农田灌溉的有利条件。三是地下水资源丰富。境内的地下水资源约为72立方千米/年，地下水层的深度变化为：中部高原地区为10～30米深、沿海平原为5～30米深，南部及半干旱地区为200米深（该区域约覆盖全国境内地下水资源总量的70%）。主要河流有以下一些。

库内内河：全长945千米，流域面积11.2万平方千米，河口多年平均流量每秒为200立方米，径流量63.1亿立方米，河流源于安哥拉比耶高原南部山地，水流方向首先由北向南，之后由东向西。在安哥拉与纳米比亚边界并进入纳米比亚之后称为赞比西河。库内内河上游、下游段，多为急流瀑布，水能资源极为丰富。但到目前为止，未进行大规模开发，只兴建了一些中小型水库，其中最大的工程是戈夫水电站，该电站最大坝高58米，库容25.74亿立方米，工程主要用于发电和灌溉。该河流也是纳米比亚饮用水的主要来源之一。

库邦戈河：全长975千米，流域面积约为15.3万平方千米，源于安哥拉中部的高地，由北向南流经安哥拉中部地区，然后形成与纳米比亚的共同边界，进入纳米比亚后称奥卡万戈河，最终注入博茨瓦纳北部沼泽。库邦戈河流经所有安哥拉南部各省。

宽多河：非洲南部河流，赞比西河支流，全长800千米。源于安哥拉东部高原，东南流经安哥拉、赞比亚边界，穿过纳米比亚卡普里维地带，注入博茨瓦纳北部沼泽；下游段称乔贝河。流域偏旱，水量不丰，季节变化显著。雨季下游段接纳奥卡万戈河三角洲一支汊流来水。河口段河道展宽，形似湖泊。自沼泽流出，折向东北，形成博茨瓦纳与纳米比亚边界，至卡宗古拉渡口附近注入赞比西河。

宽扎河：位于安哥拉中部，源于比耶高原东南部山地，水流流向由南向北，之后由东向西，再由南向北，在罗安达南56千米的巴拉—杜宽扎注入大西洋。河流全长965千米，流域面积15.6万平方千米，多年平均流量836立方米/秒，多年平均径流量263亿立方米。支流密布，水量丰富。上游流经高原盆地，坡平流缓。中游穿切山地，多峡谷急流，建有坎班贝水坝和装机容量26万千瓦的水电站。下游陡落平原，谷地宽广，有灌溉之利，形成安哥拉重要的农业区。栋多至河口（193千米）可通航。

宽果河：非洲中部河流，是刚果河（扎伊尔河）水系开赛河左岸的重要支流。源于隆达高原南部，西北流1 200千米，在班顿杜注入开赛河。上游段在安哥拉境内；中游段为安哥拉、扎伊尔界河；下游段在刚果布西南部。流经多雨高原，两岸有万巴河、奎卢河等支流汇入，水量丰富。沿岸森林茂密。中上游多瀑布、急流。弗朗索瓦·约瑟夫瀑布以下有通航之利。

（四）资源禀赋

安哥拉是一个矿藏资源十分丰富的国家，素有南部非洲"聚宝盆之称"。目前已发现的有石油、天然气、金刚石、铁矿、磷酸盐、铜矿、钨、钒、铅、锡、镭、铬、钛、煤、石膏、绿柱石、高岭土、石英、大理石等30多种，此外还有金、钨、云母、褐煤等。石油和天然气在安哥拉储量十分丰富，石油资源是撒哈拉以南非洲地区仅次于尼日利亚的第二大石油生产国，现已探明蕴藏量超过125亿桶，天然气储量约为7万亿立方米，钻石总储量1.8亿多克拉，铁矿17亿吨，磷酸盐2亿吨，锰矿储量近1亿吨。安哥拉还有重要的石材，主要石材有黑花岗岩、红花岗岩和大理石等建筑和装饰石材。森林面积5 300万公顷，出产乌木、非洲白檀木、紫檀木等名贵木材。水力、海洋等资源也很丰富。

二、人文与社会概况

（一）人　口

至今安哥拉没有官方准确统计的人口数字，安哥拉政府计划到2014年完成全国人口普查，届时将对外公布全国人口总数。据安哥拉有关部门数据显示，截至2009年，全国人口总数在1 400万～1 500万人，预计到2015年全国人口将达到2 000万人以上，其中农村人口约1 100万人。中国外交部网站2009年7月公布安哥拉2008年人口约1 740万。

资料显示：2005年安哥拉全国有劳动力560万人，其中农业劳动力占85%，工业和服务业劳动力占15%。2007年，农业人口约占全国人口的65%，农业人口中有60%以上是文盲。据2006年联合国开发计划署公布的全球人文发展情况报告，安哥拉2005年人文发展指数为0.446，居全球第162位，人均预期寿命值为41岁，成人识字率为67.4%。

总体而言，安哥拉人口总数少，素质差，分布极不均匀。由于内战时期，安哥拉广大农村人口为躲避战争，纷纷逃往城市和异国他乡，农村人口和劳动力大幅度减少。目前安哥拉人口主要分布在首都罗安达（约500万人），占全国人口总数的三分之一左右和省会等中心城市，农村居住人口十分稀少，从事农业劳作的人更少，农业劳动力严重不足。

（二）民　族

安哥拉是一个多民族国家。中部地区的奥温本杜族（OVIMBUNDO）是人口最多的民族，约占总人口的38%；西北地区的姆本杜族（MDUNDO）是第二大民族，约占总人口的23%；北部的巴刚果族（BAKONGO），约占总人口的14%；其他的少数民族还有东部地区的伦达肖可韦族（LUNDACHOKWE）、南方的思甘格拉族（NGANGUELA）和分布在其他不同地区的夸尼亚玛族（CUANHAMA）、恩亚内卡族（NYANECA）和恩昆比族（NKHUMBI）等民族。安哥拉居民中还有葡萄牙人后裔约10万余人。安哥拉约49%的人信奉罗马天主教，13%的人信奉基督教新教，其余人口大多信奉原始宗教。

（三）语　言

安哥拉官方语言为葡萄牙语。主要民族语言有温本杜语、金本杜语和基孔戈语等。

（四）首　都

安哥拉首都罗安达（Luanda）位于安哥拉西北沿海，东经13°30′，南纬8°50′，西临大西洋本戈湾，南依安哥拉国内最大的河流宽扎河入海口，是撒哈拉以南欧洲殖民者兴建的最古老的城市之一。从气候角度讲，罗安达是世界上最适宜人类居住的十大城市之一，也是全国政治、经济、文化中心。

罗安达地处热带地区，但由于地势较高，依山傍水，加之受本格拉寒流的影响，气候温和并不炎热，年平均气温24℃，素有"热带春城"之美称。这里有旱季和雨季之分，一般从11月至翌年4月为雨季，气温较高，雨量较多，经常阴雨连绵；5—10月为旱季，气候凉爽宜人。

罗安达历史悠久，19世纪以来，随着安哥拉黄金、钻石和石油的勘探与开采，罗安达的经济得到了迅速发展。1866年，罗安达只有1.5万居民，20世纪70年代，已发展成为有50万人口的中等城市。安哥拉独立后，罗安达市成为国家的首都，市区面积扩大到130多平方千米，全市辖区面积达3.4万平方千米。2009年全市人口已突破500万人。

罗安达是全国政治和经济中心。工业自成体系，工业产值占全国的一半左右，1958年罗安达市郊建成了设备先进的大型炼油厂，年产量为150万吨，生产的优质燃油除供全国消费外，还可以出口。这里还有"本菲卡"油田和罗安达海上油田，因此，罗安达又有南部非洲"石油城"之称。同时，罗安达还有纺织、食品加工、酿酒、水泥、铝制品、制糖、造纸等工业部门，可向全国提供各种工业和日用消费品。

罗安达濒临非洲西海岸，港口海湾长4千米，宽2千米，水深30米。港内设有5个远洋轮码头和一个沿海货运码头，可同时停靠8艘大型货轮，每年接待来自各地的船只2 000多艘，2007年罗安达港货运吞吐量达600多万吨。目前，除1886年建成的一条与内地相通的铁路外，罗安达有公路与全国相连。罗安达有完善的通信设施，机场可以起降大型客机，有航线与欧洲、南美和非洲各国相通。

罗安达自然风光秀丽迷人，是非洲著名的旅游胜地。城中高地一带，多为居住区；低地一带，为工商区。市内多公园和花园，在宫殿广场上的纳萨·塞尼奥拉·多卡莫教堂和耶稣会教堂是17世纪的古建筑。著名的安哥拉博物馆内收藏着大量的动植物标本、艺术品和历史文物。城市南部有建于1575年的圣米格尔古堡，古堡耸立于山脊之上，四周筑成不规则的多边形长围墙，颇为雄伟。市内还有建于16世纪的那沙勒礼拜堂等古欧洲式建筑。在海边，是一座座拔地而起的20多层的高楼，雄伟壮观。市郊有良好的天然海滩，这里的高级旅馆和俱乐部林立，绿树繁花与金沙碧浪交相辉映。在城市附近，还有仅次于莫西瓦图尼亚瀑布（旧名维多利亚瀑布）的非洲第二大瀑布，是游人经常光顾的地方。在罗安达可欢度安哥拉的三个传统节日。每年11月底的岛节是人们举行祭海仪式的日子，届时，人们向大海抛撒食品；2月中旬至3月下旬的海节和3月27日狂欢节。每到节日期间，尽管天气炎热，罗安达街头上仍是人山人海，到处是欢歌曼舞，一片欢腾。

罗安达房源少、地价贵，物资供应较为紧张，造成物价虚高，基本生活支出至少在100美元以上，物价相当于中国物价的5倍左右，房价是中国的3～10倍。但其他地方物价水平相对较低一些。安哥拉的经济活动主要集中在首都，这里高层官员、生意人、一些有土地和房屋的人员，收入较高，消费力也很强，从而形成一面是一些豪华餐厅（如一次用餐人均消费100～200美元）订座很难，另一面是大量普通百姓只能维持温饱的现象。

（五）行政区划

安哥拉全国分为卡宾达、扎伊尔、罗安达、本戈、威热、北宽扎、南宽扎、马兰热、北隆达、南隆达、比耶、莫希科、宽多库邦戈、库内内、威拉、纳米贝、本格拉和万博18个省，下设有153个市，市下设镇、村。各省基本情况见表1。

表1 安哥拉18个省基本概况

省份		省会		人口	面积（平方千米）
CABINDA	卡宾达	CABINDA	卡宾达	199 000	7 239
ZAIRE	扎伊尔	M' BANZA CONGO	姆班扎刚果	262 000	39 957
LUANDA	罗安达	LUANDA	罗安达	2 022 000	5 696
BENGO	本戈	CAXITO	卡希托	190 000	31 243
UIGE	威热	UIGE	威热	985 000	58 447
CUANZA NORTE	北宽扎	N' DALATANDO	恩达拉坦多	440 000	24 007
CUANZA SUL	南宽扎	SUMBE	孙贝	710 000	55 420
MALANJE	马兰热	MALANJE	马兰热	1 020 000	97 324
LUNDA NORTE	北隆达	LUCABA	卢卡帕	320 000	120 559

(续表)

省　份		省　会		人　口	面积（平方千米）
LUNDA SUL	南隆达	SAURIMO	绍里木	165 000	77 304
BIE	比　耶	KUITO	奎托	1 280 000	70 011
MOXICO	莫希科	LUENA	卢埃纳	360 000	222 069
CUANDO CUBANGO	宽多库邦戈	MENONGUE	梅农盖	139 000	198 197
CUNENE	库内内	O'NDJIVA	翁吉瓦	255 000	86 968
HUILA	威　拉	LUBANGO	卢班戈	954 000	44 873
NAMIBE	纳米贝	NAMIBE	纳米贝	154 000	37 624
BENGUELA	本格拉	BENGUELA	本格拉	132 900	31 652
HUAMBO	万　博	HUAMBO	万博	1 730 000	34 121

（六）主要城市

安哥拉的城市化进程始于殖民化时期，独立后发展更快。全国有十几座大、中型城市，比较著名的有罗安达、万博、本格拉、洛比托、卡宾达和纳米贝等。

罗安达（Luanda）：安哥拉首都（前面已述）。

万博市（Huambo）：万博是中部高原万博省的省会城市，也是安哥拉第二大城市，位于中西部比耶高原上，海拔约1 700米，建城于1912年，是安哥拉中部重镇、贸易中心和咖啡、花生、玉米的重要集散地，也是本格拉铁路线上的大站之一。市内有较大铁路机修厂，有食品、纺织、水泥等工业，有航空站，而且附近有铁矿开采。2006年有人口226 177人。

卡宾达市（Cabinda）：卡宾达市是安哥拉西北部飞地卡宾达省的首府，西濒大西洋，位于贝莱河右岸，也是安哥拉重要的石油生产基地，石油产量占安哥拉总产量的23%以上。卡宾达市设有石油专用的人工港，设备齐全，吞吐能力为600万～800万吨以上。主要输出石油和木材，市内还有食品、木材加工、炼油等工业，有航空站。2006年有人口66 020人。

本格拉市（Benguela）：本格拉位于安哥拉西海岸，位于罗安达以南，临近洛比托港，为葡萄牙殖民者1617年所建，2006年人口151 235人。本格拉市是全国最大渔港之一，能停泊10万吨级轮船，也是水产和金属加工工业中心。市内有水泥、食品、纺织、服装鞋帽等工业。本格拉也是安哥拉乃至整个南部非洲地区的重要交通枢纽，这是因为由莫桑比克的贝拉（Beira）起始的本格拉铁路线，横贯赞比亚和津巴布韦的铜矿地带，最后抵达本格拉市。市内也有航空站。

洛比托市（Lobito）：洛比托始建于1905年，得名于同名的海湾，是安哥拉的商业中心，也是最重要的港口城市之一。2006年有人口207 957人。洛比托港内水深9～10米，码头长1 900米，有7个以上泊位、现代化的装卸设备和巨大仓库，经营本国进出口运输业务及邻近国家的转口业务。洛比托市有直接深入到内地的铁路横贯大陆，经过刚果（金）的加丹加（Katanga），通往莫桑比克的贝拉，刚果（金）的铜由此转运出口。

纳米贝市（Namibe）：纳米贝市是纳米贝省的首府，是全国最大渔港之一，也是安哥拉主要的渔场之一，捕捞量占全国的60%左右。2006年有人口80 150人。纳米贝市位于安哥拉西南部，濒大西洋，最早建立于1840年，当地安哥拉人早在此之前就定居在这里，葡萄牙人探险队和商人的脚步也早在1785年就"发现"这里并开始贸易。目前，该市市内有冷藏库和鱼类加工、制盐业，也是大型现代化深水港，能接纳万吨级海轮。纳米贝港输出以铁矿石为主，还有鱼类和畜产品。市内有铁路通往卡辛加铁矿区和南部诸省，也有航空站。

栋多市（Dungo）：栋多市位于宽扎河下游北岸，西北距罗安达160千米，是安哥拉西北部城镇。栋多市是宽扎河航运的起始点，也是安哥拉重要铁路干线支线的终点。栋多市是安哥拉重要的棉花、剑麻、咖啡、油棕集散地。市内有榨油、轧棉等小型工业，附近还开采铁矿，且有较大的水电站。栋多市有公路通往万博。

三、经济发展状况

（一）经济概况

安哥拉属最不发达国家之一。实行市场经济，有一定的工农业基础，但连年战乱使基础设施遭到毁坏，经济发展受到严重影响。2002年内战结束后，政府将工作重点转向经济恢复和社会发展，调整经济结构，大力投入基础设施建设，优先解决关系国计民生的社会发展项目；同时积极开展同其他国家的经贸互利合作，努力为国家重建吸引外资。现在安哥拉已成为非洲最大引资国之一。石油工业是国民经济的支柱产业。2006年12月，安哥拉加入石油输出国组织。近年来，随着国际市场原油价格的攀升，安哥拉石油出口收入大幅增加。受石油产业拉动，安哥拉经济增长连续几年保持在两位数，位居非洲前列。根据安哥拉2009—2013年发展规划，安哥拉新一届政府仍将国家重建、经济增长和改善民生作为主要任务，提出将新建100万套经济适用住房，创造32万个就业岗位的规划。受金融危机和国际市场原油价格大幅下跌的影响,2009年安哥拉经济呈现增速放缓的趋势。近几年的部分经济数据如下。

2007年:2007年外汇储备121亿美元,外债总额90亿美元。2007年安哥拉产品主要出口/进口国及所占份额见表2。

2008年:国内生产总值809亿美元;国内生产总值增长率13.2%;宽扎(Kz)对美元的汇率:1美元=77.52宽扎;通货膨胀率13.2%,失业率25%;外汇储备183亿美元,外债总额136亿美元。2008年度政府财政预算中,完成总收入约402亿美元,完成总支出约336亿美元,分别为预算计划的115%和96%。2008年度外贸总额约843亿美元(见表3)。据中国商务部统计,2008年,中国同安哥拉贸易总额为253亿美元,同比增长79.3%,其中中方出口29亿美元,进口224亿美元。

表2 2007年安哥拉产品主要出口/进口国及所占份额 (单位:%)

出口	美国	中国	法国	荷兰
	34.9	32.0	6.4	3.3
进口	葡萄牙	美国	韩国	中国
	18.2	10.1	9.6	9.5

表3 2004—2008年安哥拉对外贸易情况 (单位:亿美元)

项目	2004年	2005年	2006年	2007年	2008年
出口	135	248	337	446	672
进口	58	82	110	114	171
差额	77	166	227	332	501
外贸总额	193	330	447	560	843

2009年:本年度全国经济运营总体保持稳定,经济增长由于非石油部门扩大,实际增长2.7%。由部长理事会常设委员会通过的一份文件显示,该国石油行业经历了5.1%的收缩;累计通胀率13.9%(略高于估计预测的12.5%),在银行间市场,记录国家货币累计贬值18.93%,在罗安达的非正式市场贬值28.4%。2009年安哥拉国家财政预算情况是原预算为423亿美元,但由于受国际金融危机影响,削减了110亿美元,实际按313亿美元执行。

2010年:安哥拉第一季度,从中国进口占安哥拉总进口的40%,葡萄牙13%,其他有巴西、越南、美国、法国等。

（二）经济构成和经济地位

安哥拉多年的内战使其国民经济受到严重创伤，轻重工业都比较落后，城市基础设施很差，生产生活物资匮乏，物价昂贵；同时，战争引起的大规模人口流动，纷纷逃向异国他乡和大中城市，使得农业耕地迄今还大量闲置。2002年安哥拉和平后，政府致力于发展经济，取得了明显成效。现今已经有了一定的工农业基础，工矿业是国民经济的支柱产业。

1. 宏观经济

2003—2008年，安哥拉经济总量保持了持续快速增长的势头，经济（GDP）增长率保持在两位数，人均GDP从2003年的1 600美元增长到2008年的6 500美元（表4）。

表4　2003—2008年安哥拉GDP概况

年 份	GDP（亿美元）	GDP增长率（%）	人均GDP（美元）
2003	169	9	1 600
2004	204	15	1 900
2005	307	20.6	2 100
2006	497	18.6	3 800
2007	605	23.3	4 400
2008	809	16.30	6 500

安哥拉财政部的有关数据显示：工矿业尤其是石油和天然气是安哥拉国民经济的支柱产业，占经济总量（GDP）的比例接近60%，2007年石油和天然气占GDP的比例为55.8%，2008年工业占GDP的比例是65.8%，农业占GDP的比例较小，不到10%，2007年农牧渔业合计仅占GDP的7.7%，2008年农业占GDP的9.2%。

2. 产业比例

2006—2008年各产业占GDP的比例如下。

2006年：安哥拉投资、消费和出口占GDP的比例分别是：29.2%，47.5%和23.3%。本年度各产业所占GDP的比例分别是：农牧8.90%，石油58.43%，钻石3.32%，工业4.25%，建筑3.63%，商贸15.60%，服务业5.80%。

2007年：安哥拉各产业所占GDP比例分别是：农牧渔7.7%，石油和天然气55.8%，钻石1.8%，加工业5.3%，电力0.1%，建筑4.9%，服务业24.1%。

2008年：第一、第二和第三产业所占GDP的比例是：农业9.2%，工业65.8%，服务业24.6%。美国中央情报局的数据显示：2008年，安哥拉按购买力计算的GDP为1 103亿美元，人均达到8 800美元。

3. 重点/特色产业

工矿业

石油和钻石开采是安哥拉国民经济的支柱产业。经济总量接近60%为石油、天然气资源的开发和炼油。其他主要的工业包括农产品加工、饮料生产、纺织品加工、水泥以及其他建材生产、塑料制品、金属加工、香烟制造和制鞋业等。2007年石油收入占国内生产总值的56%，全年原油产量约6亿桶，日产170万桶，为非洲第二大产油国；原钻年产值占世界钻石市场的12%，居世界第五位。2008年安哥拉平均日产原油191万桶，其中国内消费5万桶/日，其余全部出口。石油主要出口地为美国、中国以及其他欧洲和亚洲国家等。2008年全国出口大约725亿美元（其中95%是石油）。2009年安哥拉实产原油6.57亿桶。

截至2008年，在安哥拉工矿业领域投资经营的世界级主要企业有：法国道达尔公司（Total），世界500强企业；英国石油公司（BP），世界500强企业；法国埃索（Esso）石油公司；美国雪佛龙（Chevron）石油公司；意大利石油公司；巴西石油公司；安哥拉国家石油公司；中国石化集团公司等。安哥拉国家钻石公司（Endiama）是本国最大的钻石开发企业。

农业

安哥拉有可耕土地约3 500万公顷，其中已开垦进行农作物种植的土地面积合计约320.75万公顷，仅占可耕地面积的10%左右。农业人口约占全国人口的65%（2007年）。该国具有发展农业的良好资源，适合多种农作物生长，目前主要栽培的谷类作物有玉米，高粱，粟，水稻；油料类作物有菜豆，花生，大豆；块根块茎类作物有木薯，马铃薯，甘薯及多种蔬菜、水果和咖啡、棕榈，向日葵等其他作物。20世纪70年代初期安哥拉独立前粮食不仅可以自给自足，而且还大量出口各种农产品，曾被誉为"南部非洲的粮仓"。1975年独立后，由于长达27年的内战严重影响，农业生产持续下滑，导致国内粮食不能自给，而要依靠国际援助和大量进口粮食来满足国内需求。2002年和平以后，安哥拉政府高度重视农业，把恢复粮食生产作为国家重建的重要任务来抓，粮食生产得到了恢复性发展。2005年谷物总产量为88.09万吨，占总需求量的57.8%，缺粮62.5万吨。2008年谷物总产量是73.8万吨，缺粮70万吨。2009年谷物总产量为

105.3万吨，缺粮55万吨左右。粮食仍不能自给，必须通过进口和国际援助来满足当年国内粮食的市场需求。北部为经济作物主产区，主要种植咖啡、剑麻、甘蔗、棉花、花生等作物。中部高原和西南部地区为粮食作物主产区，主要种植玉米、木薯、水稻、小麦、马铃薯、豆类等作物。目前，农业生产在绝大多数地区仍处于刀耕火种、广种薄收的原始生产水平阶段。

渔业

安哥拉濒临大西洋，渔业资源丰富。渔业为安哥拉重要产业之一。从业人员约5万人，2005年捕鱼总量为29.1万吨。渔场自然条件良好，可全年作业。多数中、小渔业公司已私有化。

交通运输

以公路运输为主。多年内战使交通设施遭到严重破坏。据安哥拉政府估计，修复和重建约需100亿美元。公路：总里程7.3万千米，其中1.8万千米为柏油路面，其余为沙石土路面，干线总长2.5万千米。铁路：总里程2 800千米，有本格拉、纳米贝和罗安达、马兰热三条主干线。本格拉铁路全长1 350千米，与刚果（金）的铁路连接，曾是南部非洲铁路运输干线之一。因多年战乱，目前只有部分路段维持运转。罗安达—马兰热铁路，全长479千米，2010年已全线修复，投入运营。水运：海运船队总吨位10万多吨，主要港口罗安达、洛比托和纳米贝等，均可停靠万吨级货船。2005年，罗安达港货运量达400万吨，集装箱装运31.1万吨。空运：安哥拉航空公司是国际民航组织成员，航空客货运输量居非洲第五位。全国共有32个机场。罗安达国际机场可起降大型客机，有通往19个国家（地区）的国际航班和国内30个省（市）的国内航班。

建筑业

安哥拉正处于战后重建时期，基础设施、民用住房等建筑业市场容量巨大，使得建筑业在其国民经济中占有重要地位。2007年，建筑业产值占GDP的4.9%。世界各国的承建商云集安哥拉，主要包括安哥拉当地企业Maboque；葡萄牙企业Soares da Costa、Edifier和Escom；巴西企业Odebretch；中国企业有中信建设、中水电、中电子、中铁、中农机、中江国际、兵团建工、广德国际、川铁国际、广西水电、广东水电、南通四建、北京建工、北京六建、甘肃海外等。

通信产业

安哥拉的通信产业总体来讲比较落后。2001年，安哥拉宣布放弃国家对电信业的垄断，私有化比例最高可达40%。高速经济增长带来了巨大的通信需求，目前安哥拉有 2 家移动运营商和 3 家固网运营商，但尚不能满足市场需求。安哥拉电信公司表示，将在 2013 年前，耗资 24 亿美元扩大和升级其国内固定线路网络。第一阶段的计划项目将部署 7 千千米的光纤骨干网和安装 50 万本地固定接入连接，将花费 12 亿美元；第二阶段将进一步发展网络，一直到 2013 年。截至 2008 年 4 月，联合电信公司用户达 450 万。2008 年，安哥拉手机用户约 670 万，主要集中在罗安达，固定电话用户约 20 万。截至 2010 年 5 月 10 日，安哥拉手机用户已突破 800 万。目前在安哥拉电信产业投资经营的各国企业包括安哥拉国家电信公司（Angolatelecom）、Movicel 公司和 Unitel 公司（后两者也是安哥拉本国的通讯公司）。中国中兴、华为两家公司也已进入安哥拉通信市场开展业务，并在无线上网业务中占有较大份额和重要地位。

电 力

安哥拉电力供应不足，经常会受到停电的困扰。约 200 万人能够享受到电能供应，其中大部分集中在首都罗安达地区。全国人均年用电量仅 100 千瓦时。安哥拉目前仅有一座装机容量 52 万千瓦的水电站，位于北部的马兰热省，自 2008 年开始向罗安达供电，首都市内供电情况有所好转。除此之外，全国电力需求缺口很大，没有全国性或其他跨省电网，电力供应大多以柴油发电机发电为主。全国乡村基本上没有市政电力供应，少部分乡镇靠柴油发电机供电，大部分农村没有电。安哥拉要发展工农业、满足人民生活需求，电力缺口至少在 200 万千瓦以上。

第二部分 安哥拉农业发展概况

一、安哥拉农业在国民经济中的地位

安哥拉地大物博，土地肥沃，河流密布，具有发展农业的巨大潜力，适宜发展多种粮食、经济类作物。历史上安哥拉也曾是一个农业大国，粮食不仅可以自给自足，而且还大量出口，被誉为"南部非洲的粮仓"。咖啡产量一直居非洲第一位，剑麻生产仅次于咖啡，单产水平较高，1986年产量曾达2万吨，剑麻无论产量和出口量均居非洲第二位。多年内战使农业生产遭受重创，和平后虽有较大发展，但目前农业生产水平仍十分低下，粮食仍不能自给，2007年禾谷类粮食仍需进口80多万吨，才能满足当年160多万吨的市场需求，进口量占到需求量的50%。

二、农业行政管理体系

安哥拉政府设有农业和农村发展部，各省设有农业厅，各市设有农业局。农业行政管理体制实行垂直管理，农业部和省、市政府共同管理农业行政工作人员，以农业部管理为主，工资、工作调整、人员任命由农业部负责。

农业和农村发展部（MINADER-Ministério Da Agricultura）是负责制定农业政策、农业和农村发展战略的政府机构，设1个总秘书长、3个国家理事会（国家局）和4个职能部门。

3个国家理事会（国家局）：农业、畜牧业和林业局（Agricultura, Pecuária E Florestas, DNAPF）；农村发展局（Desenvolvimento Rural, DNDR）；农业水利和农村机械局（Hidráulica Agrícola e Engenharia Rural, DNHA）。

4个职能办事司局包括：研究、规划和统计司（Gabinete De Estudos Planeamento E Estatística, GEPE）；法律法规司（Gabinete Jurídico, GJ）；国际交流司（Gabinete De Intercâmbio Internacinal, GII）和监察司（Gabinete De Inspecção, GI）。

各省均设有农业厅及农业发展办公室（Gabinetes Desenvolvimento Agrário, GDA）作为农业部在各省的办事机构，各市均设有农业局作为部、省农业部门的办事机构，主要负责本市的农业行政管理，向农户提供必要的农业技术服务。全国还按片区设有实验站等，镇没有单独设立农业行政机构和管理人员。

在市一级，有负责农业推广服务的季节性推广机构，叫做农业发展站（EDA）。还有农业开发办公室（GDA），它作为正在执行的灌溉项目管理的新模式，正由灌区管理公司所取代。

三、农业经营管理体制

（一）农业经营管理体制概况

安哥拉的土地所有权总的讲属国家所有，但战争期间的有功将军或对建国有功者等也拥有面积不等的私有土地，他们对这些私有土地有使用权和转让权。农户想种地，可以向政府申请，不需上缴土地使用费。

农业生产以农户生产为主，农场化（机械化）生产为辅。农户从事的种植业基本上处于刀耕火种时期，生产力水平极为低下。现有为数不多的农场，生产和管理水平也相当落后。

农业经营是以农户或农场主为主，自主经营，自负盈亏。目前，安哥拉全国农副产品处于供不应求状态。生产者生产出的产品满足自给外，主要依靠直接运到当地农贸市场销售或农户间串换或路边交易，由于气温高，加上运输和保鲜等条件不具备，往往会出现区域性农副产品季节性相对过剩的情况。目前，安哥拉的农副产品加工和储藏保鲜业非常落后。

农业管理体制是市场经济管理机制。政府鼓励农户或生产者投资农业，发展粮食和畜牧业生产，也向生产者提供优惠政策和适当的资金补贴（例如：新开垦土地，每公顷补助500美元）。但是，政府对农副产品供求总量的调控能力不强，工作力度不够，也缺乏必要的调控手段和措施。

（二）涉农法律法规、农业支持保护政策

1. 涉农法律法规

涉农法律法规有《私人投资基本法》《私人投资促进法》和《私人投资税收和关税鼓励法》。这三部法律于2003年4月2日在罗安达经国民议会审议通过，根据这些法律，安哥拉政府给予外国投资者国民待遇，政府保证外国投资者对投资的所有权和自由支配权，并享受给予本国投资者一样的税收鼓励政策和必

要便利。农牧业是安哥拉政府鼓励外商开展投资的优先领域。

安哥拉已颁布实施的涉农法律法规还有：《安哥拉种子管理法》《农业发展基本法》和《动物防疫法》。正在制定的还有有关动植物健康和动植物检疫；种子、化肥和农药的质量控制和使用；支持涉及农业部门的工业产品的质量标准；土地的占有和使用等其他涉农法律法规。

2. 国家农业支持保护政策

安哥拉副总统费尔南多迪亚斯多斯桑托斯在第26届联合国粮农组织非洲区域大会（2010年5月3—7日在罗安达召开）开幕式上致辞时表示，除了丰富的耕地资源外，安哥拉还拥有丰富的水资源，包括47个水文盆地。他说，为了合理利用这些自然资源，为了实现安哥拉经济多元化，政府正在努力调整农业研究体系，恢复该国的动物园技术站与农艺研究站。多斯桑托斯表示，刺激和鼓励粮食生产的政策包括中小农户贷款、促进销售、向农业生产者和渔民提供技术支持等；为了鼓励提高粮食和经济作物产量，政府批准了3.5亿美元的中小农户和渔民贷款。

国家农业发展基本政策

这项政策包括3个方面：① 中心政策：发展农村建设；促进发展农业产业化；建设基础设施帮助发展生产；② 纵向发展政策：研究及发展农业技术；推广农村金融信贷；促进农村商品化发展；③ 横向发展政策：建立农业培训及研究院所，培养农业技术人员；加强资源可持续利用管理。

国家农业支持政策

这项政策包括6个方面：① 发展农村建设：一是建设农村和消除贫困。措施是建设基础设施，完善农村水电供应，加快医疗教育发展，开发当地资源，活跃农村文娱生活，交流发展经验。二是促进农村发展。措施是提供技术支持，帮助当地农民团体发展。三是保障粮食安全。措施是建立迅速反应机制，监督农业生产活动，规范市场及价格；② 加快农业产业化发展：推广农业产业化试点。一是支持和促进畜牧业产业化发展。措施是保障动物健康，保障植物健康。二是实现林业资源的可持续利用。措施是加强林业基础设施建设，建立林业税收及技术中心，核算、统计林业资产，林业资源的可持续利用管理，野生动植物资源管理，造林，发展蜂类养殖，发展非木本植物林产品生产。三是发展咖啡及棕榈种植。措施是发展咖啡种植，改善生产者生产技术，更新咖啡种植品种，改善农村咖啡市场的商品化经营环境，振兴棕榈种植，促进农产品商品化及扩大出口；③兴建农业基础设施：建设农田灌溉设施；建设中、小型水利设施；进行土地平整等；④建立农业培训及研究院所，培养农业技术人员：加强农业信息交流；建立农林牧业培训中心；加快研究机构建设；⑤推广农村金融信贷：建立农村信贷机制；帮助生产（者）团体发展农业生产；⑥外商投资农业优惠：安哥拉政府已制订了一些吸引外资在该国投资的优惠政策和优先投资领域。农业等行业是安哥拉当前的优先投资领域。政府给予投资农业等优先投资领域的外商税收和关税优惠，并可享受多于10年的签证特权。所有投资于这些优先领域的外商，项目立项实施并实现了80%以上资本投资额度后，即可享受一次性获得多于十年签证特权。这一政策将有效地解决安哥拉目前工作签证难并且需要一段时间讨论的实际问题。安哥拉负责国家私营投资的机构准备在罗安达提供一个在线工具，旨在促进与潜在外国投资者之间的沟通，交换实时信息，向外国来安哥拉投资提供官方信息服务等。例如：向外国投资者提供在安哥拉投资的优先领域、投资于安哥拉的要求和所有必要的文件。Olim Neto 在里斯本举行的"中非合作论坛"上对外方记者说：该举措已经促进了国内投资，绝大多数正在罗安达和本格拉的葡萄牙投资已经正在走向全国。

农业部近期涉农战略和政策措施

一是扩大专业合作社和农民协会：目的是更好和更持久的促进农村经济增长，确保农民自我管理和农村协会组织参与制定公共政策。

二是推广农业产业化发展，鼓励粮食生产：促进和鼓励农业加工业发展的支柱产业，鼓励集群形成和可持续基础上建立的生产链；通过"公司锚"，促进公私伙伴关系，用于知识、生产技术、管理制度和组织行为等来发展生产。

三是发展不与粮食生产竞争的生物燃料，走可持续发展模式：促进农牧业及农产品加工业的科研、技术开发，以适应旨在生物燃料生产的油籽生产链，提高行业竞争力，增加农产品的附加值，最大限度地减少对环境的影响。鼓励农村社区和农民用自己的方式进行生产，直接获取能量；或生产用于制造生物燃料的原料，获取替代性收入。

四是修建基础设施：支持农业生产，创造吸引私人投资的条件。工作内容包括：灌区建设与恢复重建农业基础设施。例如小型水电站项目、小型灌溉项目等。

五是激励农业研究：旨在促进农林业和畜牧业的科学、技术和创新发展。重点在于加强适用技术的开发和应用。通过体制现代化，进行人员培训和增加财政资源等措施，来加强农、牧和林业方面的科学研究，促进在农村地区的农业技术推广和信息技术传播。

六是农村信贷和金融的经济和法律：目的是动员和建立机制，鼓励银行业直接向农业、畜牧业和林业生产或市场营销领域投资，增加更多的信贷资源。通过获得基金和银行对农村信贷的途径，促进大规模安全使用为基础的机制；利用改进技术，农业保险和最低价格的政策；制定政策、战略和举措，与银行界合作，鼓励农村金融增添新形式；促进储蓄计划，从农民协会和农村合作社贷款，通过推广与非政府组织的伙伴关系，开展技术援助项目的农村小额信贷综合项目，引导信贷整合方案。

七是加强农村贸易，促进农村地区的贸易发展：旨在振兴城乡之间的双边贸易和能源电力循环。目的是：促进与农村地区的商业投入和产品贸易的发展，以恢复国家和城市之间的贸易渠道，增大经济和技术效率，降低销售利润，增加透明度，重构向人群进行物流配送和基本产品分配的体系，更好地向城市和乡村分配农产品和家畜产品，分别满足城乡居民对农副产品的市场需求。

八是增加人力和财政资源：加强在国家、省和市级政府农业部门的领导和管理，促进协作，提高机构办事效能。加强 MINAGRI 制订、分析和评价政策和计划的能力，通过与国家规划和财政部密切合作，促进宏观经济政策和农业政策项目之间更好的整合和协作。努力与国际伙伴加强合作，重点同农业、畜牧业和林业较发达的国家合作，通过与供资机构进行双边或多边合作，促进项目和国际技术合作。

九是完善农业信息化系统：将农业和畜牧业市场信息、价格、供应和需求状况、国际贸易流通等情况纳入现代化信息系统。改进和简化收集、处理、分析、储存和传播信息的过程和途径。

十是促进现行基础法律的使用，制定和批准其他方面的立法需要。

四、农业基础设施与装备

由于长期内战，安哥拉原有的基础设施遭受严重破坏，现安哥拉全国农业基础设施都十分薄弱，急需加强建设和改善。

绝大多数地区没有农田水利设施，没有农田灌溉系统，现有的农业灌溉系统也没有发挥应有的作用，主要靠雨季的自然降雨来满足农作物对水分的需求。灌溉基础设施正在逐步恢复建设中，截至 2008 年底，Missombo 灌溉开发项目已经完成，在生产中该灌区已有 310 公顷耕地可以进行灌溉；瓦库孔戈（Waku

Kungo）灌区，已于 2009 年 8 月建设完成并交付使用，灌溉面积 9 955 公顷；另有洪帕塔（Humpata）、库普崴帕（Kupuépua）、卡卢埃凯（Calueque）和卡彭古（Quipungo）等恢复重建灌溉项目正在研究或招标中（表 5）。

表 5 安哥拉恢复灌溉项目（截至 2009 年 8 月）

现 状	位 置	面积（公顷）
经营与管理公司成立	Matala –Huíla	6 000
	Caxito –Bengo	4 000
	Gangelas –Huíla	2 000
完成恢复重建，正在筹建管理协会	Waco – Kungo –K.Sul	9 955
	Luena –Moxico	1 710
	Missombo –K.Kubango	330
正在研究并开始招标	PI Bom Jesus	
	PI Kikuxi	
	Humpata	1 300
	Kupuépua	6 000
	Calueque	750
	Quipungo	

五、农业科技与教育

（一）农业科技

安哥拉农业部下属有 2 个全国性的研究机构、7 个专业服务及开发机构，还有 5 个公共企业在国家农业部的监护指导下为农业部门提供支援服务。这些机构专职为全国的农业、农村和农民提供农技服务。

1. 农业研究机构

农业研究机构有：农业科学研究院（Instituto De Investigação Agronómica，IIA）和兽医科学研究院（Instituto De Investigação Veterinária，IIV）。

国家农业科学研究院（IIA）

该院是农业部下属事业单位，在有关省份设有专业实验站，专门负责农业科学研究，是开发研究各种农业项目的办事机构。2006 年，为了装备 IIA 设施并促进其研究活动，在万博省省会设有 IIA 研究所的总部站点及 Chianga 科学部。该站投资在于基础设施的恢复，以及购置设备和资源，支持科学和技术工作，以增强传播新知识和技术的能力。由于这些投资，一些国家和国际性的作物适应、比较和评估测试，包括谷物、豆类、水果、蔬菜、经济作物（棉花和棕榈油），块根和块茎作物以及种质资源的收集等工作，已经或正在取得进展。在修复基础设施方面也有了进展。土壤和植物实验室进入运作以支持其研究，并在 Chianga 建立了一个中心。在位于马兰热的研究和培训中心，安装了用于安哥拉北部粮食作物开发项目（PRODECA）的生物技术、种子和土壤实验室。国家农业科学研究院（IIA）还在 Luanda 的 Mazozo 建有一个实验站，重点进行粮食、经济作物品种适应性试验和作物品种展示等工作。

国家兽医科学研究院（IIV）

该院是农业部下属事业单位，负责畜牧和兽医方面的科学研究以及调查乡村牲畜的发展状况。有设在罗安达的院总部、分布在全国的 10 个畜牧兽医站和 6 个动物区域兽医实验室等科研基础设施，由于遭破坏或陈旧老化等原因，存在着严重缺陷。但是在胡帕塔（Humpata）、卡干达（Cacanda）、卡拉库洛（Caraculo）的畜牧兽医站，在卢班戈（Lubango）、本格拉（Benguela）、罗安达（Luanda）和卡宾达（Cabinda）的实验室，是具有理想工作条件的机构。目前该院的专业研究领域和方向是：动物育种；研究当地品种表征；饲料与动物营养；动物迁徙，动物疫病诊断和研究；动物源产品和副产品质量的控制等。

2. 专业服务和开发机构

专业服务和开发机构有：林业发展研究院（Instituto De Desenvolvimento Florestal，IDF）；农业发展研究院（Instituto De Desenvolvimento Agrícola，IDA）；粮食安全局（Gabinete De Segurança Alimentar，GSA）；国家咖啡研究院（Instituto Nacional Do Café，INCA）；国家兽医服务院（Instituto De Service De Veterinária，ISV）；国家谷类粮食作物研究院（Instituto Nacional De Cereais，INCER）；国家种子服务管理站（Serviço Nacional De Sementes，SENSE）。

国家林业发展研究院

林业发展研究院与 IIA 建立了伙伴关系，在万博 Sacaála 集中开展试验林研究活动。该院的任务是进行外来森林物种的引进和适应性选择研究，研究解决森林用于水土保持的关键因素及有关问题。主要的工作重点是：更有益的无性系选择，生产优质种子；养鱼业的研究；蜂房移动、蜂蜜的经济开发，改良蜂房；测试比较具体的物种可塑性；种苗的生产等。

国家咖啡研究院（INCA）

该院是一个技术和经济协调部门，辖于安哥拉农业部，负责监测和管制安哥拉的咖啡业务，通过 Amboim，Uíge 和 Ganda 区域监测站，以及 Kilombo 研究中心和 Negage 区域分支站，促进其研究和实验。这些研究中心，除了咖啡产品的研究外，也负责为咖啡种植者提供技术援助。配备的技术服务队进行技术援助，并确保更大面积的咖啡调查。

3. 公共企业

公共企业有 5 个：① PROCAFÉ e CAFAGOLA 公司，主要职能是负责咖啡生产、销售及出口。为咖啡生产提供支持及生产资料，促进贸易和出口；② FRESCANGOL 公司：主要职能是负责农副产品储藏和保鲜，负责易腐产品的营销工作；③ MECANAGRO 公司（Mecanização agrícola empresa pública）：主要职能是进行农机贸易和服务。负责为家庭农户整地，也为重建三级道路提供支持；④ GESTERRA 公司（Gestão de terras agrícolas）：主要职能是负责管理全国土地资源。是土地持牌人，实施大型农业开发项目和国家战略粮食储备；⑤ SOPIR 公司（Sociedade dos perímetros irrigados）：主要职能是水利资源管理和水利工程建设，负责管理灌溉项目。

（二）农业教育

全国建有 1 个农学院和 4 个中等农业技术学校，专门为全国培养各类农业技术人才。

农业教育机构：安哥拉阿戈什蒂纽·内图大学在万博省设有一个农业学院。另外在北隆达、比耶（安杜鲁农学院）、威热及马兰热四省各有一所农业中等学校。

（三）农业科研成果

科研目的

通过为农业、畜牧、林业生产研究和开发出有效的技术，强化研究中心与家庭农场、企业农场联系和合作，特别是面临着国内、国际的巨大机遇和挑战，力求实现现代化和多样化。

限制因素

技术研究最明显的限制在于技术（不足的文化和组织结构，更限制了研究）和财政资源，限制了进行科学研究的有利条件。在物质资源方面限制了机构运作，在数量和质量上缺乏实验室，缺乏资料和电信设备、图书馆、技术传播手段、农机具、足够的基础设施，及自动化的农业设备和完整的灌溉系统。现存的体制模式困惑了农业研究，没有适当的科学和技术知识结合，伴随着已经提到的限制因素，加上科研人才极度缺乏，研究人员的知识、研究手段的贫乏等原因，尽管研究人员也做了长时间的努力，其结果仍低于国家的要求。为实现农业科研系统的振兴，将增加在该领域的人力资源，使农业产业活动向上游和下游发展。

实施中的农业项目

2010—2011两年期内，农业部门提供了52个主要公共投资项目组合，主要集中在灌溉重建计划、粮食储存的基础设施、农业研究中心、农业机械、综合实验室和基地等领域。项目支持咖啡部门，建设屠宰场，大规模公私合作伙伴下的工业，农业加工业和农业生产及其他等。项目组合的投资估计值339.92亿宽扎，超过了2009年的预算上限，同时，通过项目组合，考虑到需要满足政府高社会经济发展的需要。2010年，农业部门旨在促进农业开发，实现规定目标是：发展农业生产，提高劳动生产率；增加农业企业数量；建设和修复农业基础设施；对有关农业部门的人力资源进行培训。

农业推广和农村发展项目（PEDR）。该项目于2005年在比耶省安杜洛直辖市正式启动，活动内容包括：一是支持农村社区协会的运作；二是增加省级部门农业发展研究院（IDA）和农业开发站（EDA）的干预能力；三是采取措施，增加农村社区的农业生产和作物产量；四是支持改善社会领域的服务。该计划项目的目标是：一是增进粮食安全和减少贫困；二是在国家经济和社会发展上，实现农村社区整合；三是建立农村社区的生产组织；四是增加生产投入和家庭农场的生产力；五是改善更大范围社区内的生活条件和生活质量。在其活动的第一年，即2005—2006年，农业推广和农村发展计划项目（PEDR）活动的重点是：为项目区农民提供农业投入和设备，为生产者进行土地平整和技术援助。在体制方面，该计划侧重于技术人员的培训，重建和装备农业开发站（EDA），与非政府组织和其他机构建立伙伴关系，强化组织农民协会和农业合作社，支持农产品销售。在项目生效的第一年，该农业推广和农村发展计划项目（PEDR）有618 859农户参加，估计是5 437个村庄的340万居民，代表了原来规划中涉及农户的77%。根据与国家农业机械公司的现有合同，已整地21 764公顷，为原计划的87%，人工整地1 928 297公顷，动物牵引整地545 737公顷，并且安排设置了479处示范地。

六、农产品生产与加工

(一)农业产值

2007年安哥拉国内生产总值(GDP)605亿美元,其中农牧渔业总产值约为46.585亿美元,占GDP的7.7%。2008年安哥拉国内生产总值(GDP)809亿美元,其中农业总产值约为74.428亿美元,占GDP的9.2%。2007/2008生产年度,安哥拉农作物总产量约是1 498.9万吨,总产值达3 724.8亿宽扎(不包含大豆产值),按现行汇率1美元=91宽扎计,总产值是40.9亿美元,约占GDP的5.1%;农作物产品商品化产量是622.2万吨(不含粟和大豆),商品化率约为41.5%,商品化产值是1 204.6亿宽扎(不含粟和大豆),约是13.2亿美元。2008—2009年生产年度,安哥拉农作物总产量约为2 066.5万吨,总产值达5 029.7亿宽扎(不包含大豆产值),按现行汇率1美元=91宽扎计,总产值约是55.3亿美元;农作物产品商品化产量是1 003.7万吨,商品化率约为48.6%,商品化产值是3 709.5亿宽扎,约是40.8亿美元。

2007—2008年度安哥拉农作物产量、产值情况见表6。2008—2009年度安哥拉农作物产量、产值情况见表7。

表6 2007—2008年度安哥拉农作物产量、产值情况

作物	总产量(吨)	商品化产量(吨)	单价(宽扎/千克)	总产值(宽扎)	商品化产值(宽扎)
玉米	702 385	323 097	48.57	34 114 838 450	15 692 826 147
水稻	8 416	3 871	17.50	147 280 000	67 748 800
粟	14 396	—	3.23	465 134 760	/
高粱	12 757	5 868	32.31	412 178 670	189 602 188
禾谷类合计	737 954	42 048	/	35 139 431 880	15 950 177 135
木薯	10 057 376	3 117 787	29.36	178 981 063 296	91 538 213 401
马铃薯	401 208	124 374	38.80	15 566 870 400	4 825 729
地瓜	819 771	254 129	24.20	19 838 458 200	6 149 922 042
块根块茎类合计	11 278 355	3 496 290	—	214 386 391 896	97 692 961 172
花生	91 924	30 335	101.08	9 391 677 920	3 066 253 713
菜豆	124 157	40 972	91.47	113 566 440 790	3 747 691 460
大豆	7 711	—	—	—	—
油料类合计	223 162	71 307	—	122 958 118 710	6 813 945 173
菜类	2 749 324	2 611 858	45.60	125 369 174 400	119 100 715 680
总计	14 988 795	6 221 503	/	372 483 942 486	120 457 083 480

表7 2008—2009年度安哥拉农作物产量、产值情况

作物	总产量（吨）	商品化产量（吨）	单价（宽扎/千克）	总产值（宽扎）	商品化产值（宽扎）
玉米	970 231	446 306	65.57	63 550 134 981	29 264 301 468
水稻	14 291	1 429	47.50	678 809 200	67 882 250
粟	27 974	—	32.31	903 833 155	—
高粱	40 438	18 560	32.31	1 303 631 279	599 676 184
禾谷类合计	1 052 934	466 295	—	66 436 408 615	29 931 859 902
木薯	12 827 580	3 976 550	29.36	376 617 748 800	116 751 502 128
马铃薯	823 266	740 939	38.80	31 942 720	28 748 448.72
地瓜	982 588	304 602	24.20	23 778 629 600	7 371 375 176
块根块茎类合计	14 633 104	5 022 091	—	400 428 321 120	124 151 625 752
花生	110 828	83 121	101.00	11 193 626 990	8 395 221 000
菜豆	247 314	81 614	99.87	24 699 226 210	8 550 752 229
大豆	5 936	—	—	—	—
油料类合计	364 078	164 735	—	35 892 853 200	16 945 973 229
菜类	4 614 910	4 384 164	45.60	210 439 896	199 917 889 070
总计	20 665 026	10 037 285	—	502 968 022 831	370 947 347 953

（二）农业构成

安哥拉农业由种植、畜牧、水产、林业和农副产品加工业等构成。其中，种植业有禾谷类、块根块茎类、油料类；蔬菜类、经济作物类等（表8）。

表8 安哥拉种植业种类一览表

类别	农作物种类
禾谷类	玉米、水稻、粟、高粱
块根块茎类	木薯、马铃薯、地瓜
油料类	花生、菜豆、大豆、饭豆、向日葵
蔬菜类	圆白菜、西红柿、洋葱、胡萝卜、黄瓜
经济作物类	咖啡、水果（香蕉、柑橘、芒果、菠萝、鳄梨）、油棕、甘蔗

畜牧业：养猪、养牛、养羊、养兔、养鸡、养鸭、养鹅。

水产业：淡水养殖和捕捞；海洋捕捞。

农副产品加工：果汁类饮料；番茄酱；咖啡；水果罐头等。

（三）农业规模

1. 农作物播种面积

安哥拉由于农业基础设施差，农作物播种面积及生产主要依靠当年的气候决定，年度间播种面积极不稳定，变幅较大。2005—2009 的 5 年间，安哥拉农作物播种总面积在 290.3 万～424.1 万公顷，2009 年面积最大是 424.1 万公顷，其余四年的面积均在 300 万公顷左右。各类作物播种面积的变化幅度是：禾谷类作物 116.3 万～166.5 万公顷；油料类 43.9 万～92.4 万公顷；块根块茎类 85.2 万～122.2 万公顷；蔬菜类 23.6 万～41.1 万公顷。2005—2009 年农作物播种面积变化情况见表 9。

表 9 2005—2009 年农作物播种面积变化情况　　　　（单位：公顷）

作物类别	2004—2005 年	2005—2006 年	2006—2007 年	2007—2008 年	2008—2009 年
禾谷类	1 455 356	1 502 103	1 596 761	1 162 963	1 664 978
油料类	533 338	493 308	582 718	651 959	942 485
块根块茎类	1 016 410	982 452	1 083 586	851 714	1 222 438
蔬菜类	—	—	38 537	235 915	411 395
农作物总计	3 005 104	2 977 863	3 301 602	2 902 551	4 241 296

2. 农作物总产量

2005—2009 年的 5 年间，安哥拉农作物总产量在 1 084.1 万～2 066.5 万吨，2009 年总产量最高是 2 066.5 万吨，其余 4 年的总产在 1 084.1 万～1 499.7 万吨。5 年间各类作物总产量的变化幅度是：禾谷类作物 67.4 万～105.3 万吨；油料类 14.9 万～36.4 万吨；块根块茎类 978.8 万～1 463.3 万吨。2008 和 2009 年蔬菜类总产量分别 274.9 万吨和 461.5 万公顷。2005—2009 年农作物总产量变化情况见表 10。

表 10 2005—2009 年农作物总产量变化情况　　　　（单位：吨）

作物类别	2004—2005 年	2005—2006 年	2006—2007 年	2007—2008 年	2008—2009 年
禾谷类	880 929	674 305	776 963	737 955	1 052 934
油料类	175 285	149 421	177 425	231 100	364 078
块根块茎类	9 787 672	10 016 921	11 170 581	11 278 354	14 633 434
蔬菜类	—	—	—	2 749 323	4 614 910
农作物总计	10 843 886	10 840 647	12 124 969	14 996 732	20 665 356

禾谷类作物

总产量从 1997 年的 43.14 万吨增加到 2007 年的 78.00 万吨,其中玉米产量约占总产量 80%,为 61.59 万吨;粟和高粱为 15.64 万吨;水稻为 4 635 吨。播种面积 2005 年为 145.54 万公顷,2006 年为 150.21 万公顷,2007 年达到 159.68 万公顷。2008 年的播种面积和总产量均较上一年有所减少,分别是 116.30 万公顷和 73.80 万吨(表 11)。

表 11　2005—2008 年禾谷类作物播种面积和总产量

年　份	总产量（吨）	播种面积（公顷）	平均单产（吨/公顷）
2004—2005	880 929	1 455 356	0.61
2005—2006	674 305	1 502 103	0.45
2006—2007	776 963	1 596 761	0.49
2007—2008	737 956	1 162 963	0.63

油料类作物

2001 年全国油料类作物总产量约为 12.0 万吨。2005—2008 年四年间,总产量由 17.5 万吨增加到 22.4 万吨,增加了 28.0%;总播种面积由 53.33 万公顷增加到 65.20 万公顷,增长 22.3%。花生产量在 2007 年达到 6.67 万吨;大豆产量 2001 年为 8.9 万吨,2007 年达到 10.37 万吨(表 12)

表 12　2005—2008 年安哥拉油料作物播种面积和总产量

年　份	总产量（吨）	播种面积（公顷）	平均产量（吨/公顷）
2004—2005	175 285	533 338	0.33
2005—2006	149 421	493 308	0.30
2006—2007	177 425	582 718	0.30
2007—2008	224 110	651 959	0.34

块根块茎类作物

木薯、马铃薯和红薯的总产量由 1997 年的 230 万吨增加到 2007 年的 1 117 万吨,11 年中增长迅速,其中约 90% 为木薯(它是安哥拉最主要农作物),2008 年总产量达到 1 128 万吨。播种面积在 2006—2007 年达到 108 万公顷,仅次于玉米播种面积,位居第二(表 13)。木薯产量严重过剩,每年约有 500 万吨剩余。

表13 2005—2008年块根块茎类作物播种面积和总产量

年份	总产量（吨）	播种面积（公顷）	均产（吨/公顷）
2004—2005	9 787 672	1 016 410	9.63
2005—2006	10 016 921	982 452	10.20
2006—2007	11 170 581	1 083 586	10.31
2007—2008	11 278 354	851 714	13.24

蔬菜类作物

安哥拉全国范围均有小规模零星蔬菜种植。2006—2007年主要蔬菜种植面积约为38 537公顷，总产量是302 561吨。大约80%种植的是圆白菜和西红柿，其余主要种类有青椒、辣椒、白菜及茄子等。主要蔬菜种类的总产量分别是：圆白菜为14.7万吨、西红柿为10.2万吨，洋葱和胡萝卜均为2.6万吨（表14）。

表14 2006—2007年安哥拉蔬菜种植面积和总产量

蔬菜种类	总产量（吨）	播种面积（公顷）	平均单产（吨/公顷）
圆白菜	147 398	17 129	8.61
西红柿	102 071	15 008	6.80
洋葱	26 628	3 694	7.21
胡萝卜	26 464	2 706	9.78
合计	302 561	38 537	—

水果类作物

2006—2007年度全国水果种植总面积为11.0万公顷，总产量约是190.5万吨。香蕉种植面积是6.6万公顷，约占总水果种植面积的60%；产量约是139.8万吨，占总产量的73%。芒果种植面积12 710公顷，总产17.3万吨；鳄梨种植面积11 410公顷，总产15.9万吨；柑橘种植面积12 109公顷，总产9.1万吨；菠萝种植面积7 600公顷，总产8.2万吨（表15）。

表15 2006—2007年水果种植面积和总产量

种类	总产量（吨）	种植面积（公顷）	平均单产（吨/公顷）
香蕉	1 397 652	66 389	21.05
柑橘	91 406	12 109	7.55
芒果	173 932	12 710	13.68
菠萝	82 361	7 600	10.84
鳄梨	159 770	11 410	14.00
合计	1 905 121	110 218	—

咖 啡

安哥拉咖啡主要种植在山区。2006—2007 年咖啡豆产量为 11 523 吨,其中约 81% 为农户生产;种植面积为 23 046 公顷,其中农户种植 18 696 公顷,农场种植 4 350 公顷;咖啡豆的平均单产是 0.5 吨/公顷。

3. 畜牧业

在安哥拉占有重要地位,并且有很大发展空间及潜力。安哥拉畜产品产量由 2004 年的 472 万吨上升到 2007 年的 932 万吨,2008 年总产量明显减少,仅为 792 万吨。其中牛肉产量由 2004 年的 390 万吨达到 2007 年的 748.5 万吨,但 2008 年大幅度减产,产量仅为 497 万吨;猪肉产量在 2004 年到 2007 年间增长 64.5%,达到 82.12 万吨,2008 年较 2007 年增产约 1.18 万吨;山羊肉产量由 2004 年的 24.71 万吨增加到 2007 年的 69.45 万吨;绵羊肉产量由 2004 年的 4.21 万吨增加到 2008 年的 18.40 万吨;禽类产量 2007 年为 19.19 万吨(表 16)。

表 16　2004—2008 年畜产品总产量　　　　　　　　　　(单位:吨)

种类	2004 年	2005 年	2007 年	2008 年
牛 肉	3 926 883	4 858 403	7 485 734	4 972 000
猪 肉	499 312	721 684	821 225	833 000
绵 羊	42 119	113 283	124 145	184 000
山 羊	247 053	253 420	694 457	673 000
禽 类	12 925	无	191 946	1 257 000
合 计	4 728 292	—	9 317 507	7 919 000

注:本统计表中无 2006 年数据

4. 林 业

安哥拉政府计划 2008—2013 年 6 年间,原木、木炭和木柴的总产量由 2008 年的 4 920 044 立方米逐年递增到 2013 年的 10 740 264 立方米(表 17)。

表 17　2008—2013 年林产品预期产量　　　　　　　　(单位:立方米)

产品	2007—2008 年	2008—2009 年	2009—2010 年	2010—2011 年	2011—2012 年	2012—2013 年
原 木	75 596	247 500	544 500	765 352	1 104 155	1 380 194
木 炭	538 272	646 823	713 815	833 261	908 744	1 040 007
木 柴	4 306 176	5 174 588	5 710 257	6 666 089	7 269 958	8 320 063
合 计	4 920 044	6 068 911	6 968 572	8 264 702	9 282 857	10 740 264

5. 渔 业

全国从业人员约 5 万人，2005 年捕鱼总量为 29.1 万吨。

（四）农业收入

2007 年安哥拉农牧渔业总产值约为 46.585 亿美元，占 GDP 的 7.7%。2008 年全国农业总产值为 74.428 亿美元，占 GDP 的 9.2%。按全国 1 600 万人口计算，全国人均每年从农业方面获得经济收入是 2007 年 291 美元；2008 年 465 美元。

2007—2008 生产年度，全国农作物总产值约是 40.9 亿美元，占 GDP 的 5.1%；农作物产品商品化产量是 622.2 万吨，商品化产值是 1 204.6 亿宽扎，约为 13.2 亿美元。该年度全国人均从农作物生产领域获得经济收入是 256 美元。

2008—2009 生产年度，全国农作物总产值约为 55.3 亿美元；农作物产品商品化产量是 1 003.7 万吨，产值是 3 709.5 亿宽扎，约为 40.8 亿美元。本年度全国人均从农作物生产领域获得经济收入是 346 美元。

七、农产品消费、流通与贸易

（一）农产品市场概况

1. 安哥拉优势农产品供需情况

安哥拉在葡萄牙殖民时期，曾是南部非洲的粮仓，由于长期内战，民不保生，原有的道路和农田灌溉系统遭到彻底毁坏，导致现在大面积可垦耕地撂荒。目前，安哥拉全国除了木薯产量供过于求外，其他农副产品都供不应求，依赖进口来满足国民生活需要。安哥拉主产农副产品供需情况如下。

谷类作物

谷类作物产量从 1997 年的 431 385 吨增加到 2007 年的 776 963 吨，10 年间翻了一番。其中玉米产量约占总量的 80%，为 615 894 吨；粟和高粱为 156 434 吨；水稻为 4 635 吨。播种面积 2005 年为 145 万公顷，2006 年为 150 万公顷，在 2006—2007 年度达到 159 万公顷。2007—2008 年度，谷类作物播种面积大幅度减少，仅为 116 万余公顷，总产为 737 956 吨。总产量低于上一年总产量的 5.3%。减产的主要原因是，本年度南部省份特别是库内内省发生洪水灾害，粟和高粱生产受到严重的不利气候因素（洪水遍野）影响，产量显著下跌。库内内省在2007—2008年度仅有27 153吨，相比之下，2006—2007年度生产量为156 434吨。2009年政府加强投资力度，帮助农户提高粮食产量，再加上天气对农作物生产有利，安哥拉谷物产量达到了105.3万吨，比上年增长了42.7%（表18）。2010年的预计增长率为24.5%。由于金融和经济危机而低于前一年，表现在政府投资能力减少，特别是部门投资减少。

表18　2005—2009年禾谷类作物总产量和供求状况

年　度	总产量（吨）	播种面积（公顷）	国内需求（吨）	进口量（吨）
2004—2005	880 929	1 455 356	1 530 291	625 007
2005—2006	674 305	1 502 103	1 511 415	812 755
2006—2007	776 963	1 596 761	1 607 443	806 125
2007—2008	737 956	1 162 963	—	—
2008—2009	1 052 934	—	—	—

主要禾谷类作物生产情况如下。

玉米：玉米是安哥拉主要粮食作物，全国范围内都有种植，但在中部地区种植面积最大，约占玉米总耕种面积的69%，其余种植省份还有：威热、马兰热、北宽扎、罗安达、北隆达、扎伊尔、南隆达、本戈、卡宾达、威拉、纳米贝、库内内及宽多库邦戈。据统计，2006—2007年度，玉米播种面积由2005年的109.02万公顷增加到120.99公顷，总产量达到61.59万吨。2007年，玉米产量的93%来自家庭农户生产，单产水平约为0.5吨/公顷；机械化生产面积仅占7%左右，单产水平约为3.35吨/公顷。2006年及2007年全国玉米需求量分别是73.70万吨和85.72万吨，缺口分别为20.10万吨和23.13万吨。需要从国外进口，以满足国内市场需求。

高粱和粟：高粱和粟也是安哥拉的主要粮食作物，主要种植在威拉、库内内、宽多库邦戈、万博、本戈拉及比耶。近年来在纳米贝、莫希科及南宽扎也有种植。高粱和粟总产量2004年为12.34万吨；2005年13.79万吨；2006年14.44万吨，2007年达到15.64万吨。播种面积2005年为35.27万公顷；2006年37.19万公顷；2007年为37.79公顷。国内缺口在2005年、2006年和2007年分别为7.05万吨、6.66万吨和7.74万吨。

水稻：主要种植在比耶、马兰热、莫希科及南隆达。2005—2008年，总播种面积分别为12 397公顷、7 744公顷、9 012公顷和16 551公顷；总产量分别为8 650吨、3 831吨、4 635吨和8 416吨；平均单产分别是0.70吨/公顷、0.49吨/公顷、0.51吨/公顷和0.51吨/公顷（详见表19）。水稻种植是农户生产为主，约占总产量的85%，机械化生产约占总产量的15%。为满足粮食需要分别需进口28.04万吨、28.48万吨及25.68万吨。

表19 2005—2008年水稻播种面积、产量

项目	2004—2005年	2005—2006年	2006—2007年	2007—2008年
播种面积（公顷）	12 397	7 744	9 012	16 551
总产量（吨）	8 650	3 831	4 635	8 416
平均单产（吨/公顷）	0.70	0.49	0.51	0.51
平均单产（斤/亩）	93.27	65.96	68.57	67.8
平均年人均占有（斤）	1.08	0.48	0.58	1.05

注：本表中的年人均占有水稻量，以1 600万人口计算

油料类作物

2001年全国油料类作物总产量约为12.0万吨，2006—2007年增加到17.7万吨。其中花生产量在2007年达到6.67万吨；大豆产量2001年8.9万吨，2007年达到10.37万吨。总播种面积在2005—2007年间增长9.2%，达到58.27万公顷（表20）。2005—2007年油料作物总产量只能满足国内需要的40%左右，2005、2006及2007年分别需进口22.3万吨、24.9万吨及27.9万吨。

表20 2005—2008年油料作物生产和供求状况

年度	总产量（吨）	播种面积（公顷）	平均单产（吨/公顷）	国内需求量（吨）	进口量（吨）
2004—2005	175 285	533 338	0.33	402 719	223 434
2005—2006	149 421	493 308	0.30	402 450	249 029
2006—2007	177 425	582 718	0.30	454 322	279 961
2007—2008	224 110	651 959	0.34	—	—

其主要油料作物生产情况如下。

菜豆：在2006—2007年菜豆的播种面积为34.03万公顷，主要种植在万博、比耶、威热、威拉、马兰热及南宽扎6省（约占播种面积的70%），其余省份均有种植。菜豆种植主要为农户生产，总产量约占97%，平均单产约为0.15吨/公顷；3%为农场生产，平均单产约为0.25吨/公顷。2005、2006及2007年分别需要进口菜豆22.1万吨、24.3万吨及26.0万吨。

花生：花生种植面积在2005、2006及2007年分别18.18万公顷、17.26万公顷及23.17万公顷。主要由农户生产，总产量约占99%，平均单产约为287千克/公顷；农场生产总产量约占1%，平均单产约为574千克/公顷。需进口量由2005年的0.3万吨增加到2007年的2.1万吨。

大豆：大豆在安哥拉过去种植很少，但农业部希望发展该作物生产，目前已有少量种植。2006—2007年，播种面积10 691公顷，总产量7 064吨，平均单产约为660.74千克/公顷；2007—2008年，播种面积17 871公顷，总产量7 711吨，平均单产约为431.48千克/公顷。安哥拉大豆种植主要依靠农户生产，2006—2007年农户生产的总量约占77%，耕种面积约为总面积的85%，平均单产约600千克/公顷。农场生产的单产水平约为1 000千克/公顷。

块根块茎类作物

木薯、马铃薯及红薯的总产量在过去10年中，由1997年的230万吨增加到2007年的1 117万吨，其中约90%为木薯（它是安哥拉最主要农作物）；播种面积在2006/2007年达到108万公顷，仅次于玉米播种面积，位居第二（表21）。木薯产量严重过剩，每年约有500万吨剩余。政府计划用木薯来发展生物燃料。

表21　2005—2008年块根块茎类作物生产和供需状况

年　度	总产量（吨）	播种面积（公顷）	平均单产（吨/公顷）	国内需求（吨）	进口量（吨）
2004—2005	9 787 672	1 016 410	9.63	4 501 322	-5 088 714
2005—2006	10 016 921	982 452	10.20	4 534 205	-5 513 216
2006—2007	11 170 581	1 083 586	10.31	5 421 285	-5 779 796
2007—2008	11 278 354	851 714	13.24	—	—

注：本表中的"—"表示供过于求，没有进口

其主要块根块茎类作物生产情况如下。

木薯：安哥拉全国范围内均有木薯种植，99%为农户生产。平均单产11.5吨/公顷。全国木薯种植面积2005、2006、2007和2008年分别为74.8、77.1、84.3和67.9万公顷，总产量分别是858.7、903.7、973.0和1 005.7万吨。安哥拉国民年木薯消费总量约为400万吨，每年约有500万吨木薯剩余。

马铃薯：安哥拉马铃薯产量近年来增长较为迅速，由2005年的30.8万吨增加到2007年的49.1万吨，但仍不能满足国内市场需要。进口量从2005年的7.8万吨增加到2007年的36.7万吨。

马铃薯生产仍然主要依靠农户种植，平均单产约为5.7吨/公顷，农场种植单产约为9.9吨/公顷。2007—2008年全国种植面积4.73万公顷，总产量40.12万吨，平均单产为8.5吨/公顷。

红薯：安哥拉红薯产量在过去8年持续增长，产量由1999年的18.2万吨增加到2007年的94.9万吨。同其他作物一样，红薯也是主要由农户生产（总产量约占99%），单产约为5.9吨/公顷，农场生产单产约为7.3吨/公顷。

蔬菜类作物

安哥拉全国范围均有小规模零星蔬菜种植。2006—2007年主要蔬菜种植面积约为38 537公顷，其中80%种植的是圆白菜和西红柿，其余主要种类有青椒、辣椒、白菜及茄子。主要蔬菜种类的总产量分别是：圆白菜为14.7万吨、西红柿为10.2万吨，洋葱和胡萝卜均为2.6万吨。

水果类作物

2006—2007年度水果种植总面积为11.0万公顷，其中香蕉种植面积是6.6万公顷，约占总水果种植面积的60%。总水果产量为190.5万吨，其中香蕉约139.7万吨，约占总产量的73%，芒果17.3万吨，鳄梨15.9万吨、柑橘9.1万吨，菠萝8.2万吨。

咖啡

安哥拉咖啡主要种植在山区。2006—2007年咖啡豆产量为11 523吨，其中约81%为农户生产；种植面积为23 046公顷，其中农户种植18 696公顷，农场种植面积4 350公顷。

畜牧业产品

畜牧业在安哥拉占有重要地位，并且有很大发展空间及潜力。安哥拉畜产品产量由2004年的470万吨达到2007年的930万吨。其中牛肉产量由2004年的390万吨达到2007年的748.5万吨，但2008年大幅度减产，产量仅为497万吨；猪肉产量在2004年到2007年间增长64.5%，达到82.12万吨，2008年较2007年增产约1.18万吨；山羊肉产量由2004年的24.71万吨增加到2007年的69.45万吨；绵羊肉产量由2004年的4.21万吨增加到2008年的18.40万吨；禽类产量2007年为19.19万吨。

2. 安哥拉优势农产品下一步发展走势

安哥拉政府近年来十分重视农业，重点是支持发展粮食、畜牧业和咖啡生产的发展，力争在较短时间实现粮食自给，恢复安哥拉非洲农业大国地位和咖啡生产大国地位，制定了农业发展四年（2009—2013年）计划，其总体发展目标如下：

一是提高农场劳作人口数量。安哥拉农业劳动人口99.6%为农户生产，农场劳动人口数仅为0.4%。安哥拉农业部期望这一数字在2013年可以达到13%。

二是提高农作物总产量。预计到2013年，农作物总产量比2007—2008年度的1 599.49万吨增长106.14%，达到3 297.24万吨。2004—2013年农作物总产量或预期目标见表22。

表22 2004—2013年农作物总产量或预期目标

(单位：吨)

作物	实际产量						预期产量			
	2004—2005	2005—2006	2006—2007	2007—2008	2008—2009	2009—2010	2010—2011	2011—2012	2012—2013
玉　米	734 372	526 084	615 894	1 102 916	1 400 535	1 855 722	2 470 310	3 241 265	4 078 688
高粱/粟	137 907	144 390	156 434	286 731	407 750	526 237	611 441	732 914	953 761
水　稻	8 650	3 831	4 635	9 216	14 502	21 103	32 544	47 825	82 359
小　麦	无	无	无	1 183	1 873	2 965	4 695	7 433	11 769
谷类合计	880 929	674 305	776 963	1 400 046	1 824 661	2 406 027	3 118 990	4 029 437	5 126 577
菜　豆	109 284	85 081	103 721	204 132	265 162	353 878	485 951	678 206	958 783
花　生	66 003	64 340	66 660	119 878	168 858	248 843	370 628	505 038	745 243
大　豆	无	无	7 064	10 935	16 958	25 927	39 027	60 039	95 751
豆类合计	175 287	149 421	177 445	334 945	450 978	628 648	895 606	1 243 283	1 799 777
木　薯	8 586 873	9 037 023	9 730 261	11 034 394	12 944 134	14 401 317	16 022 543	17 826 279	19 833 069
马　铃　薯	308 876	295 142	491 216	735 528	778 107	823 150	870 802	921 212	974 540
红　薯	663 787	684 756	949 104	1 642 090	1 849 346	2 082 760	2 345 635	2 641 689	2 975 110
块根/茎类合计	9 559 536	10 016 921	11 170 581	13 412 012	15 571 587	17 307 229	19 238 982	21 389 181	23 782 720
圆　白　菜	—	—	—	307 225	378 450	466 187	574 265	707 398	871 397
洋　葱	—	—	—	132 101	156 277	184 877	218 712	258 739	306 091
胡　萝　卜	—	—	—	30 218	39 986	52 911	70 015	92 647	122 596
西　红　柿	—	—	—	376 988	453 816	546 301	657 634	791 656	952 991
蔬菜合计	—	—	—	846 532	1 028 529	1 250 277	1 520 627	1 850 442	2 253 076
向　日　葵	—	—	—	1 315	2 500	3 793	5 259	7 905	10 285
油料合计	—	—	—	1 315	2 500	3 793	5 259	7 905	10 285
总　合　计	10 615 752	10 896 319	12 124 989	15 994 850	18 878 255	21 595 974	24 779 464	28 520 248	32 972 435

三是扩大种植面积。安哥拉政府在未来规划中期望：①扩大粮食作物耕种面积，由2008年336.99万公顷增加到2013年的509.75万公顷。②增加林业面积，由2008年15.3万公顷增加到2013年的24.3万公顷。③大幅度增加生物燃料作物面积，由2008年5.0万公顷增加到2013年的50.0万公顷。④降低农户耕种面积占总耕种面积的比例，提高农场耕种面积占总耕种面积的比例，农户耕种面积占同年总耕种面积的比例由2007年的53.16%降低至2013年的39.39%；农场耕种面积占同年总耕地面积的比例由2007年的46.84%提高至2013年的60.61%。

四是提高农作物单产水平：计划到2013年分别将玉米、水稻、大豆、木薯和马铃薯的全国平均单产水平由2007年的0.51吨/公顷、0.51吨/公顷、0.66吨/公顷、11.54吨/公顷和6.21吨/公顷，提高到2013年的2.02吨/公顷、2.05吨/公顷、2.33吨/公顷、24.00吨/公顷和15.81吨/公顷。

五是发展生物燃料：安哥拉计划从如下领域发展生物燃料：①用甘蔗作为原料生产生物燃料，用于发电。据ODEBRECHT公司发布的消息称，安哥拉将用甘蔗作为原料生产生物燃料，用于发电。该项目总投资约20亿美元，其中DAMER集团公司出资40%，ODEBRECHT出资40%，安哥拉石油公司出资20%。项目占地3万公顷，2万公顷土地种甘蔗。加工厂具有年加工200万吨原材料（甘蔗）的能力，每年生产16万吨糖，5万立方米酒精，发电140兆瓦。此项目设在马兰热省，为马兰热省提供2 000个工作岗位。加工厂的建立使得安石油公司掌握了生物燃料技术，既合理开发了资源，又保护了生态。安哥拉生物能源公司简称BIOCOM，目的是种植甘蔗和其他农作物，把它们加工成食用糖，酒精，以及用于发电；②从棕榈油中提炼生物燃料。安哥拉于2008年启动从棕榈油中提炼油生产燃料项目。投资约3 500万欧元。2008年计划种植5 000公顷棕榈树，预计两年半后，开始生产棕榈油。此项目将为400多人提供就业机会。四年后有望能够达到最大产量。据太平洋集团董事长介绍，种植面积最终将扩大到两万公顷，为当地农民解决就业问题。2007年将种植1 000公顷的木薯，还将建一所农业学校，给安哥拉培养学科技术人员。

六是大力发展咖啡生产：安哥拉曾是世界最大的咖啡生产国之一。1974年，安哥拉咖啡产量达到历史最高的22.5万吨。但1975年独立后，安哥拉陷入了长达27年的内战，使得咖啡生产大幅度下降。目前，安哥拉咖啡年产量只有几万吨。2008年，安哥拉政府为重振昔日咖啡生产大国的雄风，出台了贷款鼓励计划，每个咖啡种植户可获得政府5 000美元的低息优惠"微型贷款"。同时，安哥拉政府还决定投资2.2亿美元恢复安哥拉的威热、北宽扎、南宽扎和本戈省等4个重要咖啡生产基地，立志重夺咖啡生产大国地位。

2008—2013年畜禽产品预计达供需平衡的差额情况见表23。

2008—2013年林产品预期产量见表24。

2006—2013年农户和农场耕种面积见表25。

2007—2013年全国计划种植、养殖总面积见表26。

2004—2013年主要农作物平均单产水平见表27。

表23　2008—2013年畜禽产品预计达供需平衡的差额　　（单位：吨）

种类	2007—2008	2008—2009	2009—2010	2010—2011	2011—2012	2012—2013
牛	-2 721.60	-1 715.88	-723.24	+149.13	+044.76	+926.07
猪	-9 179.00	-5 153.12	-1 148.00	+236.72	+420.26	+581.06
羊	-3 110.40	-1 758.10	-413.28	+85.22	+311.29	+4 529.18
禽类	-28 767.00	-18 386.96	-8 035.99	+331.40	+988.36	+7 613.48

注："-"表示供不应求；"+"表示供过于求

表24　2008—2013年林产品预期产量　　（单位：立方米）

产品	2007—2008	2008—2009	2009—2010	2010—2011	2011—2012	2012—2013
原木	75 596	247 500	544 500	765 352	1 104 155	1 380 194
木炭	538 272	646 823	713 815	833 261	908 744	1 040 007
木柴	4 306 176	5 174 588	5 710 257	6 666 089	7 269 958	8 320 063

表25　2006—2013年农户和农场耕种面积　　（单位：公顷）

年份	总耕种面积	农户耕种面积	农场耕种面积
2006—2007	6 071 699	3 227 592	2 844 107
2007—2008	6 318 946	3 195 316	3 123 630
2008—2009	6 576 262	3 163 363	3 412 899
2009—2010	6 844 055	3 131 729	3 712 325
2010—2011	7 122 754	3 100 412	4 022 342
2011—2012	7 412 801	3 069 408	4 343 394
2012—2013	7 714 660	3 038 714	4 675 946

表26　2007—2013年全国计划种植、养殖总面积　　（单位：公顷）

作物种类	2007—2008	2008—2009	2009—2010	2010—2011	2011—2012	2012—2013
谷物类	1 690 667	1 901 247	1 961 457	2 261 944	2 409 832	2 698 356
豆类	549 256	672 954	852 986	1 011 845	1 059 078	1 246 703
块根块茎类	1 043 033	1 045 351	1 047 676	1 050 005	1 052 341	1 054 680

（续表）

作物种类	2007—2008	2008—2009	2009—2010	2010—2011	2011—2012	2012—2013
蔬菜类	85 891	86 290	86 692	87 095	89 916	93 348
油料作物	1 044	1 908	2 155	2 591	3 593	4 377
粮油作物总面积	3 369 891	3 707 750	3 950 966	4 413 480	4 614 760	5 097 464
生物燃料作物	50 000	90 000	170 000	250 000	380 000	500 000
林业面积	153 000	165 000	180 000	197 000	217 000	243 000
畜牧草场面积	1 523 665	1 545 776	1 568 943	1 580 097	1 595 727	1 627 779
种植养殖总面积	5 096 556	5 508 526	5 869 909	6 440 577	6 807 487	7 468 243

表27 2004—2013年主要农作物平均单产水平　　　　（单位：吨/公顷）

作物	平均单产水平			预期平均单产水平					
	2004—2005	2005—2006	2006—2007	2007—2008	2008—2009	2009—2010	2010—2011	2011—2012	2012—2013
玉米	0.67	0.47	0.51	0.92	1.04	1.36	1.55	1.77	2.02
高粱/粟	0.39	0.39	0.41	0.60	0.74	1.03	1.17	1.33	1.51
水稻	无	0.49	0.51	1.03	1.25	1.53	1.86	2.01	2.05
小麦	无	无	无	1.16	1.78	2.66	2.97	3.93	4.86
菜豆	0.31	0.27	0.30	0.60	0.72	0.85	1.02	1.33	1.75
花生	0.36	0.37	0.29	0.60	0.68	0.77	0.88	1.00	1.13
大豆	无	无	0.66	1.18	1.35	1.55	1.78	2.03	2.33
木薯	11.46	11.72	11.54	14.22	15.79	17.53	19.47	21.61	24.00
马铃薯	2.49	无	6.21	12.10	12.76	13.47	14.21	14.99	15.81
红薯	4.58	4.42	5.89	10.00	11.23	12.61	14.16	15.90	17.86
圆白菜	无	无	8.61	11.08	13.61	16.71	20.52	23.20	25.94
洋葱	无	无	7.21	7.93	9.33	10.98	12.91	15.20	17.88
胡萝卜	无	无	9.78	4.99	6.52	8.51	11.11	14.51	18.94
西红柿	无	无	6.80	10.63	12.75	15.29	18.33	21.98	26.36
向日葵	无	无	无	1.26	1.31	1.76	2.03	2.20	2.35

注：此表中"无"指没有相关数据。

3. 安哥拉急需的产品

安哥拉农业十分落后，农产品严重短缺。目前，安哥拉急需大量的粮食和农产品来满足市场需求，同时，农业生产资料几乎全部需要进口，且价格昂贵，农民买不到，也买不起农业生产资料，绝大多数农户基本不使用优良种子和化肥、农药等生产资料。因此，发展农业生产资料生产企业和畅通农业生产资料进出口渠道，满足农业生产对农业生产资料的需要，提高农业生产水平和能力也是安哥拉当务之急。

根据安哥拉目前急需产品和中国现有的有关产品情况，中国可以提供以下有关产品。

农作物良种

主要粮食、油料作物品种，尤其是中国的水稻、玉米杂交良种。中国在这方面有很大优势，也是安哥拉发展农业，提高粮食产量最急需的产品。给安哥拉提供良种既可发挥中国这方面的优势，增强企业的经济实力，又可极大的推动安哥拉农业的发展。可以畅通种子进出口渠道，直接出口种子或在安哥拉帮助他们生产种子。

农业生产资料

主要有化肥，高效、低残留农药，除草剂，微量元素肥料等农资产品。安哥拉目前除一家复合肥生产厂外基本没有农资生产企业，化肥、农药等严重短缺，价格昂贵，也是限制当前农业生产发展的重要因素之一。同样可以通过外贸出口这些农资给安哥拉或在安哥拉建立生产企业进行生产，给安哥拉农业生产提供保障。

农业管理和栽培技术

中国在发展农业生产过程中积累了丰富的管理经验，研究和探索了主要粮食、经济作物的高产技术，这些都是安哥拉急需借鉴和应用的宝贵财富，可以有针对性的帮助他们应有这些经验和技术，加快该国农业生产的快速发展。

农业机械

安哥拉人少地多，发展农业必须走机械化的道路，而目前该国农业制造很差。因此，中国可根据安哥拉农业发展的需要出口农业机械或在安哥拉投资建造农业机械制造厂。

（二）涉农产品价格

1. 水电气

安哥拉工业和民用水、电、气的价格不同，工业用的价格比生活用高1倍以上。其中：

电费标准是交流电频率 50 赫兹，电压 220/380 伏。电价标准是：民用 4.4 宽扎（0.057 3 美元）/ 千瓦 / 小时。

自来水费用实行累进水价。10吨以下，45宽扎/吨；10～20吨，60宽扎/吨；20～100吨，90宽扎/吨。

燃油费中汽油价格为40宽扎（约合0.52美元）/升；柴油价格为29宽扎（约合0.38美元）/升。

燃气费目前仅有灌装燃气，燃气公司销售的家用燃气每罐700宽扎/12千克，约合9美元，但市面销售的数量少。个人零售的燃气较多，每罐1 200宽扎/12千克，约合15美元。

2. 农副产品

安哥拉农副产品的主要销售场所是农贸市场和超市。目前，总体而言农副产品的种类较少，价格昂贵，大约是中国的5～10倍（表28），物价通常依照市场商品紧缺程度而变化。

表28 安哥拉农副产品价格调查表　　（单位：宽扎/千克，宽扎/升）

品名	2009-12-17调查 单价	地点	2010-05-07调查 单价	地点	2010-05-12调查 单价	地点	备注
粮油类							
大米	80～100	农贸市场	—	—	150	SHOPRITE	巴西米
小麦面粉	54	农贸市场	—	—	229	SHOPRITE	
意大利面条	—		—	—	196	SHOPRITE	意大利产
葵花籽油	—		—	—	250	SHOPRITE	
植物油	135	农贸市场	—	—	185	SHOPRITE	
大豆油	—		—	—	259	SHOPRITE	瓶装
肉类							
猪瘦肉	—		700	INALCA	890	SHOPRITE	
猪五花肉	—		551	INALCA	791	SHOPRITE	
猪腿	—		450	INALCA	—	—	
猪蹄脚	—		454	INALCA	—	—	
猪排	—		—	—	499	SHOPRITE	
牛肉	750	农贸市场	800	INALCA	1 490	SHOPRITE	新鲜
牛瘦肉	—		840	INALCA	3 000	SHOPRITE	新鲜
牛肚	—		350	INALCA	—	—	
牛肉罐头	—		—	—	563	SHOPRITE	
羊肉	—		—	—	1 200	SHOPRITE	新鲜
羊尾骨	—		—	—	499	SHOPRITE	新鲜
禽蛋类							
整仔鸡	—		175	INALCA	599	SHOPRITE	
老母鸡	—		312	INALCA	—	—	

（续表）

品　名	2009-12-17 调查		2010-05-07 调查		2010-05-12 调查		备　注
	单价	地点	单价	地点	单价	地点	
鸡脯肉	—		—		499	SHOPRITE	
鸡腿	—		—		299	SHOPRITE	
鸡肉	—		—		249	SHOPRITE	
鸡蛋	320	农贸市场	—		530	SHOPRITE	
鸡翅膀	—				380	SHOPRITE	
活鸡	1 500	农贸市场	—		—		
奶类							
鲜牛奶	—		—		169	SHOPRITE	
奶粉	—		—		889	SHOPRITE	
水果类					—		
苹果	—		—		389/579	SHOPRITE	
梨	—		—		359	SHOPRITE	
葡萄	—		—		599	SHOPRITE	
脐橙	—		—		359		
香蕉	500	农贸市场	—		159		
菠萝	100	农贸市场	—		219		
西瓜	—		—		199		
腰果	—		—		2 600		
黑李（布朗）	—		—		599		
鳄梨	—		—		329		
木瓜	—		—		249		
红橘	—		—		239		Tangerine
西番莲果	—		—		889		Passion fruit
柠檬	—		—		359		
猕猴桃	—		—		99		每个
水果罐头	—		—		560	SHOPRITE	
果汁	—		—		229		
副食类							
食用盐			—		79		
食用醋			—		185		
食用糖	150	农贸市场	—		180	SHOPRITE	
纯净水	—		—		60	SHOPRITE	
果酱	—		—		750	SHOPRITE	
番茄酱	—		—		360	SHOPRITE	
杂粮类							
玉米籽粒	70	农贸市场	—		479		

（续表）

品　名	2009-12-17 调查		2010-05-07 调查		2010-05-12 调查		备　注
	单价	地点	单价	地点	单价	地点	
玉米粉	80	农贸市场	—		319		小包装
鲜玉米棒	20（个）	农贸市场	—		—		
鲜甜玉米	—				1 199		每包5个棒子
爆玉米	—				479		
大豆籽粒	400	农贸市场	—		650		小包装
大豆罐头	—				365	SHOPRITE	
花生米	500	农贸市场			519		
鲜红薯	50	农贸市场	—		299		
豆子（当地）	—				519		
黄豆	—				589		
荞麦粉	—				519		
蔬菜类							
辣椒	400	农贸市场	—		419		
菜（青）椒	150	农贸市场			369		
西红柿	300	农贸市场			599～969		
小西红柿	500	农贸市场			979		
马铃薯	200	农贸市场			—		
圆白菜	250	农贸市场			179		
白菜	200	农贸市场			299		
胡萝卜	400	农贸市场			399		
洋葱	200	农贸市场			210～549		
马铃薯	200	农贸市场			229		
鲜马铃薯	300	农贸市场			999		
木薯	—				299		
大蒜头	500	农贸市场			599		
生姜	1 000	农贸市场			2 199		
黄瓜	300	农贸市场			249		
豆角	400	农贸市场			—		
冬瓜	150	农贸市场			—		
南瓜（大）	—				269		
南瓜（细长）	—				569		
小南瓜	—				569		
双孢菇（开伞）	—				829		
双孢菇	—				959		
生菜	200	农贸市场			359		

（续表）

品 名	2009-12-17 调查		2010-05-07 调查		2010-05-12 调查		备 注
	单价	地点	单价	地点	单价	地点	
当地莴苣生菜	—				599		
当地黄瓜	150	农贸市场			249		
英国黄瓜	—				449		
甜莴苣根	—				399		beetroot
茄莴苣子	150	农贸市场			239		
包头白	130	农贸市场			179		

注：INALCA：肉类冷藏及批发店；SHOPRITE：大型连锁超市

3. 农业生产资料

安哥拉的农业生产资料市场基本没有形成，种类少，价格高，销售网络不健全，不能满足进行大规模农业生产对农资的需求。农业生产资料价格情况见表29。

表29　农业生产资料价格情况　　　　　　　（单价：宽扎）

品 名	型号/规格	单价	备 注	销售单位
农药				
Endossnlfao Insect	1LT	2 011.95	玉米、甘蔗、番茄、蔬菜杀虫剂	Novagro. Lda 222442647
Paraquato-Herb	1LT	2 643.50	除草剂	同上
Glifosato-Herb	1LT	3 407.65	水稻除草剂	同上
农具				
喷雾器（塑料）	20LTS	5 405.15		同上
喷雾器（塑料）	16 LTS	6 568.80		同上
喷雾器（塑料）	12 LTS	6 048.00		同上
喷雾器（铁）	16（TS-K2）	6 341.00		同上
喷雾器（铁）	20LTS	29 191.55	可充电	同上
机动喷雾器	Top：25.17S	21 601.00		同上
机动喷雾器	Pm-16	45 282.05		同上
胶鞋（深桶）		1 109.25	每双	同上
化肥				
硫酸铵	50 千克	3 875.15	N：21%；S：24%	同上
有机肥	50 千克	901.85		同上
叶面肥	250 毫升/瓶	465.80	微量元素肥料	同上
蔬菜种子				
圆白菜	100 克	267.75		同上
圆白菜	100 克	3 094.85		同上

（续表）

品　名	型号/规格	单　价	备　注	销售单位
圆白菜	100 克	5 161.2		杂种 F1
大　葱	100 克	495.55		同上
红皮萝卜	100 克	258.40		同上
紫茄子	100 克	791.35		同上
南　瓜	100 克	773.50		同上

注：专家组于 2010 年 5 月 13 日调查

八、农业资源开发与生态环境保护

安哥拉全国森林面积大，农业仍处于刀耕火种的原始农业状态，工业极不发达，基本没有污染企业，生态环境良好，土壤、水和大气均处于原生态状态，无污染。全国森林覆盖率在 35% 左右。温、光资源充沛，淡水资源丰富，物种类型多性，生态平衡良好。

第三部分　安哥拉农业发展的经验教训和对策建议

一、安哥拉农业发展的经验和教训

(一) 农业发展目标

安哥拉农业发展总体来看比较落后，粮食严重不能自给。安哥拉农业发展总体目标为促进社会经济一体化和农业可持续发展，同时考虑到天然资源的潜力、农业部门的竞争力、最大数量的就业机会和产生收入，确保食品安全、国内供应和地方、区域及国际层面上的商业利用机会。

安哥拉农业发展具体目标：第一，要振兴农业、林业和畜牧业经济，使其多样化，消除饥饿、贫困，确保粮食安全，改善农村家庭生活条件。第二，健全体系，增加投资和农业研究推广人力资源，研发、选用和传播农业、畜牧业和林业技术。第三，在城市中心、城郊和近郊区，增加资金投入，促进食品生产和商品流通，搞活农副产品贸易。第四，促进和实施获得信贷和其他形式的农村金融机制（公共和私有）。第五，振兴农村经济，促进农民和农林牧私营企业发展。

(二) 主要做法和经验

安哥拉农业主要依靠传统的手工劳作进行原始的农业生产，教训不少，基本上没有经验可言。但从该国的农业发展史看，在葡萄牙殖民时期有两点对安哥拉的农业还是起到了促进作用，实现了粮食的自给有余。

1. 大力开办大、中、小农场，促进了农业的发展

在葡萄牙殖民时期，葡萄牙在安哥拉开办了许多农场，其商业农场主占据着安哥拉最好的土地。当时，多数安哥拉农民都是从事维生农业和养牛业活动，生产各种经济作物的商业农场和种植园主要是由葡萄牙移民管理和经营的，整个农业生产水平有了很大发展。到20世纪70年代初，全国玉米单产达到历史最高，每公顷4吨以上，粮食自给有余，还大量出口各种农产品。但独立以后，内战全面爆发，葡萄牙人和农场主的大批离去，绝大多数农场荒废，农业生产水平不断下降，直到现在粮食都不能自给。

安哥拉的企业农场（商业化生产者）的数目逐年明显增加（表30）。2009年全国企业农场数合计为8 106个，占全国（家庭农场＋企业农场）农场总数1 869 358个的0.43%。快速发展的主要原因在于自2009年起，安哥拉农业部认为有必要促进企业家在全国成为农业地主。从这个意义上说，其目标是增加农民协会（EA）和所有的企业农场（EAE）在安哥拉的相对份额。政府采取了三个方面的措施：第一，给予家庭农场技术和信息，使他们能够生产出较多的适销对路的商业性农产品。第二，重新激活企业农场（EAE）的实在能动性。第三，鼓励新的企业农场的形成，并使现有的企业农场正规化、合法化。

表30 2006—2009年安哥拉农场的演变概况

农业年度	总数（家庭农场＋企业农场）	家庭农场数	所占比例（%）	平均面积（公顷）	企业农场数	所占比例（%）	平均面积（公顷）
2006—2007	2 190 753	2 187 038	99.83	1.53	3 715	0.17	25
2007—2008	1 864 967	1 861 252	99.8	1.56	3 715	0.19	29.8
2008—2009	1 869 358	1 861 252	99.56	1.86	8 106	0.43	24

2. 农产品的顺畅流通，促进了农业的发展

葡萄牙殖民时期，尽管多数农民和养牛者自己消费自己的产品，但如果谁想要卖出自己的东西，就要依靠葡萄牙人了。许多葡萄牙"行脚商"穿梭在乡村间，收购安哥拉小种植者盈余的农业产品，用农业产品交换城市生产的消费品，形成了一种物物交换的农产品顺畅流通渠道。这种流通制度为种植者提供了便捷的销售途径，使生产者通过种植业得到了收益，一定程度提高了生活质量和生活环境的改善。从而提高了种植者的积极性，促进了农业生产的发展。独立后，内战使这种物物交换制度彻底破坏了，种植者又回到了维生农业状态，直到现在，农产品的流通体制仍未完全建立起来。

目前，安哥拉政府也采取了许多措施来推动农业的发展：土地归国家所有，农户可以免费申请一定面积的土地进行农业生产。由农户自主生产和经营，政府提供优惠政策和适当经济补贴，鼓励生产者发展农业生产。政府采用市场经济管理体制，供求平衡通过市场来调节。政府财政大力投资兴建大、中型农田灌溉工程，进行土地平整，对生产者实施经济补贴，吸引外资大规模进行农业综合开发等。

二、安哥拉农业发展存在的主要问题

由于安哥拉长时期内战，使得农业生产基本处于停滞状态，农业发展水平很低，发展农业存在很多急需解决的问题，概括起来主要有以下几个方面的问题。

1. 优良农作物品种匮乏，种子生产潜力低下

由于安哥拉农业科研院所还没真正开展有效的种子选育、繁殖工作，更不说杂交育种研究了。国家农业科学研究所（Instituto De Investigação Agronómica IIA）MAZOZO试验站也仅仅从事一些简单的品种比较试验而已，实际上安哥拉还不具备种子选育和生产能力。目前安哥拉国内没有种子生产基地、种子销售网络和种子销售商。种植者基本上使用的都是农民多年自留或串换的不知品种名称的地方品种。这些农户连年自留的品种，长期不提纯复壮，混杂、退化严重，生产潜力逐年衰减，加之粗放栽培，产量不可能提高。因此，良种匮乏，使用生产潜力低下的地方品种是安哥拉近期限制粮食产量提高的主要内在因素。

2. 农业生产资料短缺，生产投入严重不足

安哥拉基本不生产化肥、农药等农业生产资料，化肥、农药基本上依靠进口，不仅市场供应量少，而且价格十分昂贵。绝大多数农户买不到，也买不起化肥、农药，农户又没有积造、堆制、使用农家肥的习惯。因此，粮食生产中除农场和极少数农户使用少量肥料、农药外，基本不使用肥料和农药等农业生产资料，农作物处于饥饿生长状态，根本满足不了生长、发育对各种营养元素的需要。生产资料短缺，农业生产投入品严重不足，也就成了限制农作物产量提高的又一重要因素。

3. 基础设施差，农业生产缺乏保障

尽管安哥拉境内水资源丰富，但水利设施差，不能得到有效利用。葡萄牙殖民时期修建的水利设施，内战期间惨遭破坏，基本不能使用。和平后修建的水利设施不仅数量不多，而且不少设施又缺乏合理的维修、保养和使用，有效利用率不高。农耕地开垦后绝大多数未经整理或整理质量很差，种植过程中只用不养，一些地方水土流失严重。由于农业基础设施差，农耕地缺乏有效改造，农业生产缺乏有效保障和持续发展，只能靠天生产，遇旱、涝灾害就会造成严重减产。

4. 农业技术力量薄弱，粮食生产缺乏技术支持

目前安哥拉农业研究系统正处于重建阶段，科研体系薄弱，人才缺乏，限制了农业部门的运行。安哥拉虽设有农业管理和服务机构，但在全国范围内农业技术研究和推广机构仍然不健全，体系不完整，学科不齐全。农业教育也只有阿戈什蒂纽·内图大学在万博设有一所农学院，另外在北隆达、比耶（安杜鲁农学院）、威热及马兰热四个省各有一所农业中等学校。由于农业教育薄弱，专业技术人员少，缺少健全的推广机构，已设立的机构之间又缺乏合作与交流，很少对种植农户进行直接技术培训和示范。因此，农业种植者素质差、缺乏农作物栽培技术知识、实际操作技能和有效的技术指导，少有的栽培技术也很难落实到位，粮食生产严重缺乏技术支持。

5. 病虫为害严重

安哥拉高温高湿的自然环境，使得农业生产实践中农作物的病、虫、草害发生严重，又没有专门研究单位、科技人员对病、虫、草害进行专门研究和发生、防治的预测预报，同时，还严重缺少有效的化学防治药物和防治技术。农业生产实践中，根本没有采取相应的防止措施，因此，病、虫和草害给农业生产造成了巨大的损失。

6. 政府对农业重视不够，资金投入严重不足

安哥拉政府总的来讲，依仗石油等资源收入来发展和建设国家，对农业总体上是重视不够，资金投入比例较小；缺乏科技对提高生产力重要性的认识，不重视良种和先进适用栽培技术的研究、引进、推广等工作；缺乏有效的组织农业生产和促进发展的激励措施。加上安哥拉种植粮食的绝大多数农户没有商品意识和通过种植业脱贫致富、改善生活和生存条件的理念，又缺乏吃苦耐劳的精神，不愿学习先进的种植技术和精耕细作，长期以来刀耕火种，只播种不管理靠天收的种植习惯都严重影响农业生产的发展、粮食单产的提高和粮食总产增加的有效突破。

7. 农业劳动力数量少，素质差

目前安哥拉农村人口约为1 100万人，单位土地面积上的农业人口数量太少。2008年，安哥拉拥有劳动力728.8万人，其中，85%为农业劳动力，15%为工业和服务业劳动力。平均单位面积上的农业劳动力数量严重不足，并且农

业人口中60%以上是文盲（2007年），劳动力素质十分差。

8. 农产品和畜产品缺乏市场竞争力

安哥拉货币宽扎对美元汇率极不稳定，波动幅度较大，且呈不断上升趋势，不利于本国农产品与进口农产品之间的竞争。高估的汇率和低下的农产品国际竞争力，生产成本高，由于进口的投入和购进农机具等造成了生产费用高，形成了目前生产水平低下的基础。畜牧业缺乏现代化的管理、饲养设施及设备和现代化的饲料作物生产加工体系；畜牧产品生产时间长、成本高、加工落后，价格不具有市场竞争优势等。

9. 项目投资的执行率特低，监督不力

由安哥拉财政部提供资金来源的投资项目，均因资金调整和经常性预算削减等原因而延误。公共项目投资完成率不到1/3，2008、2009年分别仅为27.72%和2.00%。

2009年农业部门合计执行已被批准的涉及54个公共投资的计划项目，原定投资总额385亿宽扎，后经连续调整，最后财政部提供给农业部门可用的项目资金，被减少到51.29亿宽扎，相当于减少了原定计划总投资额的86.7%。由于资金不足，难以支持项目方案中可怜的人力资源培训的车旅费，导致对项目或实施方案的监督不力。加上安哥拉各级官员私欲很重，各种项目资金一部分变相落入个人腰包，实际落实到项目的资金就更少。

10. 道路状况差

安哥拉全国，部分国道比较通畅，也有相当一部分很差，通行很困难。特别是二级和三级公路，状况更差，而且巨大项目工程实施地区地雷的风险更加剧了对社会和经济影响，严重制约了农业生产的增长。

三、对安哥拉农业发展的对策建议

1. 大力兴办现代化农场

政府制定优惠政策，鼓励和吸引国内外企业、个人投资安哥拉农业，积极开办大、中、小型现代化农场，进行农业综合开发，扩大农作物种植面积，提高单位面积产量，推动农业的全面发展，这应该是安哥拉今后农业快速发展的重要途径。

2. 大力引进、筛选、培育和推广优良品种

政府要把选用和推广优良品种作为粮食单产提高和总产增加的突破口。加大力度迅速引进、筛选和提纯复壮一批适合本国平原、丘陵、高原等不同生态条件栽培的优良品种，并结合高产栽培技术配套推广。淘汰生产力低下、混杂严重的地方品种，这是近期提高玉米和水稻产量，成本最省，见效最快的措施。从长远讲，要把种子工程作为发展粮食生产的重要工作常抓不懈，并且重点抓好如下四个方面的工作：一是要培养一批种子研究的专业科研队伍，进行常规种子的提纯复壮、新品种的选育和杂交育种技术的引进和研究等工作。二是要建立良种繁育和推广体系。三是要培育种子销售市场和销售网络。四是政府应采取良种补贴等扶持政策，激励生产者使用良种。只有不断研发和推出自有知识产权的优良新品种，并应用于生产实践，才能不断推进粮食产量的稳步提高。

3. 大力增加生产投入品的生产和使用

要加快建设农业生产资料生产、经营企业，提高生产能力。建立农业生产资料销售网络，为农业生产者提供质量好、价格合理的农资产品和购买方便的渠道。

4. 加强农业基础设施建设

政府要统筹规划，加大财政投入。重点加强水、电、路等基础设施建设，为农业生产发展提供保障。尤其要加强水利设施建设，大力修建大、中型蓄水和灌溉工程，提高耕地的灌溉率。

5. 加强技术人才培养和技术示范推广

首先要建立和完善农业技术推广体系，造就一支技术过硬的农业技术推广队伍，专门从事农业技术的研究、推广工作。二是要加强农业教育，不断培养农业技术人才和高素质的农业从业者。三是要采取多种形式，广泛开展对农业生产者和农村劳动力进行农作物栽培技术培训，不断提高劳动者素质和生产技能。四是要广泛开展优良品种、高产配套栽培技术的生产示范，用典型示范进行教育、引导，让广大的生产者有看得见、摸得着的学习榜样。通过学着干、照着做来改变目前农业生产者传统的种植观念、种植方式、种植技术和种植行为，不断提高农作物总体生产水平。

6. 大力推广农业机械

由于安哥拉地广人稀、劳动力素质差、绝大多数生产者没有吃苦耐劳的精神，粮食生产的耕、种、管、收等根本不能适时进行，更不说生产质量了。大力推广农业机械，提高粮食生产机械化程度，既可以解决劳动力差、惰性强的人的问题，又可以实现粮食生产的耕、种、管、收等农事活动按要求适时进行到位，效率高，质量保证，能大幅度提高粮食产量。因此，在农业生产发展过程中，必须大力推广农业机械，提高农业机械化程度，才能有效地提高农业生产水平，促进农业快速发展。

7. 组建全国主要农作物病虫害预测预报体系

尽快建立全国农作物病、虫害预测预报和防治机构，引进、培养和充实专门技术人才，加大力度进行主要农作物的病、虫害预测预报和防治技术研究及推广，减少业生产过程中病、虫、草危害的损失。

8. 积极发展食品加工业和畜牧业

在大力发展粮食生产的同时必须加快畜牧业和加工业的发展，走种、养、加一体化的粮食生产持续发展道路。要通过加工业和畜牧业来实现产品转化增值。一方面通过加工和畜牧业的转化，可丰富人们的食品，改善膳食结构，提高生活质量。另一方面通过加工和畜牧业转化，可以大大提高农业生产的附加值，实现增产增收，调动农业生产者的生产积极性，带动和促进粮食生产更好、更快的发展。

第四部分　安哥拉与中国农业合作情况

一、中安农业合作进展成效

中国和安哥拉政府自1983年1月12日建交以来，两国友好合作关系持续发展，在国际和地区事务中保持着良好的协调与配合，各领域交流与合作不断扩大，农业合作在稳步推进。尤其是安哥拉2002年内战结束以来，国内政局日趋稳定，从而也为海外企业创造了较为稳定的投资环境。中国除政府加大了援助力度外，大型国有企业、农垦企业、相关科研院所、私营企业也充分认识到了大力发展农业是改善安哥拉人民生活和促进安哥拉国民经济多元化发展的必然选择。抓住投资安哥拉农业的良好机遇，利用自身在农业灌溉、农田水利基本建设、农业基础设施建设、农业生产经营管理等方面的成熟技术和经验纷纷前来安哥拉开展广泛的合作。

（一）中安两国农业合作的主要特点

据了解，目前中安两国农业合作主要表现有如下四个特点。

1. 合作基础良好

近年来，两国政府高层频繁交往。2006年6月，温家宝总理成功访问安哥拉，这是两国建交以来中国总理首次访安；2006年11月，费尔南多总理率团出席中非合作论坛北京峰会。2007年6月，中共中央政治局委员、广东省委书记张德江率团访安。2008年7月，中共中央政治局常委、中央纪律检查委员会书记贺国强率团访安；2008年8月，多斯桑托斯总统夫妇来华出席北京奥运会开幕式；12月，多斯桑托斯总统对中国进行国事访问。政府高层频繁互访为中安更广泛的交流与合作打下了坚实的基础。同时，中国政府加大了对安哥拉农业的支持力度。在加强原有合作领域和合作项目的同时，2009年又派出了高级农业专家组，协助安哥拉农业部在科学制定农业发展规划、确定农业主导产业发展方向、重大农业项目立项和实施及农业政策制定等方面提供咨询，当好参谋；为安哥拉粮食生产的发展提供技术支持和服务，重点针对玉米、水稻、棉花等主要作物发展现状，提出全面提高其产量的建议意见；广泛开展技术咨询、技术服务、技术交流和技术合作等工作。同时，加大了对安哥拉农业发展的技术支持和资金支持，提供优惠巨额贷款，改善生产条件，发展粮食生产，符合安哥拉的现实需求，得到了安哥拉政府和人民的高度赞赏。安哥拉政府也出台了鼓励投资农业和欢迎外资来安开发农业的一系列优惠政策，也为中安两国在农业上的广泛合作打下了良好基础。

2. 投资兴趣浓厚

面对两国良好的合作基础和安哥拉和平后农业急待快速发展的良好机遇，许多中国国有企业、私营企业和个体户对投资安哥拉农业充满信心，对农业开发前景十分看好。不少在安哥拉从事建筑等其他行业的企业都开始投资农业，如"中信建设集团公司"除已经在罗安达市 Gatete 区建设了面积 2 000 余亩的农场，进行蔬菜种植和大田粮食作物试种外，又在外省进行实地考察，准备在马兰热和威热分别建 10 000 和 5 000 公顷的示范农场，中水电筹划在 Caxito 开办农场，中农机、中电子、广德国际等企业都积极进行农业综合开发项目实地考察和可行性论证，即将进行大面积农业开发；国内不少企业也前来安哥拉考察，2009 年 9 月湖北种子集团和博林国际公司派出考察组，在安哥拉进行了为期一个多月的考察，已向安哥拉官方提交了项目报告书，拟在安哥拉建设 2 万公顷的农场；中国江苏常熟的周雪明先生带领 2 个女婿和女儿在安哥拉登记注册了中资私营家族式企业"中非国泰国际有限公司"，并投资 300 多万元人民币租地开办了占地面积约 100 亩的国泰农场，专门生产和销售蔬菜，目前该农场的蔬菜生产水平和管理技术在罗安达堪称一流；四川 20 来岁女孩刘玉凤也在 Catete 个人投资办起了 3 公顷的小农场，现在运营良好。

3. 全面积累经验

在安哥拉的大多数中国公司都建有面积为几亩到几百亩大小不等的农场，进行农作物种植（以蔬菜为主，试种粮食、经济作物），一方面解决本公司对蔬菜的需求，部分上市销售，另一方面探索在安哥拉开发农业的管理经验和种植技术，为投资安哥拉农业生产和开发积累了经验。

4. 开发效果明显

由于安哥拉土壤肥沃、水源充足、农业气候资源好，运用中国成熟的农业管理经验和耕种技术，产量大幅度提高。加上目前安哥拉农业生产技术落后、物产短缺、市场行情好。因此，所有华人投资农业生产的项目均收到明显的效益。例如，国泰农场：以生产和销售蔬菜为主。2009年二季度租地建场，第一期开垦种植面积45亩，2009年6月8日投入生产，7月24日第一批蔬菜上市，主要生产有辣椒、黄瓜、茄子、豇豆、苦瓜、西葫芦、白菜等20种左右蔬菜。现有13位华人和8位当地黑人农工在农场劳作，已投入资金300万元人民币左右。第二期又开垦了50余亩，经营土地达到100亩以上的生产规模。目前，该农场已初具规模，建设规范、起点高，技术到位、效果好，平整规范的地块，合理配套的沟、渠、路、凼，科学布局的作物、严格规范的种植技术和硕果累累的庄稼，无不令人兴奋、赞叹和喝彩；面积虽不大，但他的规范化程度和经营效果堪称安哥拉农场之典范；在这里展示了传统农业和现代农业的结合，展示了集约经营、规范种植和标准化生产的雏形，也展示了安哥拉农业开发的广阔前景，并收到丰厚的经济利益。他们的成功给所有准备投资安哥拉农业的企业和个人更大的信心和决心。

（二）中安两国农业合作存在的主要问题和困难

据初步了解，目前中安两国农业合作主要存在如下一些问题和困难。

一是以前的农业合作，除少量的技术交流外，主要集中在农田水利、农业基础设施建设方面的合作，而农业生产、产后加工等环节的合作还没真正起步。

二是长时间内战造成安哥拉基础设施损毁严重，基本没有农业生产基础设施，进行农业生产性开发，必须要从基础设施建设抓起。加之农业生产资料奇缺、价格昂贵等的制约，项目前期投资大、周期长、难度大、见效慢，受条件、基础和观念等差异的影响，投资农业也存在风险。

三是安哥拉官方办事效率低，有关手续办理难，甚至一些腐败行为严重影响投资者的投资意愿。

四是安全难以保证。华人在安哥拉投资农业，尤其是生产性开发，其人生安全、财产安全，是投资者最担心的事，何况生产中还要进行清除战乱留下的地雷等危险性工作和遭遇各种地方病魔的侵袭。

五是由于安哥拉大多数成年人文化水平低、种植技术差，缺少成熟、素质高的劳动人口；近年广大农村青壮年盲目流往城市，农业发展缺乏青壮年劳动力，也对农业生产开发产生直接影响。

六是安哥拉农产品市场流通体系尚未健全，致使农产品销售成本或农产品成为商品的成本增加，加之安哥拉货币宽扎对美元的汇率不稳定，变动幅度较大等也增加了农业开发的投资风险。

(三) 主要农业合作项目情况及成效

几年来中安两国农业合作项目，有的已经收到了明显成效，得到了安哥拉政府的充分肯定，对安哥拉农业发展起到了很好的促进作用。

1. 中国援建的安杜鲁农学院项目

该项目是中安两国政府间一揽子合作项目之一，2008年2月4日，安哥拉总理费尔南多视察了该农学院，对中国承建的工程建设质量给予高度评价。安杜鲁农学院的建成，将为安哥拉培养大批农业技术人才，并极大地促进农业发展。

2. 中国援建的Caxito农业灌溉项目

该项目由中国水利水电建设集团国际工程有限公司于2006年在安哥拉承建，已建成水泥干渠23千米、7个提水泵站、20个取水口，交付使用后，可灌溉4万公顷农田。灌区内还可进行喷灌、滴灌、移动式灌溉等多种灌溉形式，大大改善了农业生产条件，促进了灌区农业快速发展，也树立了中国在安哥拉农业合作的良好形象。

3.. 派驻专家组

2009年8月中国政府派出高级农业专家组，帮助安哥拉发展农业，为农业生产提高技术支持。专家组开展广泛的调研、进行技术交流、开展主要粮食和经济作物玉米、水稻、大豆、棉花等品种试验及栽培技术探索，均收到良好效果。专家们为政府提出的《大力兴办现代化农场 推进农业快速发展的建议》《关于组建安哥拉农作物病虫害预测预报中心的建议》《关于安哥拉要重视发展农业生产资料生产及贸易的建议》《安哥拉玉米生产现状及发展对策》《安哥拉水稻生产现状及未来发展对策》《安哥拉棉花生产的实践、技术及发展对策》得到了安方的认可。进行的水稻、玉米等作物品种展示和示范效果，得到了安哥拉农业科技界官员和专家的高度评价，增添了安方发展农业的信心，为促进安哥拉农业发展提供了依据，也为中安两国今后农业的进一步合作架起了友谊的桥梁。

二、中安农业合作发展前景

中安两国发展双边农业合作，既有良好的合作基础，又有互补的农业资源优势，能够达到政府合作国民得实惠的双赢目的，可有效保障中安两国的粮食安全，同时也对世界粮食安全做出积极贡献。农业合作空间巨大，利益丰厚，前景美好。

一是安哥拉自然资源丰富，发展农业生产的潜力巨大。安哥拉拥有丰富的农业自然资源，土地面积广阔，土壤适宜农业耕作，生态良好、无污染、生物多样性好，淡水资源丰富，温、光能够满足很多种农作物的生长需求，发展农作物生产的潜力巨大。

二是安哥拉农业生产很落后，粮食严重不能自给。政府为了彻底改变这种现状，决定恢复和发展农业生产，制定并出台政策鼓励外国政府、企业和个人到安哥拉投资农业，发展农业综合开发。

三是中国政府加强与安哥拉的农业合作，即利国也利民。中国现在是人多耕地少，粮食安全问题亟待解决，在国内发展粮食生产已经受到极大的自然因素限制。中国与安哥拉在农业方面合作，派遣农业专家、技术人员和大批有生产经验的农民到安哥拉，充分利用中国的农业经营、农业管理、农业机械、优良品种和先进实用的农业生产技术，利用安方的土地等自然资源，大规模发展农业生产，农业产品满足安哥拉需要的同时也可到国际市场上销售，既可解决安哥拉粮食短缺问题，摆脱依靠大量进口粮食来满足人民生活需要的被动局面，带动和促进安哥拉国民经济全面发展，为非洲人民摆脱饥饿做出贡献，也可为世界粮食安全做出积极贡献。与此同时，中国也开辟了海外劳动力就业市场、农产品生产基地和农业生产资料销售市场，增加了农业劳动者的就业机会，增加了农业生产资料销售企业的利润，也可有效保障中国的粮食安全，最终实现中安两国政府合作国民获利得实惠的双赢目的。

三、对中安农业合作发展的建议

（一）中安两国近期农业合作的建议

中国和安哥拉农业的近期合作既要发挥好目前的合作效果，又要有利于双方的发展利益，更重要的是要为深入、持久和广泛的深度合作打好坚实基础。因此，建议重点加强以下几方面的合作。

1. 继续加强农田水利、农田基础设施建设领域的合作

充分利用安方加大农业基础设施建设投入的机遇和中资企业的资金、技术、经验和在安哥拉的良好信誉，继续加强农田水利、农田基础设施项目的合作，既有利于加快安哥拉农业基础条件的改变，又可增强中企实力，为两国农业长期、深入、友好、健康合作打好基础。

2. 加强农业技术的交流和合作

可以通过合作农业项目、互派专家和技术人员、南南合作项目、举办农业技术培训班等形式，加大两国间农业技术交流和合作的力度，把中国发展农业的经验、方法和技术等传递给安哥拉，为安哥拉培养和带动一批懂农业、会管理、有技术、善经营的农业人才，为发展两国农业合作和促进安哥拉农业发展提供技术支撑。

3. 加强试验基地站（点）建设

可投入专门资金，选择安哥拉有代表性的区域建设不同的试验基地，既可通过基地将中国优良的品种、先进实用的农业技术传递给安方，又可通过基地探索本区域农业发展的路子和经验，还可作为今后良种繁殖基地和本区域生产资料等的集散地。为区域性农业的长远开发打基础。建议利用中国计划在非洲有关受援国合计援建30个农业技术示范中心，每个中心计划总投资5 000万元人民币，由中资农业公司申报承建及负责建设后的运营管理的契机，尽快实施援建"中国农业技术安哥拉示范中心"计划。

4. 加强示范农场试点建设

中国政府选择有实力和有经营管理经验的中资公司，给予重点支撑，直接进入农业生产领域的合作，开办中、小型生产性示范农场，为开发安哥拉农业和延伸农业产业链、带动和促进相关产业发展探索路子，积累经验。

5. 加强农业生产资料和农产品加工等方面的合作

农业生产资料的生产、使用和农产品加工在安哥拉农业领域是十分薄弱的环节，其合作开发前景非常广阔，也是提高安哥拉农业生产力和农业生产效益的重要途径和方法。第一，应加强农业机械、生产资料产品使用方面的合作，把中国先进的、优质的、效果好的农机、农业生产资料引用到安哥拉农业生产实践中，让其发挥出应有的增产增收效果。第二，要加强和探索农机、农业生产资料生产和农产品加工的合作和开发。

(二)中安两国中、长期农业合作的建议

中国和安哥拉农业的中、长期合作,既要有利促进安哥拉农业的快速发展,又要充分利用安哥拉广阔的土地资源和有利的自然资源,建成中国农产品海外生产基地和仓库,海外劳动力就业市场和农业生产资料生产、销售基地。因此,建议重点加强以下几方面的深度合作。

1. 规模化开办农场,加强农产品生产性合作

安哥拉土地肥沃,河流密布,大部分地区属热带草原气候,南部属亚热带气候,雨量充沛,发展农业的自然条件良好。全国可耕地面积约为3 500万公顷左右,目前只有10%左右的土地得到了有效利用,可开垦耕地面积大,并且农业生产水平低,产出少,尤其是粮食不能自给,需要依赖大量进口。2008年仅谷物就需进口70万吨以上。而在较长时间内,仅靠安哥拉自身的力量要改变现在农业十分落后的状态尚有许多困难。因此,中国应抓住机遇,从粮食安全的战略高度,加强农产品生产性合作。中国可制定优惠政策,支持一批重点中资企业在安哥拉实行购买、租赁等方式,获得较长时间土地所有权或经营权,多个企业相对集中开发,独立开办农场,形成农场群。有利基础设施的统一规划、合理配套使用,有利农场管理和安全措施的落实,有利形成区域优势。通过一定时间的建设,就可形成稳固的农产品生产基地。一方面可以提高安哥拉粮食生产的自给率,带动和促进安哥拉粮食生产总体水平的提高。同时,有利提高安哥拉农民就业率,带动和促进区域性农民生产、生活水平的提高。另一方面也可生产中国所需农产品,满足国内市场需要,实现储粮于安。还可根据国外需要,发展外向型农业,为世界粮食安全做贡献。

2. 利用品种优势,加强优良品种开发合作

中国农作物杂交良种组合多,优势强,推广运用增产增收效果显著。而在安哥拉现时农业生产中,各作物使用的基本上是地方老品种,绝大多数是民间传下来的没有品种名称的种子,种子混杂严重,产量低下。虽然安哥拉也建有农业科研单位,但水平低,设备差,实际上还未真正开展农作物种子选育和繁殖工作,更不用说杂交育种了。如果大面积推广杂交良种,单产将会大幅度提高。因此,应充分利用中国杂交育种的品种选育优势,加强与安哥拉开展优良品种的开发合作。可以通过科研合作、贸易洽谈、良种引进示范等多种形式进行合作,通过合作,提高安哥拉农作物的良种普及率和应用水平,建立通畅的

良种销售渠道和良种繁育基地。把中国的优良品种优势变成安哥拉农业的增产增收优势,同时,也为中国种业开辟新的销售市场,实现较长时间的互惠互利,达到双赢合作之目的。

3. 发挥研发优势,加强农业生产资料开发合作

在安哥拉目前农业生产中,农作物病虫害十分严重。由于绝大多数生产者在农业生产过程中不知道怎么防止和怎样进行农作物的田间管理,加上,农业生产资料的奇缺和价格昂贵,因而生产者在整个农业生产过程中很少使用农药、肥料等生产资料。造成了粮食产量巨大损失,也限制了单产的提高,成为了阻碍粮食生产发展的重要因素之一。如果通过引进中国已有的符合环保要求的农业生产资料产品,运用于农业生产或通过技术研发、生产等的合作,按照环保要求在安哥拉建立相关的农业生产资料生产企业,生产安方农业所需产品,不仅有利于安哥拉农业的发展,也有利于中国农业生产资料生产、经营以及企业的不断发展壮大。

4. 利用成熟技术,加强农副产品加工合作

安哥拉地广人稀,土地肥沃,温、光、水资源丰富,适合发展多种农作物,因此,不仅农产品品种多,而且有的农产品具有独特性。加强农产品加工领域的合作,不仅可延长农业生产链,增加农产品附加值,增加农产品生产者收入,而且也可利用他们的独特产品满足我们国内需要和丰富人民日益增长的物质需求,还可利用发展起来的农产品资源开发人类发展的必须产品。如安哥拉目前种植面积居第二、总产量居第一的木薯就是开发生物能源的好原料。

莱索托
Lesotho

中国驻莱索托大使会见中国援莱高级农业专家组

中国援莱索托专家组

工作时间：2009年8月至2010年8月

组　　长：申义珍，扬州市农业局环境监测站推广研究员

组　　员：刘建文，天津市动物疫病防控制中心

莱索托农业部长接见中国高级农业专家组

申义珍专家采集小麦试验样品

申义珍专家指导玉米生产

申义珍专家检查当地肥料质量

刘建文专家开展技术培训

刘建文专家诊断马病

刘建文专家记载养鸡试验数据

第一部分　莱索托概况

一、自然地理概况

（一）地理位置与地形地貌

莱索托位于非洲东南部，南纬28°～31°、东经27°～30°，四周为南非所环抱，为内陆山地国家，属大陆性亚热带气候。

全国海拔高1 400～3 482米，是世界上平均海拔最高的国家。依海拔高度，分为低地（1 400～1 800米）、山脚（1 800～2 000米）、高地（2 000～3 482米）。国土面积3.035万平方千米。

（二）气候及水资源

莱索托属大陆性亚热带气候，5—9月为旱季，10月至翌年4月为雨季，全年约85%的降水集中于雨季。

昼夜温差大，一般昼夜温差在15℃左右，温度变化剧烈。低地年均温度15.2℃，常年最高温度30℃，极端最高温度33℃，常年最低温度零下3℃，极端最低温度零下7℃。

高地年均温度7℃，常年最低温度零下10℃，极端最低温度可达零下18℃。但高地中的农业区域因海拔较低，温度要高些，年均温度14℃左右，常年最高温度28℃，常年最低温度零下7℃左右。

低地及山脚地区，初霜期一般出现于5月5日—15日，而终霜期一般于8月15日—20日，而山脚地区终霜期可迟至9月15日左右。低地无霜期达260天左右，长于北半球的同纬度地区。

全国平均年降水量约780毫米，年平均泾流量为150立方米/秒。

（三）森林资源

常见的林木有：桉树、胡椒树、橡树、槐树、楝树、杨树、柳树、松树、柏树、榆树、桑树、椿树、梅子树、冬青、月季等。

二、人文与社会概况

（一）人口及语言

莱索托全国人口约188万（2006年），其中男性为91.6万，女性为96.4万；城市人口为44.8万，农村人口143.3万，城市化率为25%。绝大多数为黑人，属班图语系的巴苏陀族和祖鲁族。通用英语和塞苏陀语。约90%的居民信奉基督教新教和天主教，其余信奉原始宗教和伊斯兰教。

（二）政治与首都

莱索托政府由19个部组成：国防与国家安全部，国内事务、公共安全与议会事务部，自然资源部（水、气象、能源、矿产），妇女、青年、运动与娱乐部，外交与国际事务部，地方政府与酋长事务部，首相办公室部，劳动与就业部，财政与发展计划部，旅游、环境与文化部，教育与培训部，森林与土地开发部，贸易、工业、合作与市场部，司法、人权、法律与宪法部，通讯与科学技术部，公共事务（人事）部，农业与食品安全部，卫生与社会事务部，公共服务与交通部。

首都MASERU位于南纬29°30′，东经28°30′。海拔1 500米。人口约37万，其中城区人口约15万。全年最高气温33℃，最低气温-3℃。

（三）行政区划

莱索托全国共分为10个行政区。分别为BEREA、BUTHA-BUTHE、LERIBE、MAFETENG、MASERU、MOHALE'S-HOEK、MOKHOTLONG、QUCHA'S NEK、QUTHING、THABA-TSEKA。全国又进一步分为129个行政亚区，行政亚区由社区理事会管理。行政亚区之下由村组成。

（四）社会发展概况

据莱索托2008年人口年度公报，莱索托人口结构为：0～14岁占35.7%，15～64岁占59.3%，65岁以上占5%。男女性别比例（男/女），出生时1.03，15岁以下为1.01，15～64岁为0.95，65岁以上为0.67，总人口男女性别比例为0.96。婴儿死亡率为千分之79.8，人均预期寿命为40.0岁，其中男人40.7岁，女人为39.2岁（2007年，最新数据）。育龄妇女平均生育率为3.2。因艾滋病年死亡人数29 000人（2003年数据）。平均成人识字率为84.85%，其中男性

74.5%，女性 94.5%，但实际文化程度不高。统计显示，小学不同年级均有严重的休学现象，以一年级入学人数为基数，小学毕业率仅为 48%。初中阶段（年级 A—C），以初中 A 级入学人数为基数，毕业率为 57%。高中阶段（年级 D—E），以 D 级入学人数为基数，毕业率为 66%。若以小学一年级入学人数为基数，则小学毕业率 48%，初中毕业率为 17.8%，高中毕业率为 9.0%。

在经历了长期的贫穷与饥荒之后，莱索托建立了较为完备的社会福利与救灾体系。全国 7 万多 70 岁以上的老人，每人每月领到 300 马洛蒂养老金；全国小学实行免费教育并提供午餐；全国接受大专以上教育的学生可申请政府助学贷款，在就业后只需偿还贷款总额的 50%。对艾滋病家庭及其他贫困家庭也有相应的救助机制。但在较为完善的社会救助机制下，部分莱索托人也养成了"等、靠、要"的习惯，工作、劳动懒散。2007 年，平均失业率为 22.7%。

三、经济发展状况

不同经济部门占 GDP 的比重见表 1。

表 1 莱索托不同经济部门占 GDP 的比重 （单位：%）

经济部门	1998	1999	2000	2001	2002	2003	2004	2005	2006	2007	平均
矿 业	0.1	0.1	0.1	0.2	0.2	0.6	1.2	2.7	5	6.5	1.67
制造业	9.5	9.9	11.5	14.3	17.7	16.5	18.8	16.9	16.9	17.1	14.91
水与电	3.5	4.6	4.4	4	4.2	4	3.9	4.5	4.4	4.2	4.17
建筑业	9.5	9.4	10.8	8.9	6.6	6.3	4.5	4.7	4.5	4.9	7.01
制造业合计	22.5	24.0	26.8	27.3	28.6	27.4	28.3	28.8	30.8	32.7	27.72
农业与林业	11.3	12.1	11.0	12.0	9.2	8.7	8.6	7.2	7.8	6.7	9.46
服务业	59.7	58.1	56.4	54.7	55.8	56.7	55.6	57.6	55.5	54.8	56.49
税 收	6.5	5.8	5.8	6.0	6.4	7.2	7.5	6.4	5.9	5.8	6.33

工业以制造业和食品加工为主，生产成衣、制革、食品、饮料、建材、家具、电子等。莱索托境内的高原水利工程于 1991 年动工，是非洲最大的水利工程之一，由莱索托和南非共同出资兴建。目前，该工程第一阶段已竣工，莱索托通过向南非输水每年创造可观收入，并可解决自身电力需求。

自 2000 年以来，随着欧美相继向莱开放无关税、无配额的市场，纺织、服装、制鞋等高附加值的出口加工产业发展迅速，成衣业成为莱国民经济第一大支柱产业。2000—2007 年平均，不同制造业就业人数中，纺织服装业占 89%。

从正式稳定的就业人员看，1999—2007年平均，约44%来源于南非矿工，28%来源于政府机构，25%来源于纺织企业。

1998—2005年，平均年度食品进口（原料及最终消费）总额达16.32亿马洛蒂，占进口总额的22.8%。

全国约86%的人口依靠农业而生存。全国约57%的人口人均日收入小于2美元，处于贫困线以下。常年有20万~25万人口因粮食不足处于饥荒状态。莱索托在世界经济中的排位处于第157位，属于世界上最欠发达国家之一。

第二部分 莱索托农业发展概况

一、莱索托农业在国民经济中的地位

1998—2007 年的 10 年间，农业总产值占 GDP 的比重平均为 9.5%，值得注意的是，近年来由于农业发展萎缩，农业产值占 GDP 的比重下降，1998—2001 年农业总产值为 8.84 亿马洛蒂，占 GDP 的比重平均为 11.6%，而 2005—2007 年农业总产值为 6.67 亿马洛蒂，占 GDP 的比重平均仅为 7.2%，两个时期相比农业总产值下降了 24.5%。不同年度农业占 GDP 的比重见图 1。

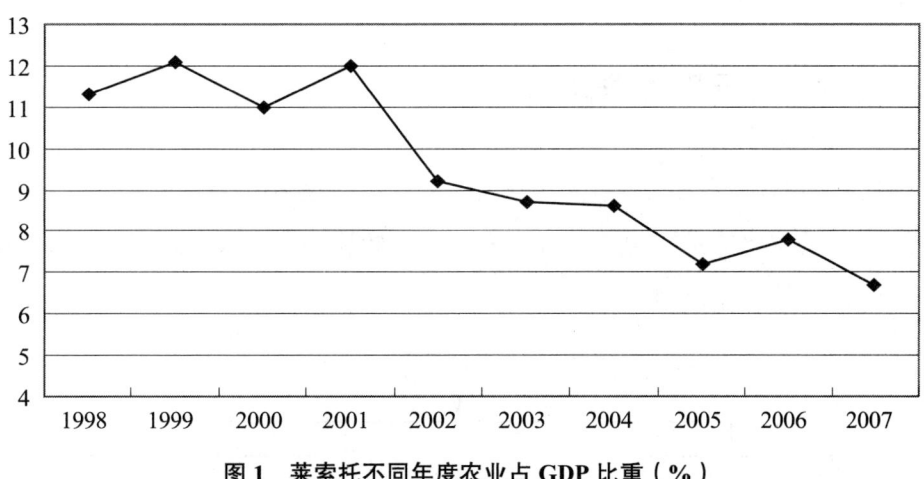

图 1　莱索托不同年度农业占 GDP 比重（%）

从农业内部各业看，1998—2007 年度平均，养殖业占农业总产值的 53%，种植业占 34%，林业占 7%，农业服务业占 6%。其中，种植业及农业服务业的产值呈下降趋势（表 2，图 2）。

表 2　莱索托农业各业产值情况　　　　　　（单位：百万马洛蒂）

年度	1998	1999	2000	2001	2002	2003	2004	2005	2006	2007	平均
种植业	293	310	357	397	248	218	208	196	213	147	258.7
养殖业	409	476	397	464	332	371	403	329	401	417	399.9
农业服务业	64	52	47	54	50	48	40	33	38	25	45.1
林业	53	53	53	54	54	54	61	66	66	68	58.2
合计（农业及林业）	820	891	855	968	664	690	712	623	719	657	759.9
国内生产总值	6 875	6 969	7 282	7 540	7 642	7 948	8 342	8 400	9 071	9 534	7 960.3

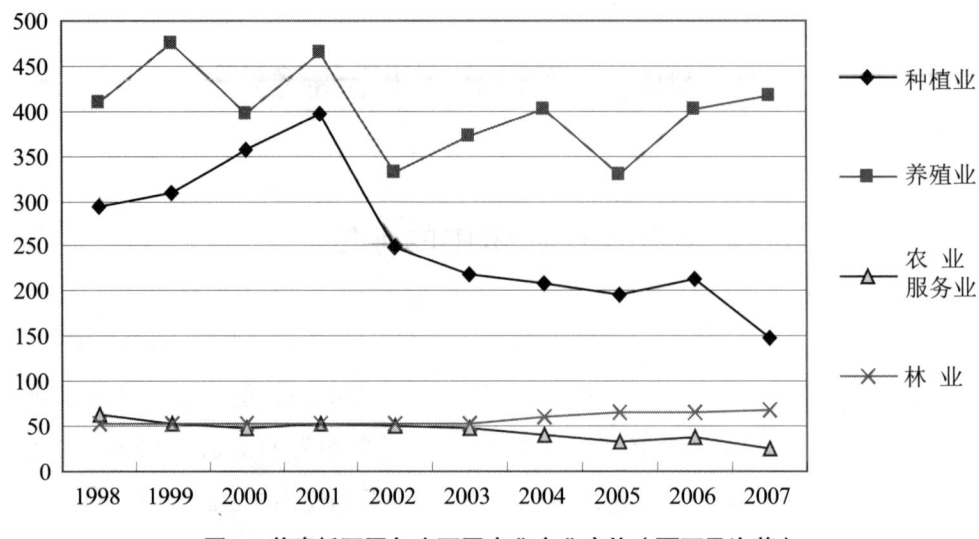

图 2　莱索托不同年度不同农业产业产值（百万马洛蒂）

二、农业行政管理体系

莱索托农业与食品安全部共有6个司级部门，分别为行政管理司、计划与政策分析司、农作物服务司、农田服务司、畜牧服务司、农业研究司、农学院。相关业务部门的结构如图3～图7。

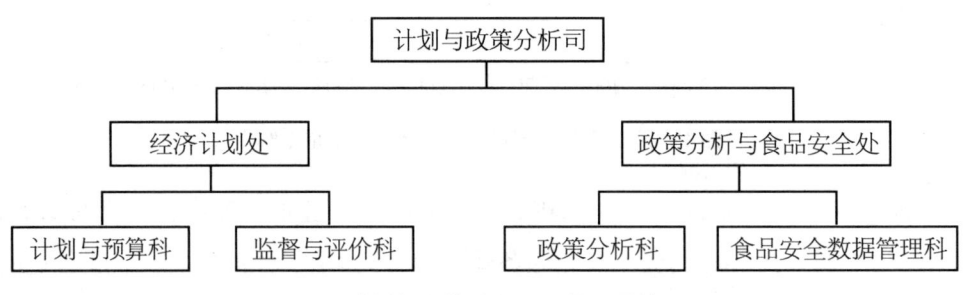

图 3　计划与政策分析司机构设置情况

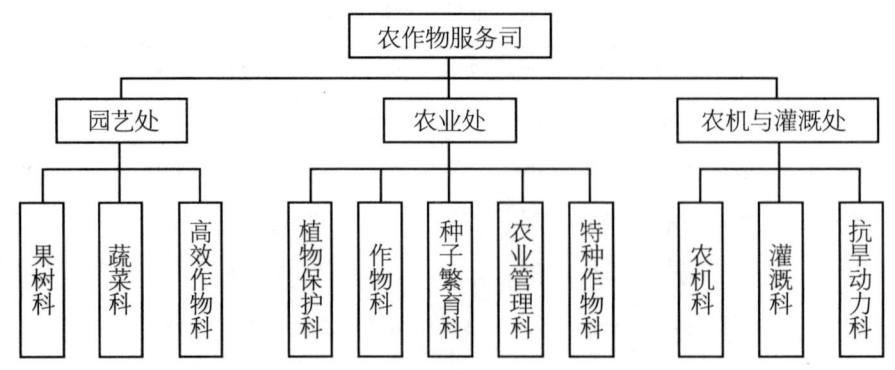

图 4　农作物服务司机构设置情况

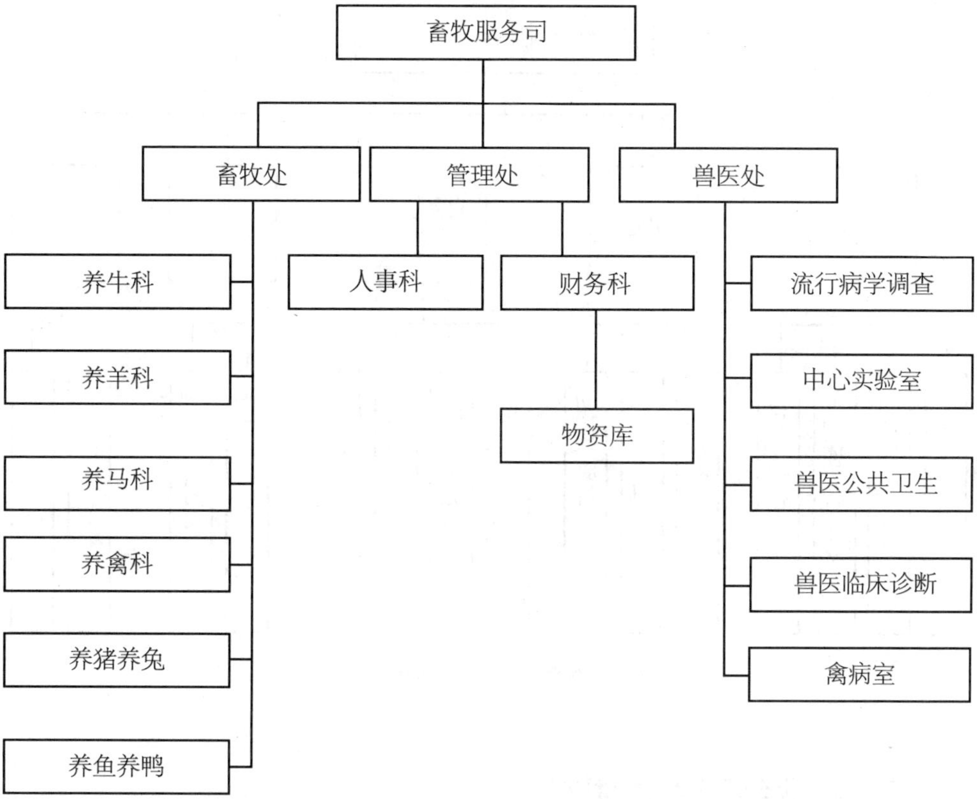

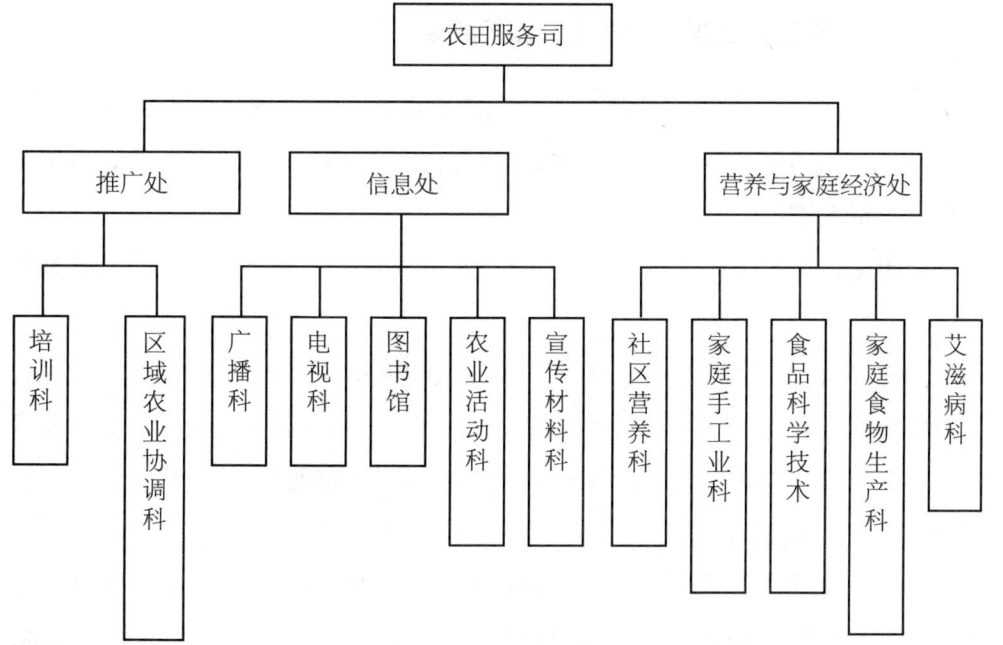

图 5　畜牧服务司机构设置情况

图 6　农田服务司机构设置情况

全国畜牧行政管理分三级结构：畜牧服务司总部、10 个地区畜牧办公室、49 个家畜品种改良中心（LIC）和 6 个放牧区域管理站（RMA）。

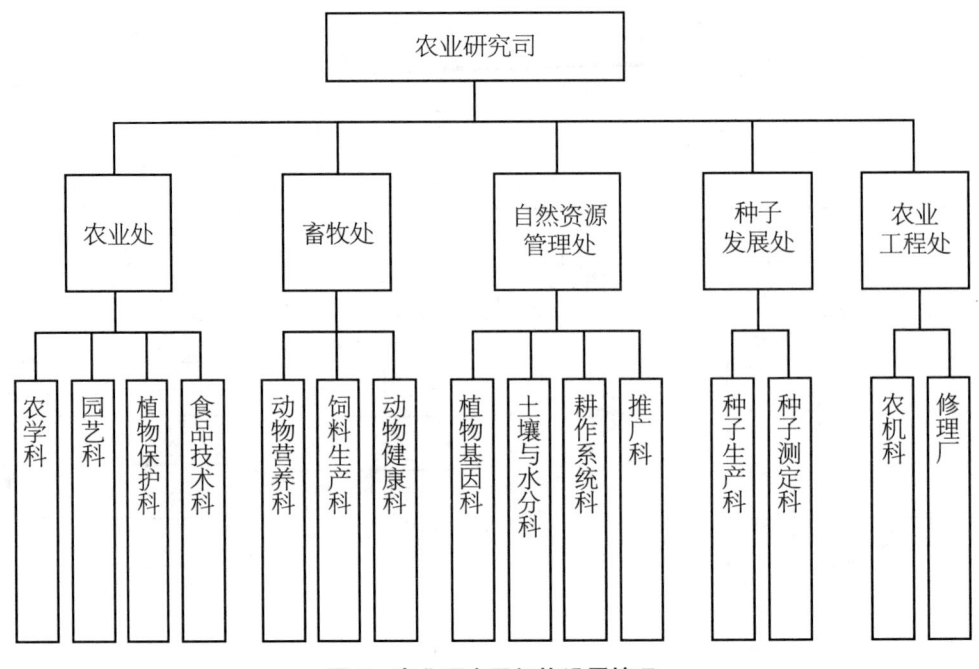

图 7　农业研究司机构设置情况

三、农业经营管理体制

（一）涉农法律法规、农业支持保护政策

整体而言，莱索托还未建立起涉农法律法规体系。1979 年通过的《土地法》，规定了土地由国家所有，同时又规定在土地由国家所有的前提下，传统的土地所有制继续有效。

近年来，莱索托农业与食品安全部提出并实施了一系列农业政策以刺激农业发展。

2003 年提出了"农业补贴政策"，该政策的主要目标是：为促进发展商品农业及多元化农业提供动力，例如规模农业；促进适用于不同农业区农业新技术的发展，使传统农业向效率、技术农业转变；以研究促进技术发展，以推广促进技术应用，从而提高食物安全水平，帮助消除贫穷。

2007/2008 年度，莱政府投入 4 500 万马洛蒂农业补贴（当地币，1 马洛蒂约 0.9 元人民币），该政策的主要目标是：对肥料、种子、农机耕作补贴 30%，对灌溉设备补贴 40%（表3）。

2009/2010 年度，5 900 万马洛蒂补贴肥料、种子，3 000 万马洛蒂补贴农机耕作，对灌溉设备补贴 40%，合计总补贴金额达 1.29 亿马洛蒂（表4）。

表3 2008/2009年度肥料补贴状况

品　种	数量（吨）	可使用面积（公顷）	占年作物播种总面积（%）
复合肥（日本政府援助）	1 679	6 732	3.5
复合肥（莱政府补贴）	9 200	36 800	19.1
合　计	10 879	43 532	22.6

表4 2008/2009年度种子补贴状况

种子类型	数量（吨）	可使用面积（公顷）	占播种面积（%）
玉　米	6 917	46 112	32.5
菜　豆	333	7 405	87.5
豌　豆	50	1 111	52.8
小　麦	105	2 100	9.8
高　粱	6.3	843	4.4
合　计	7411.3	57 572	30.0

2005年提出了"食物安全政策"，该政策的主要目标是在家庭及社会层面，提高食物的充裕性与稳定性；改善家庭层面的食物利用状况。

2006年提出了"食物安全国家行动计划（2002—2017年）"，该政策的主要目标是发展自给自足农业，以改善家庭的食物安全水平。包括发展宅地菜地、速生畜禽、水土保持农业，使用非杂交种子，发展滴灌，增加农业投入品投入；发展商品农业，以改善全社会的食物安全水平。重点发展规模农业及规模蔬菜业。

为了解决阻碍农业发展的现实问题，莱索托政府为农业发展制定了三大政策：缓解与消除贫困、家庭食品安全和创造就业机会。上述政策进而分解为六大战略：一是深化农业体制改革，实施农业发展新型战略；二是放开农产品的生产和市场环节管理，推进私有化进程和大力发展农业私有经济；三是实行土地改革，提高自然资源的管理利用水平；四是拓展农村经济发展基础，同时考虑农产品潜在的市场机会；五是重新定位农业服务体系，以农民所需为导向，强化研究机构与生产部门的链接；六是进一步支持提高农业项目建设能力。

畜牧行业的发展政策主要是在以粗放型放牧为主的高山地区实施自然放牧资源的可持续性发展利用，在低地和山脚地区鼓励发展精细化畜牧业生产。为此，畜牧司制定了以下战略目标：一是通过实施综合性自然资源管理计划以提高放牧承载能力；二是鼓励低地地区发展精细化畜牧生产，山脚和高山地区发展粗放型畜牧业，同时考虑土地资源的可持续性发展利用和土地的其他有效利用方式;三是禁止低地地区向高山地区开展季节性移动放牧,以保护高山地区当地居民的牧场利益;四是推进莱索托本地牲畜品种的改良进程;五是通过维持适宜的放牧程度和增加牧草种植面积,以提高牲畜牧草营养水平;六是鼓励以畜牧发展项目为基础成立公立、私立或社区性质的互助组织;七是推进市场自由化进度,在牲畜及畜产品市场结构中引入私有成分;八是强化对农户的培训工作,引导农民建立对土地和水资源实行可持续性利用的观念,向农民灌输关于畜牧、兽医和畜产品市场的科学理念;九是通过成立放牧和畜牧管理组织(RLMAs),以推进畜牧生产和牧场管理的综合管理;十是提高兽医技术服务水平,促进畜产品生产水平与质量的提高,增加农民收入;十一是实施动物疫病流行病学调查和疫病防控计划,在提高畜牧生产经济效益的同时强化人民公共卫生安全意识。

(二)农业经营管理体制

莱索托实行以家庭为主体的个体经营体系。土地特别是耕地为个体所有为主,林地、山地等则为村等集体所有。由于土地为个体所有并为下一代所继承,在人口向城市转移的过程中,造成大量耕地荒芜。2000年之前,农用机具主要由国家或集体所有,近年来农机具普遍实行了私有化,但也出现了农机服务不及时、质量差、收费高等问题,特别是大型农机具如联合收割机个体农户如维护保养能力,造成农机废弃。为了推进农机化进程,近年来农业行政部门又开始重新购置农业机械。种子、化肥等农业投入品,由国家实行价格补贴的部分,由农业行政部门负责经营,其余的由个体或企业经营。粮食的收购、加工、销售由个体或企业经营。

按照莱索托政府的方针政策,畜牧司在畜牧兽医技术服务方面也采取了团队组织活动(group activity),鼓励农户组建生产互助组织。到目前为止,莱索托农户已自发组建了羊毛/马海毛协会、小家畜生产协会、放牧协会、奶牛协会、养禽协会、养猪协会和养鱼协会等组织。其中,羊毛/马海毛协会、放牧协会和养禽协会三个组织已发展较为完善。上述三个协会组织中,除放牧协会仅建立在公社级别外,其他两个社团已形成以下组织结构:乡村协会(羊毛/马海毛协会以LIC/羊毛修剪企业为基础,养禽协会以村级为基础)、地区级协会和国家最高协会。虽然所有协会组建的目的都是为了促进生产,促进市场稳定和繁荣也是该组织的目的之一,其中羊毛/马海毛协会和放牧协会已获得了畜产品市场服务组织(LPMS)的支持与加强,这两个协会也已参与活畜市场交易。

四、农业基础设施与装备

(一)农业机械

1995年以来,莱索托全国进行了私有化运动,将国有资产变卖给个人。2007—2008年度统计,全国私人拥有中、大型拖拉机1 720台,其中1 485台可正常使用,拥有配套耕犁1 658台,旋耕机309台,玉米播种机263台,小麦播种机63台,弥雾机21台。详见表5。

表5　不同地区大中型农机具数量

地 区	拖拉机（可用）	拖拉机（不可用）	耕 犁	旋耕机	玉米播种机	小麦播种机	弥雾机
BUTHA BUTHE	93	7	100	14	10	3	1
LERIBE	392	45	437	104	88	20	5
BEREA	386	51	393	46	65	—	3
MASERU	190	85	274	61	40	16	7
MAFETENG	217	28	246	47	15	9	2
MOHALE'S HOEK	131	10	128	28	31	15	3
QUTHING	34	3	32	3	4	—	—
QACHA'S NEK	20	5	25	5	5	—	—
MOKHOTLONG	11	—	11	—	2	—	—
THABA TSEKA	11	1	12	1	3	—	—
合　计	1 485	235	1 658	309	263	63	21

在农机私有化的同时,政府部门保留或新购了少量农业机械。截至2008年年底,农业行政部门拥有大型联合收割机21台,其中可用的6台(新购),大、中型拖拉机114台,其中可用的104台,配套耕犁108台,旋耕机15台,小麦播种机8台,另有非移动式脱粒机20台。

莱索托的农业机械来源主要有两方面:一是国际援助,包括日本、印度、欧盟、中国等,这是农机的主要来源;二是自购,产品主要来自南非。由于农机品牌多,缺少农机配件,影响了农机效用,农机使用寿命极低。此外,也缺乏成熟的农机操作手。

莱索托280 000公顷耕地中,36 000公顷适宜发展灌溉农业,占耕地面积的13%;至2008年,仅2 600公顷已发展灌溉,占宜发展面积的7%;而真正能够使用的面积仅100公顷,占已发展的4%。

不同播种方式及面积见表6，可以看出，播种方式中以牛拉播种为主，48.4%，其次为人工播种，占40.9%，而拖拉机播种面积仅占7.3%。

不同耕作方式及面积见表7，可以看出，耕作方式中以拖拉机耕作为主，占84.6%。

表6 不同播种方式及面积（2006/2007年度） （单位：公顷）

播种方式	自我牛拉播种	雇用牛拉播种	自我拖拉机播种	雇用拖拉机播种	人工播种	其他	合计
面积	155 335	77 975	23 157	12 013	197 314	16 085	481 879
比例（%）	32.2	16.2	4.8	2.5	40.9	3.3	100

表7 不同耕作方式及面积（2006/2007年度） （单位：公顷）

耕作方式	雇用拖拉机	自我拖拉机耕	自我牛耕	雇用牛耕	其他	合计
面积	200 689	27 157	28 739	9 853	3021	269 460
比例（%）	74.5	10.1	10.7	3.7	1.1	100

（二）农业投入品

1. 农 药

莱索托自身不生产农药，所有农药均需进口。常用农药品种有硫丹、马拉硫磷、代森锌等10余种。

农药使用种类及面积见表8。

表8 农药使用种类及面积（2006/2007年度） （单位：公顷）

马拉硫磷	甲基内吸磷	杀虫剂Ripcort	杀虫剂Karate	代森锌Lonacol	杀蚜剂	代森锌	夜蛾绣剂	磷化铝片	硫丹	其他	合计
1 731	480	123	1 851	463	230	828	123	379	30 596	1 241	38 045

2006/2007年度，主要作物（玉米、高粱、小麦、饭豆、豌豆）合计播种面积为211 871公顷，合计农药使用面积为38 045公顷，占播种面积的20%，农药品种中以硫丹为主，占80%。

2. 肥 料

莱索托自身不生产化肥，所有化肥均需进口。常见化肥品种为复合肥，也有少量磷铵。

无机肥使用种类及面积见表9。

表9 无机肥使用种类及面积（2006/2007年度） （单位：公顷）

磷酸二铵	磷酸一铵	复合肥3:2:1（35）	复合肥3:2:1（25）	石灰硝铵N25	复合肥2:3:2（22）	石灰	尿素	复合肥3:2:1（32）	复合肥3:2:1（30）	其他	合计
963	2 799	4 989	64 715	392	19 000	135	102	8 599	526	4 708	106 928

可以看出，2006—2007年度全年各类化肥施用面积为106 928公顷，占主要作物总播种面积的50%，肥料品种中以各类复合肥为主，占92%。

另据1992—1993年、1993—1994年化肥进口量、消费量年度统计资料，1992/1993—1993/1994两年，平均播种面积为24.3万公顷，化肥养分纯用量：N为21.6千克/公顷，P_2O_5为21.4千克/公顷，K_2O 12.8千克/公顷。相当于江苏施肥量的1/10左右。近年来缺少化肥用量的统计资料，但估计平均用量仍维持在同一水平上。

3. 种 子

莱索托国内一般不从事育种工作，农作物新品种完全靠引进，新品种主要来自南非（表10）。

表10 种子来源情况（2006/2007年度） （单位：公顷）

来源	自留种	商品种子	杂交种子	其它	合计
面积	353 249	62 782	49 394	49 394	514 819
比例（%）	68	12	10	10	100

可以看出，种子来源中，以自留种为主，占68%，而杂交种子仅占种子数量的10%。

4. 有机肥

有机肥使用种类及面积见表11。

表11 有机肥使用种类及面积（2006/2007年度） （单位：公顷）

种类	灰肥	牛羊粪	家禽粪	其它	合计
使用面积	1 552	121 605	2 536	2 292	127 985
所占比例（%）	1.2	95.0	2.0	1.8	100

可以看出，有机肥中以牛羊粪为主，占95%，有机肥使用比例为60%。

五、农业科技与教育

（一）农业科研与技术推广

1. 农业科研

农业科学研究工作是支撑农业发展的重要体系之一，莱索托农业科学研究所是莱索托唯一的一所农业科研机构。莱索托农业科学研究所成立于2001年，其前身为1952年成立的莱索托农业部实验农场，1979年改为农业部农业司农业研究处，2001年更名为农业科学研究所，是莱索托农业与食品安全部下属的司级部门，现有农业科研人员约45人，辅助工作人员50余人。设有4个农业田间试验站及2个畜牧试验场。分为作物研究处、畜牧研究处、农业资源与管理研究处、种子发展处、农业机械工程处，建有种子基因库、土壤分析室、种子测定室、食品分析室。

作物研究处全处分为农学、园艺、植物保护、食品技术4个科室。农学室主要从事农作物新品种的引进与评比工作，2009年进行了100多个农作物品种的引进与评比试验，主要是引进南部非州地区其他国家的农作物品种，田间测定对莱索托当地气候的适应性以及与当地品种在产量、抗逆性方面的差异性。园艺室从事蔬菜及果树新品种的引进示范工作，研究食用菌栽培技术。植物保护室开展农作物病虫害的诊断工作及杂草防治工作的研究，2009年诊断病虫害36例，完成4处化学除草试验，进出口检疫种子45批次。食品科学室开展食品的加工技术研究工作，指导农户实现均衡营养。

畜牧研究处主要开展了以下几个方面的工作：一是建立了羊毛指标数据库，为逐步提高羊毛生产质量，开拓国际市场奠定了基础；二是从国外引进了3个奶山羊品种，通过基地繁育逐步推广，并开展了同步发情和人工授精技术试验，在良种繁育新技术研究方面取得一定成效；三是开展了鸡人工授精技术试验，引进了大型雏鸡孵化设备，正在筹划孵化室的建设；四是在动物营养方面开展了牧草种植研究，共完成20个牧草品种的种植试验，收集了大量的牧草生长数据，以供筛选推广。

农业资源与管理研究处全处分为植物基因、土壤与水、轮作系统、推广4个科室。植物基因室收集了当地2 096个农作物种子样品，在低温室中长期保存，并定期重新繁殖，以长期保存种子基因。土壤与水研究室，年分析测定大约800个土壤样品，测定土壤有机质、有效磷、有效钾、酸度等，为合理施肥提供参考数据,并开展相关的肥料试验。轮作系统室,开展了少免耕与秸秆覆盖栽培研究,以减少水土流失,恢复土壤肥力。推广室负责将各研究室所获得的研究成果进行示范推广,并收集农业生产中急需解决的问题,供各研究室开展研究。

种子发展处 全处分为种子生产、种子测定 2 个科室,负责约 100 公顷的种子基地的种子生产的技术指导工作,并进行种子质量测定。种子由基地农户自己生产、自己销售,年生产销售种子约 100 吨,主要是当地传统的常规玉米及饭豆品种。

农业机械工程处 全处分为灌溉、农机维修 2 个科室,主要从事灌溉工程设计及农机具的维修工作。

2. 农业推广服务体系

莱索托的农业技术推广服务体系从上到下依次为:国家农业及食品安全部—地区农业服务办公室—农业资源服务中心—农业资源服务分中心。每个行政地区有一个地区农业服务办公室,每个地区农业服务办公室下属 7 个左右的农业资源服务中心,每个农业资源服务中心下属 3～5 个分中心。每个"中心"有 7 名左右专业技术人员,包括推广、农作物、营养、灌溉、园艺、畜牧兽医等专业;每个分中心仅有一名农业助理。全国农业技术推广服务体系的人员工资全部由中央财政承担。全国共有 67 个农业中心,320 名农业助理,每个农业助理服务 1～2 个村,300～400 个农户。从中央到地方的农业垂直管理结构如图 8。

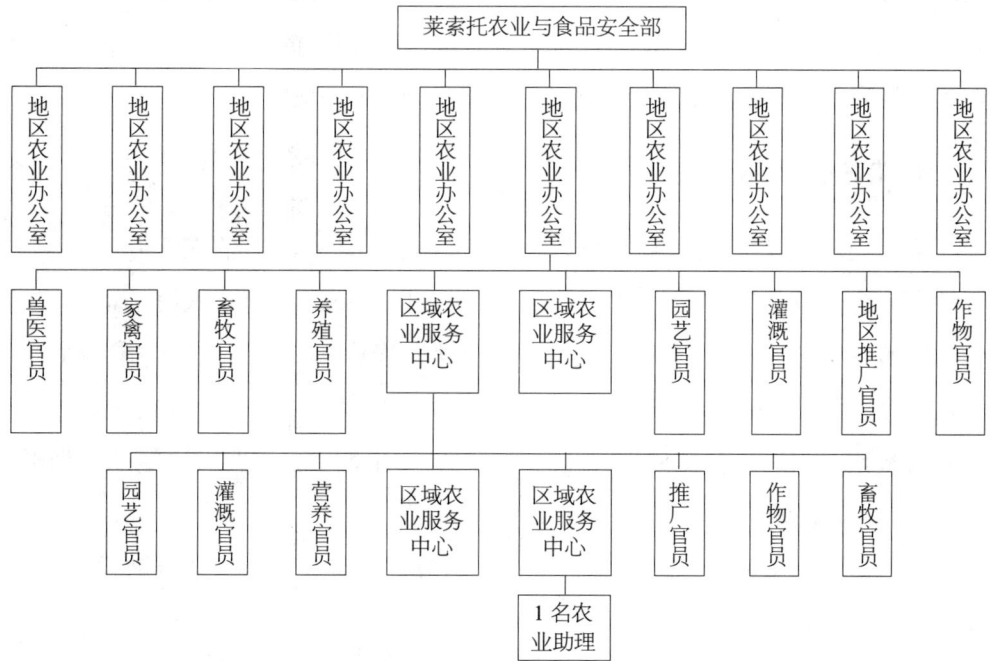

图 8 农业垂直管理结构图例

(二)农业教育与培训

莱索托的农业教育大致可分为下面 3 个层次。

1. 大学本科教育

莱索托国立大学农业系承担着农业本科的教育工作。莱索托国立大学始建于 1990 年,至 2009 年,农业系有动物科学、作物科学、土壤科学、农业经济与推广四个专业,年入学人数约 120 人,学制四年。学生学杂费为每年每人约 15 000 马洛蒂(当地货币,1 马洛蒂约 0.9 元人民币),学生可申请助学贷款,毕业工作后偿还贷款的一半即可。近年来就职于各级农业部门的人员主要毕业于莱索托国立大学,也有少数毕业于南非的大学。

2. 高等专科教育

莱索托农学院承担全国的农业高等专科教育工作。莱索托农学院隶属于农业与食品安全部,始建于 1955 年,现有 MASERU 总部和 LERIBE 分校两个校区,内设作物科学、动物科学、农业工程、森林及资源管理、农业经济、家庭经济 6 个专业,现有教师 45 人,各类辅助人员 50 余人,年入学学生约 250 人,学制三年。由于财政支持,学生学杂费每年每人仅为 5 000 马洛蒂,远低于其他专科学校,学生也可申请助学贷款,毕业工作后偿还贷款的一半即可。为了适应就业市场对高学历人才的要求,莱索托农学院计划由专科教育升格为本科教育。

据莱索托农学院校长 Keta 先生介绍,学院缺少灌溉、工程、土壤、资源管理等学科的专业老师,希望中国在此方面提供帮助。

3. 农民培训学校

莱索托现有 6 所农民培训学校,分别隶属于当地行政区的农业办公室,学校教育分为全日制教育及短期农民培训两种。以 Qacha's Nek 农民培训学校为例,2009 年有全职教师 3 人,讲授家庭管理、营养学、蔬菜生产、作物生产、畜牧生产、手工艺 6 门课程。有全日制学生 18 名,学制 2 年,相当于中国的中等专科教育,年学杂费仅 800 马洛蒂。同时,不定期举办各类农民短期培训班。中央政府为农民培训学校提供相应的财政支持。

整体而言,莱索托的农业教育工作学科分工不细,教材老化,缺少完整的教科书及相应的实验设备。

六、农产品生产与加工

(一) 农业生产

莱索托农业生产包括谷类、蔬菜、果品、饲料作物、油料作物等。粮食作物有：玉米、小麦、大麦、燕麦、黑麦、高粱、菜豆、豌豆、山芋等，以玉米、小麦、高粱为主。油料作物有：向日葵、大豆、花生等。饲料作物有：苜蓿、三叶草及其他草类。不同年度主要农作物种植面积与产量见表12。

表12 不同年度主要农作物种植面积与产量 （单位：公顷，吨，千克/公顷）

作物		1998/1999	1999/2000	2000/2001	2001/2002	2002/2003	2003/2004	2004/2005
玉米	种植面积	107 619	140 800	170 101	195 037	145 762	137 585	129 436
	收获面积	82 829	132 356	157 945	177 503	137 384	127 469	127 629
	总产	118 679	124 549	194 338	158 194	111 205	85 032	80 898
	单产	1 103	885	1 142	811	763	618	625
高粱	种植面积	19 405	31 652	27 802	55 082	30 070	26 442	29 378
	收获面积	15 453	30 067	25 831	52 498	28 209	25 204	29 192
	总产	22 815	33 340	26 807	45 354	11 919	11 953	11 482
	单产	1 176	1 053	964	823	396	452	391
小麦	种植面积	29 708	26 337	27 934	31 751	37 693	37 565	27 977
	收获面积	20 014	20 880	23 744	24 740	36 599	37 092	25 335
	总产	29 641	15 426	45 545	50 755	26 250	21 805	16 216
	单产	998	586	556	1 599	697	580	580
饭豆	种植面积	8 827	12 707	13 948	15 188	9 788	12 362	9 261
	收获面积	7 449	11 636	13 426	12 367	7 241	11 169	8 569
	总产	8 376	9 273	10 740	7 860	4 360	3 701	4 831
	单产	949	730	770	518	445	299	522
豌豆	种植面积	11 710	7 637	7 175	13 028	12 658	9 489	3 917
	收获面积	7 581	7 535	6 421	7 814	11 307	9 076	3 456
	总产	4 904	6 429	4 800	6 429	3 825	2 717	1 496
	单产	419	842	669	493	302	286	382

作物		2005/2006	2006/2007	2007/2008	2008/2009	平均
玉米	种植面积	132 542	138 248	146 882	141 606	144 147.1
	收获面积	123 508	123 661	137 156	137 366	133 164.2
	总产	68 762	54 131	45 722	55 751	99 751
	单产	518	391	311	393	687
高粱	种植面积	29 037	36 665	36 572	19 090	31 017.7
	收获面积	28 108	32 175	35 556	17 585	29 079.8
	总产	10 783	6 197	8 379	9 285	18 028.5
	单产	371	169	229	486	591

（续表）

作物		2005/2006	2006/2007	2007/2008	2008/2009	平均
小麦	种植面积	9 166	9 453	15 522	21 500	24 964.18
	收获面积	9 146	9 165	15 405	21 365	22 135
	总产	2 522	797	1 619	3 831	19 491.5
	单产	275	84	104	178	664
饭豆	种植面积	24 716	26 461	13 594	8 453	14 118.6
	收获面积	22 290	23 038	12 243	7 973	12 491
	总产	4 306	5 002	2 560	3 061	5 824.5
	单产	174	189	188	362	467
豌豆	种植面积	1 708	1 044	1 943	2 105	6 583
	收获面积	1 679	1 034	1 641	2 032	5 416
	总产	600	633	405	758	2 999.6
	单产	351	606	208	360	447

1. 主要农作物种植及产量

玉米

不同年度玉米种植面积及产量见图9至图11。1998/1999—2001/2002年为上升阶段，播种面积从10.7万公顷增加到19.5万公顷，之后迅速下降，近年来播种面积稳定在13万～15万公顷之间。玉米总产在2000—2001年度最高，达19.4万吨，之后总产量呈下降趋势，近年来稳定在5万吨左右。玉米单产在2000—2001年度达最高，为1142千克/公顷，之后不断下降，近年来单产介于300～400千克/公顷。可以看出，单产下降是总产下降的主要原因。

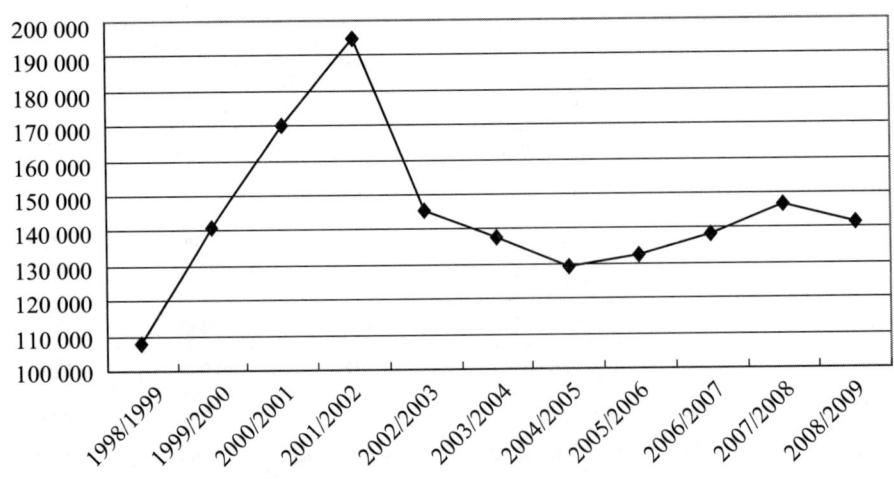

图9 不同年度玉米种植面积（公顷）

可以看出，玉米播种面积的变化，可分为两个阶段。

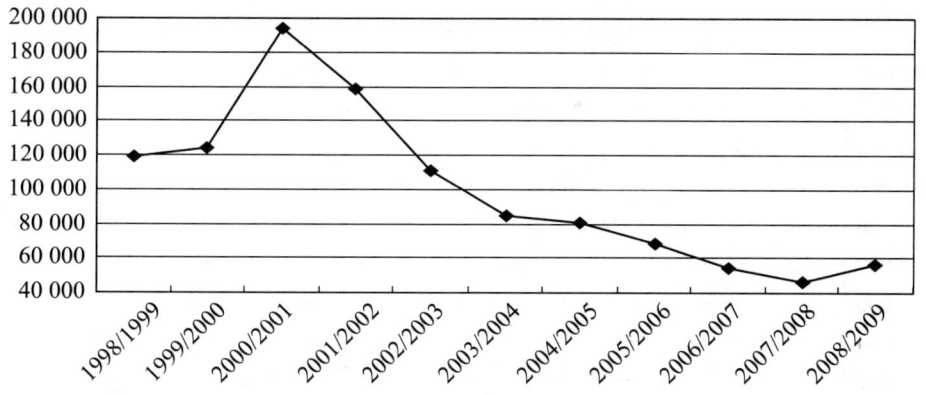

图10　不同年度玉米总产状况（吨）

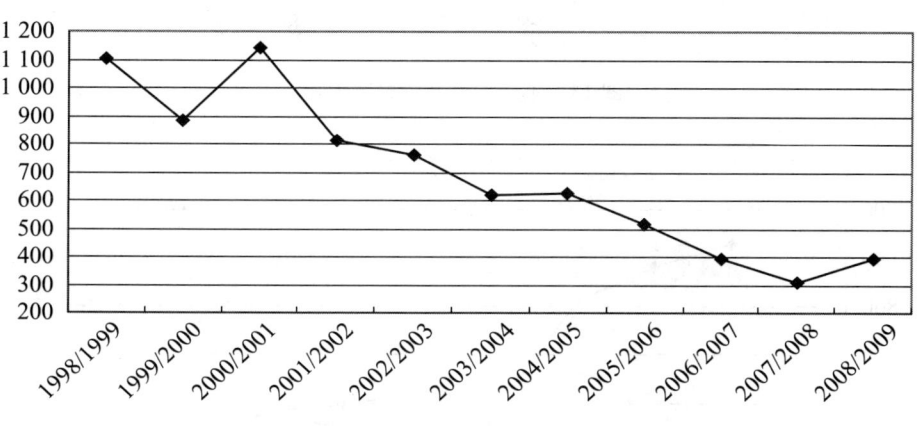

图11　不同年度玉米单产状况（千克/公顷）

高　粱

不同年度高粱种植面积及产量见图12至图14。

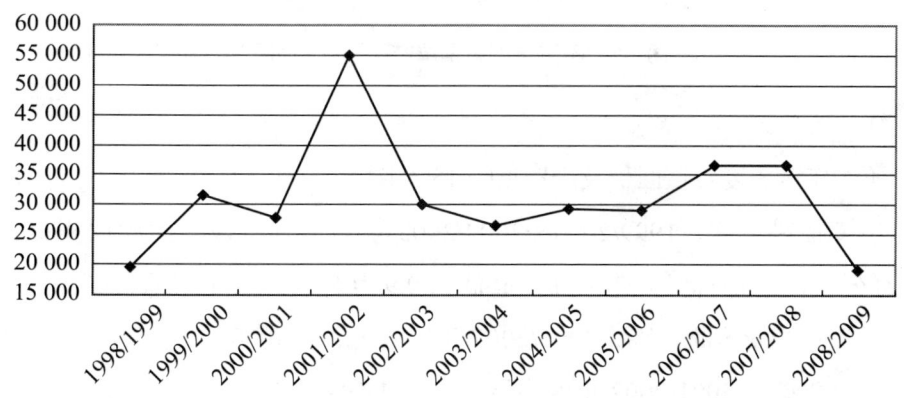

图12　不同年度高粱种植面积（公顷）

高粱播种面积，2001/2002年度达最高，为5.5万公顷，近年来面积介于2万～3.7万公顷。高粱总产2001—2002年度为最高，达4.5万吨，近年来总产介于 0.6 万～1.2 万吨。1998—1999 年度高粱达最高单产，为 1 176 千克/公顷，之后单产下降，近年来单产水平介于 169～486 千克/公顷。

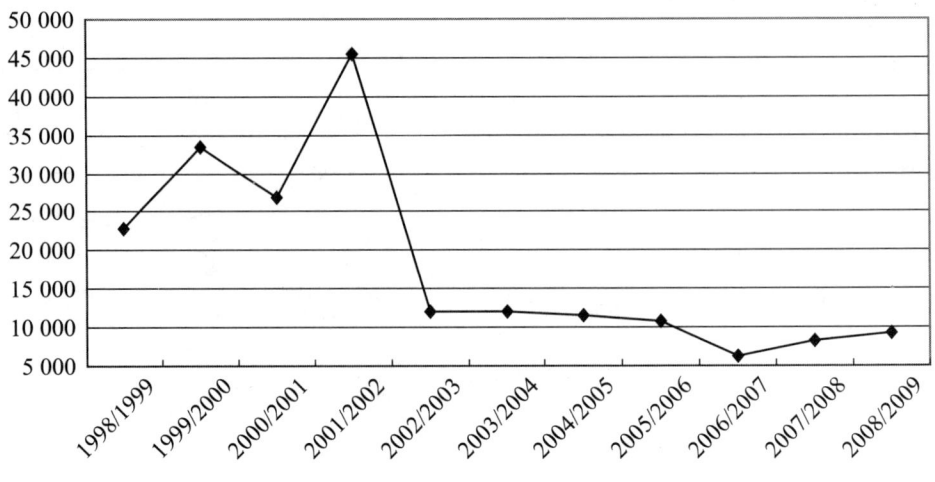

图 13 不同年度高粱总产（吨）

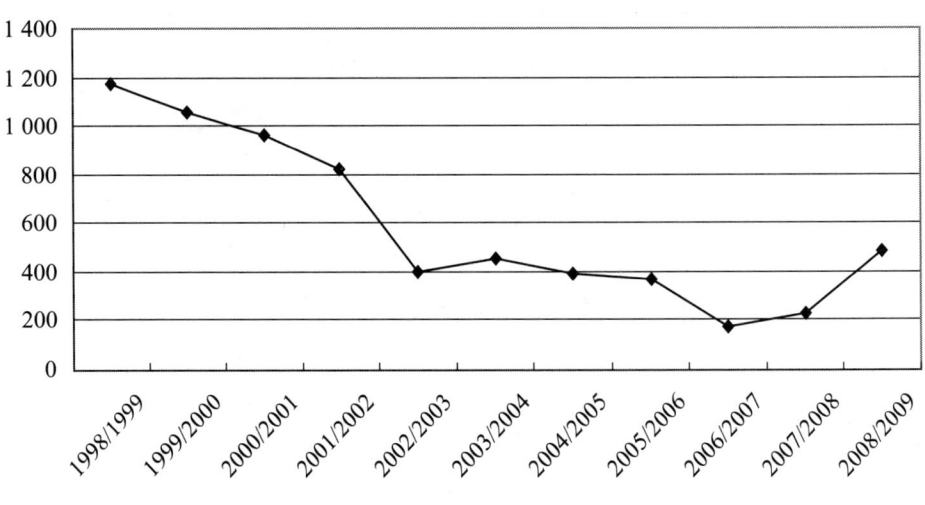

图 14 不同年度高粱单产（千克/公顷）

小　麦

不同年度小麦种植面积及产量见图 15 至图 17。

小麦播种面积，1999/2000—2002/2003 年为上升阶段，播种面积最高达 3.8 万公顷，之后面积迅速下降，最低为 0.9 万公顷，近年来播种面积有所恢复。小麦总产量不断下降，2006/2007 年度最低，仅 0.08 万吨，后两年有少量恢复。小麦单产 2001/2002 年度为最高，达 1 599 千克/公顷，之后不断下降，最低仅 84 千克/公顷，后来单产有所恢复，但 2008/2009 年度单产也仅 178 千克/公顷。

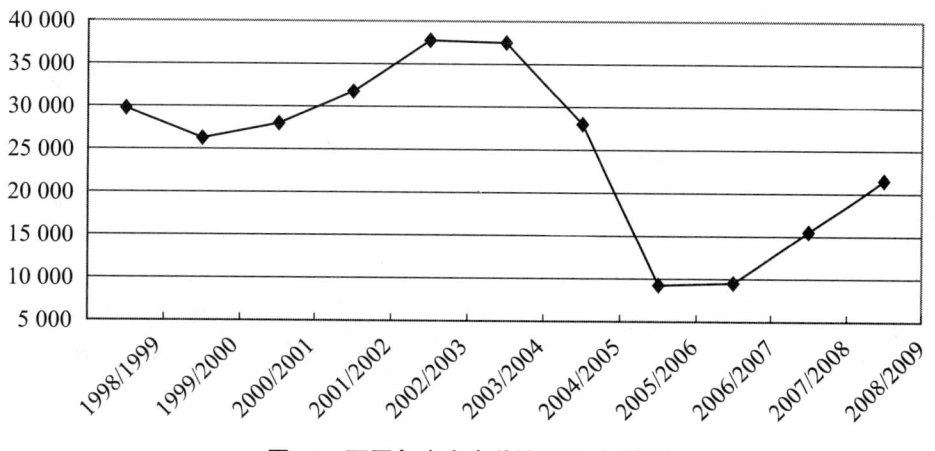

图 15　不同年度小麦种植面积（公顷）

小麦总产 2001/2002 年度达最高，为 5.1 万吨。

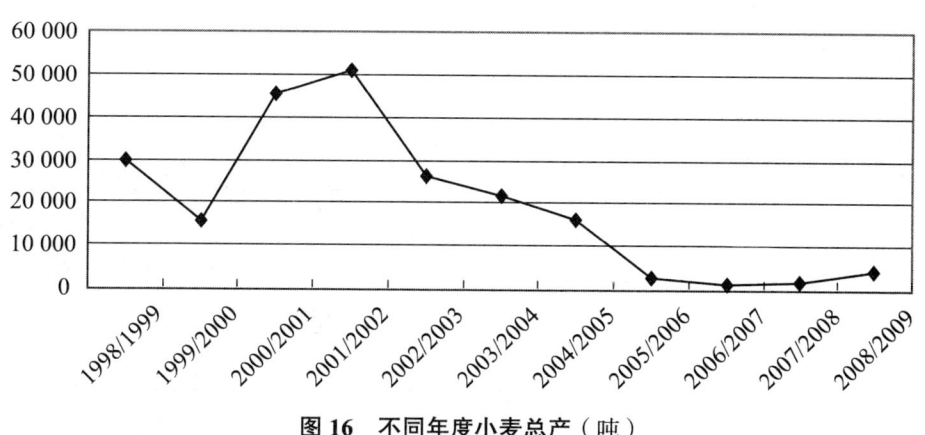

图 16　不同年度小麦总产（吨）

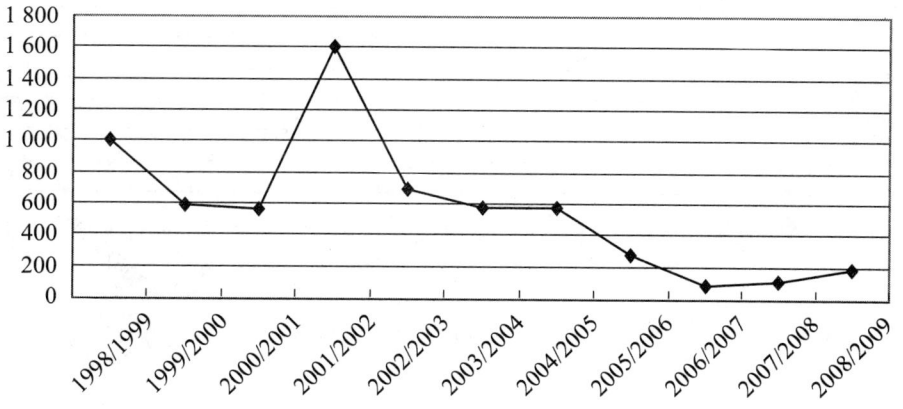

图 17　不同年度小麦单产（千克/公顷）

饭　豆

不同年度饭豆种植面积及产量见图 18 至图 20。不同年度饭豆播种面积相对稳定，一般介于 0.8 万～1.5 万公顷，最高播种面积为 2.6 万公顷。2000/2001 年度饭豆总产最高，为 1.07 万吨。近年来总产介于 0.25 万～0.5 万吨。

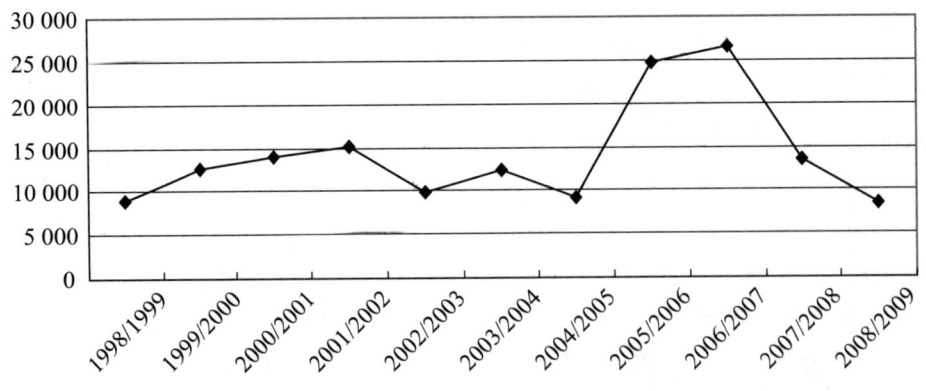

图 18　不同年度饭豆种植面积（公顷）

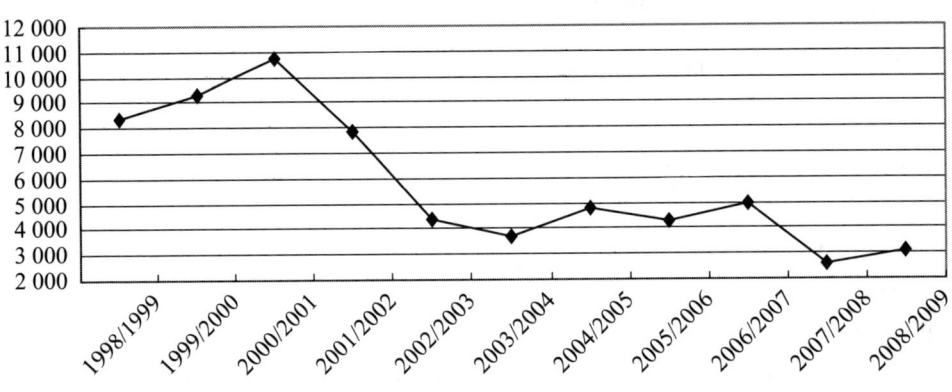

图 19　不同年度饭豆总产（吨）

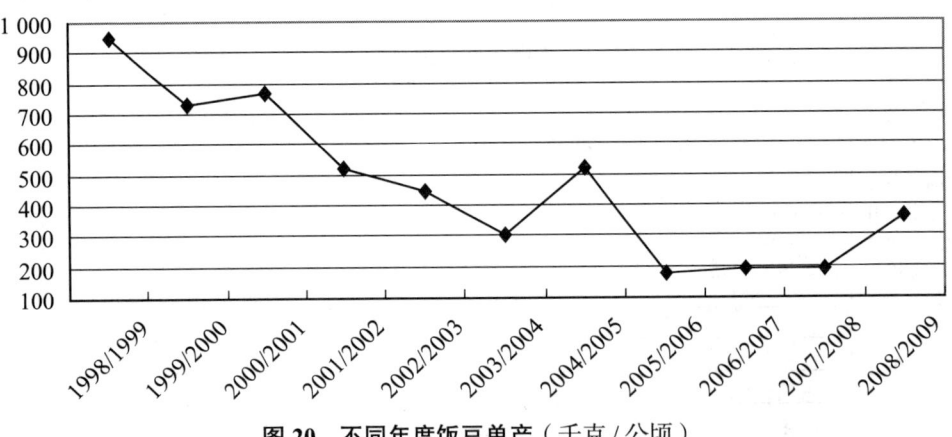

图 20　不同年度饭豆单产（千克/公顷）

豌　豆

不同年度豌豆种植面积及产量见图 21 至图 23。2001/2002 年度，豌豆播种面积最大，为 1.3 万公顷，之后面积不断减少，2006/2007 年度最低，为 0.1 万公顷，最近两年面积有少量恢复。2001/2002 年度豌豆总产最高，为 0.64 万吨，之后不断下降，近年来总产约 0.06 万吨。1999/2000 年度，豌豆单产最高，为 842 千克/公顷。近年来单产介于 200～600 千克/公顷。

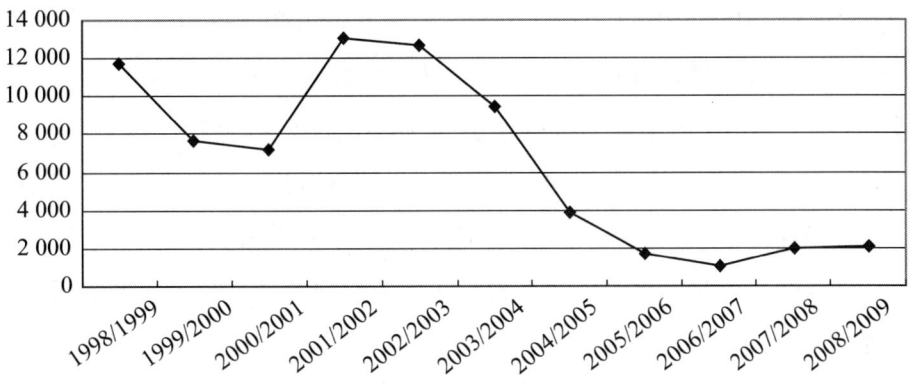

图 21 不同年度豌豆种植面积（公顷）

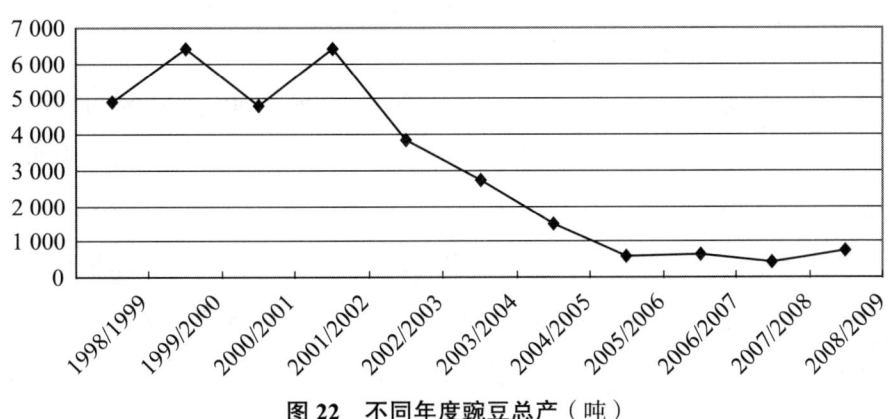

图 22 不同年度豌豆总产（吨）

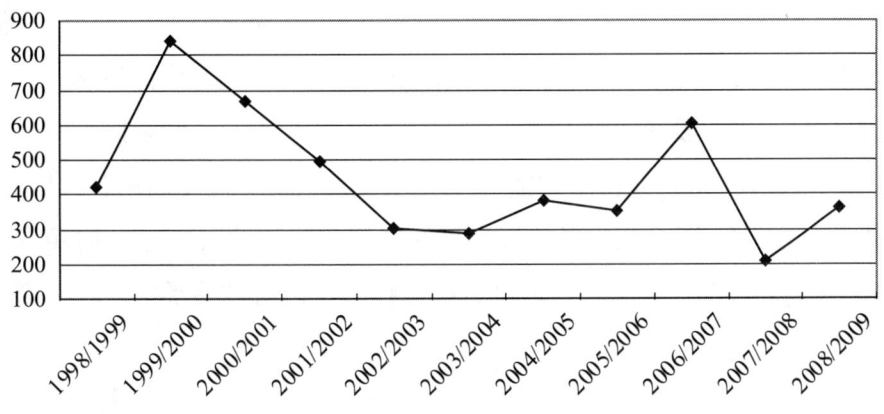

图 23 不同年度豌豆单产（千克/公顷）

2. 主要作物生长特点

玉 米

玉米是莱索托的第一大农作物，种植面积占耕地面积的 65% 左右。用玉米粉制作的被当地人称作巴巴（PAPA）的玉米软饼是莱索托民众的日常主食。

种植制度：莱索托的玉米种植制度以一年一熟为主。生育期早熟品种

105~120天，中熟品种120~140天，迟熟品种140~170天，但以生育期135~140天的品种较为适宜。适宜播期为10月20日—11月20日，迟熟品种需适当早播，但最早不早于10月初，过早易遭受迟霜冻影响。

播种方式：一般为条播。条播方法包括机械条播、牛拉条播及人工条播。

品种特性：玉米品种既有马齿型也有硬质型，既有白皮玉米也有黄皮玉米，品种主要从南非引进。白皮玉米主要用于制作食品，黄皮玉米主要用作牲畜饲料。

主要病虫害：莱索托玉米的主要病害有黑粉病、线条病毒病、大斑病及黄锈病，这几种病均无化学防治方法，主要依靠选用抗病品种。主要虫害有夜蛾、玉米螟、蚜虫、斑点甲虫等。但整体上病虫害发生危害不重。

主要生产问题：莱索托玉米产量低而不稳，2005/2006—2008/2009年度单产为0.31~0.52吨/公顷，4年平均单产量0.40吨/公顷。但近年来也出现了产量达5~6吨/公顷的高产田块，说明莱索托气候条件基本适合玉米生长。从考察情况看，玉米生产中主要存在问题大致有以下几方面：一是播种量、出苗率低，基本苗普遍不足。播种量一般很低，不超过15千克/公顷，加上大多数耕地由于整地质量差，无灌排条件，玉米出苗率普遍不高，出苗率在80%以上的仅占播种面积的10%左右，约有20%的面积出苗率不足20%，50%的面积出苗率不足50%。二是草害严重，莱索托农田管理粗放，部分田块仍实行草田轮作，农民没有人工除草的习惯，市场上也买不到化学除草剂，因杂草引起的产量损失一般在30%以上。三是化肥施用水平低。莱索托农民一般只施用一次基肥，一般不追肥。化肥品种主要是复混肥，无单质化肥如尿素等。四是收获不及时。莱索托农民一般在旱季的6—7月收获玉米，此时距玉米成熟期已有两个月以上时间。五是自然灾害较严重，易遭受干旱、冰雹等自然灾害。

建议：根据多次跟踪调研考察结果，在多次与莱索托农业技术人员的讨论沟通后，农业专家组建议莱索托农业部门在大面积生产指导中注意以下几点：一是增加播种量，播种量提高到20~40千克/公顷，除有灌溉条件的田块外，一般应采用高播种量，并对出苗率较差的田块及时移栽或补种，示范推广玉米营养钵育苗移栽技术。可以肯定的讲，保全苗是提高当地玉米产量的最简单最有效的措施。二是加强玉米田化学除草剂的示范推广工作，及时组织除草剂进口。三是增加化肥用量，全面使用复混肥作基肥，推广玉米拔节肥施用技术，今年莱索托农业与食品安全部已组织进口了部分尿素化肥，并将尿素列入政府肥料补贴项目。四是示范推广地膜覆盖技术，应用地膜进行增温、保水、压草。此外，从长远考虑，还要加强农业基础设施建设，大力建设梯田，发展灌溉农业，建设高产稳产农田。

小 麦

小麦是莱索托的第二大农作物，种植面积占耕地面积的15%左右。

种植制度：莱索托的种植制度以一年一熟为主。低地地区一般种植冬小麦，于5月中旬至7月底播种，12月至1月收获，生育期160～200天左右，无明显的越冬期，播期迟的生育期缩短。山地地区一般种植春小麦，8月至9月播种，1月至2月收获，生育期130天左右。

播种方式：一般为条播麦。条播方法包括机械条播、牛拉条播及人工条播。条播麦由于播深一致，有利于提高出苗率。

品种特性：无论是冬播小麦还是春播小麦，小麦品种均为红皮小麦，品种主要从南非引进。

主要病虫害：莱索托小麦的病害有叶锈病、秆锈病、条锈病、全蚀病、斑枯病、腥黑穗病、散黑穗病、白粉病、赤霉病等。主要虫害有蚜虫、麦岩螨等。但整体上病虫害发生危害不重。

主要生产问题：莱索托小麦产量低而不稳，高产年景产量达0.8吨/公顷，低产年景产量仅0.1吨/公顷，常年产量约0.5吨/公顷。从考察情况看，主要存在问题大致有以下几方面：一是播种量、出苗率低，基本苗普遍不足。小麦播种量一般很低，莱农业部门推荐的播种量为45～60千克/公顷。由于大多数耕地无灌排条件，小麦出苗率不高，出苗率在80%以上的仅占播种面积的20%左右，约有20%的面积出苗率不足20%。二是草害严重，莱索托农田管理粗放，部分田块仍实行草田轮作，农民没有人工除草的习惯，市场上也买不到化学除草剂，因杂草引起的产量损失一般在30%以上。三是化肥施用水平低。莱索托农民一般只施用一次基肥，一般不追肥。化肥品种主要是复混肥，无单质化肥如尿素等。据调查，麦田化肥施用比例仅为1/3左右。四是收获不及时。莱索托小麦70%以上依靠机械收割，且主要是中型机械，收获时对土壤水分要求严格，再加上许多农机具由政府部门所有，工作效率低，导致许多田块收获不及时，许多田块在成熟后一个月仍未收获。莱索托农业部门估计，因收获不及时，产量损失在15%以上。

建议：中国专家组建议莱索托农业部门在大面积生产指导中注意以下几点：一是增加播种量，播种量提高到75～150千克/公顷，除有灌溉条件的田块外，一般应采用高播种量,并对出苗率较差的田块及时补种;二是加强麦田化学除草剂的示范推广工作,及时组织除草剂进口;三是增加化肥用量,全面使用复混肥作基肥,推广小麦拔节肥施用技术,组织进口尿素化肥,并将尿素列入政府肥料补贴项目;四是示范推广新型农机具,包括田间开墒机、小型收割机等;五是示范推广少免耕技术,实行免耕机条播,提高麦田出苗率;六是继续示范推广小麦新品种,新品种引进时要注意有与当地气候相适宜的生育期、较强的病虫害抗性、耐旱、抗穗发芽、抗掉粒、适收期长等特点。

3. 农业生产成本

农业生产成本是影响农业生产的重要因素。当生产成本高于农业生产的收入时,生产必然萎缩。

种植玉米时,每公顷需犁耕费500马洛蒂、旋耕费400马洛蒂、播种费425马洛蒂、玉米种子20千克计150马洛蒂、复合肥250千克计380马洛蒂,合计生产成本为1855马洛蒂,按玉米价格为2.5马洛蒂/千克,玉米单产达742千克/公顷方可保本。

种植小麦时,每公顷需犁耕费500马洛蒂、旋耕费400马洛蒂、播种费325马洛蒂、小麦种子75千克计495马洛蒂、复合肥250千克计380马洛蒂,合计生产成本为2 100马洛蒂,按小麦价格为2.5马洛蒂/千克,小麦单产达840千克/公顷方可保本。

(二)蔬菜及果树生产

在蔬菜生产方面,当地人以包菜、瑞士甜菜、马铃薯、蕃茄、胡罗卜、南瓜、洋葱等主要日常蔬菜。近年来,随着中国人的来到,特别是华人蔬菜专业种植户的出现,也有大白菜、青菜、生菜、莴苣、韭菜、芽甘蓝、青花菜、欧芹、大蒜、大黄、辣椒、茄子、黄瓜、西瓜、丝瓜、芜青、甘薯、萝卜、刀豆、豇豆、扁豆等。

在水果生产方面,据《莱索托果树生产指南》(14)介绍,莱索托现有果树品种有:苹果、梨、quince、桃、油桃(nectarine)、李子、梅子(prune)、杏子(apricot)、甜樱桃、酸樱桃、核桃、胡桃、栗子(chestnut)、榛子(hazelnut)、葡萄、刺莓(rasberry)、黑莓(blackberry)、桑树(mulberry)、橄榄(olive)、柑橘(citrus)、无花果(fig)、柿子(persimmon)、石榴(pomegranate)、费约果(feijoa)。莱索托园艺专家认为,下列果树也可生长于莱索托:开心果(pistachio)、黑醋栗(black currant)、红/白醋莓(red/white currant)、醋

栗（gooseberry）、蓝莓（blueberry）、接骨木浆果（elderberry）、猕猴桃（kiwi fruit）、枣树（jujube）。最常见的果树品种有：桃、油桃、杏、李、梨、苹果、葡萄、樱桃等。

据 2005 年莱索托果树及蔬菜业调查报告，受调查的 78 个农户中，自有土地农户 42 户，租用土地农户 33 户，合作土地农户 3 户。受调查的 56 个蔬菜生产户中，平均种植规模为 4.3 英亩，种植规模 0.2～40.3 英亩。大约 70% 的家庭有家前屋后园地，60% 的家庭拥有果树。1—3 月，蔬菜自给率达 50% 以上，其中卷心菜自给率达 85% 以上；其他时间蔬菜主要依靠进口。

桃树是莱索托最常见的果树，有 26 个品种，开花期从 8 月初到 9 月中旬，成熟期从 11 月初到 3 月初，有适宜直接食用的，也有适宜制作罐头的。

李树品种共 12 个，收获时间从 12 月中旬至次年 2 月底。

油桃品种 12 个，开花时间从 8 月初—9 月初，收获时间从 12 月初至次年 2 月底。

樱桃品种共 7 个，收获时间 10 月下旬—11 月下旬。

杏共有品种 8 个，开花时间 8 月中旬—9 月中旬，收获时间 11 月底—12 月下旬。有甜食、罐头品种及兼用品种。

梨共有品种 9 个，收获时间 1 月中旬—3 月底。

葡萄共有品种 14 个，收获时间从 12 月中旬至次年 3 月中旬。

苹果共有品种 9 个，收获时间 1 月底—3 月底。

2006—2007 两年平均，每年进口蔬菜及水果 45 405 吨，按平均价格为 10 马洛蒂/千克计，总金额为 4.5 亿马洛蒂。按总人口 180 万计算，平均每人年进口蔬菜及水果 25 千克。

据莱索托城市农业报告，2007/2008 年度，莱索托城市区域共有菜园地面积 2 041 666 平方米，主要集中在 MASERU 地区。

（三）畜牧业生产

莱索托绝大多数家庭拥有牲畜，主要是牛、绵羊和山羊，许多家庭还饲养有马、驴、猪和鸡等。农户饲养牲畜的目的主要是使役、以实物付款和畜产品出售。近年来，由于疫病和偷盗等原因，该国的牲畜饲养量逐年下降，其中偷盗问题已成为莱索托农村畜牧业发展的主要问题之一。此外，由于干旱和过度放牧等原因，该国的草场条件及牧草品质呈下降趋势，进一步限制的传统畜牧业的健康可持续发展。莱索托牲畜饲养主要品种及规模见表 13。

表 13　莱索托牲畜饲养主要品种及规模

（1997—2007 年）

品种		1997—1998	1998—1999	1999—2000	2000—2001	2001—2002	2002—2003	2003—2004	2004—2005	2005—2006	2006—2007
牛	公牛	158 245	226 011	311 834	293 241	300 717	286 383	298 524	293 547	315 294	274 720
	母牛	365 250	345 350	443 300	416 643	431 474	358 167	383 964	383 668	414 033	412 868
	合计	523 495	571 361	755 134	709 884	732 191	644 550	682 488	677 215	729 327	687 588
绵羊	公绵羊	211 255	292 955	317 485	307 876	341 395	304 966	310 410	295 867	387 935	288 228
	母绵羊	512 185	642 864	791 622	808 753	741 123	725 819	626 022	749 386	653 378	616 514
	合计	723 440	935 819	1 109 107	1 116 629	1 082 518	1 030 785	936 432	1 045 253	1 041 313	904 742
山羊	母山羊	171 735	205 995	39 000	248 605	244 038	250 129	238 446	219 965	328 088	274 254
	公山羊	450 435	523 533	667 200	581 653	582 560	539 494	537 186	393 270	493 630	5 024
	合计	622 170	729 528	937 600	830 258	826 598	789 623	775 632	613 235	821 718	279 278
猪	合计	78 965	79 146	103 700	128 592	116 496	5 179	69 917	111 699	135 266	215 741
马	公马	45 235	46 066	54 933	49 696	41 974	39 963	38 181	41 299	40 260	37 944
	母马	41 745	42 374	44 000	47 121	48 326	37 253	37 714	38 729	30 766	31 087
	合计	86 980	88 440	98 933	96 817	90 300	77 216	75 895	80 028	71 026	69 031
驴	公驴	66 835	76 807	94 934	84 800	74 814	72 472	67 186	40 071	80 888	83 630
	母驴	77 330	76 267	108 434	94 591	82 010	69 526	76 250	44 565	87 757	88 734
	合计	144 165	153 074	203 368	179 391	156 824	141 998	143 436	84 636	168 645	172 364

1. 养牛业

养牛业是莱索托最传统的畜牧产业，农户养牛的主要目的是使役，也用于肉品和奶品生产，以及传统用途，如财富的象征和结婚聘礼等。莱索托没有本地纯系品种，多数牛是由本地品种与外来品种杂交。由于政府政策鼓励在山区建立牛肉生产体系，多数牛群饲养于山脚和山区，但是低地仍然饲养有大量牛，主要用于使役，传统庆祝方式和牛奶生产。近年来，莱索托存栏牛的数量较为稳定，2002—2003年的存栏为64.4万头，以后逐年稍有下降，2005—2006年又上升至72.9万头（图24）。

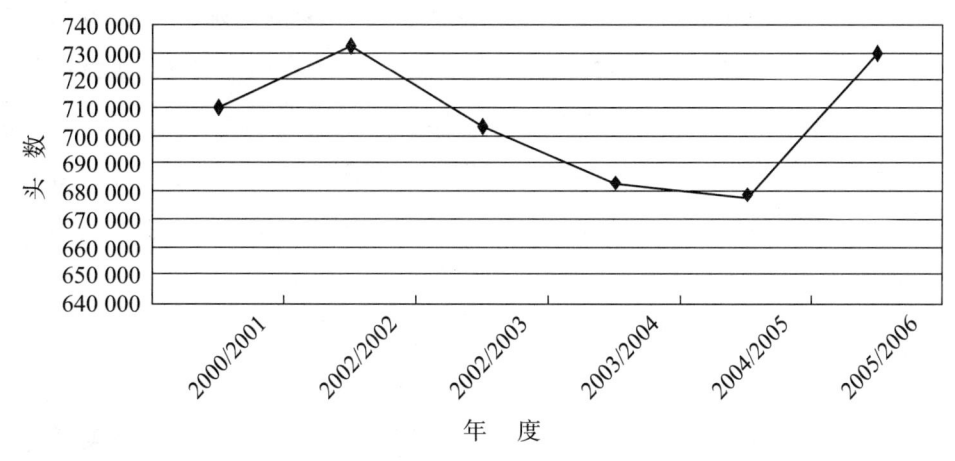

图24 2000—2006年养牛规模

莱索托养牛的社会价值：养牛业对莱索托的社会发展具有深远的影响，已远远超出了经济范畴，其中饱含浓厚的传统社会、文化因素。长期以来，家庭存栏牛的数量往往被看作财富的象征，至于牛类产品的质量则不太重要。因此，一般情况下，很少有人通过改善牧场条件或采用补饲措施提高牛产品的质量。

牛肉生产 除了社会价值，牛也常被用于牛肉生产，但是往往是等牛年老以后没有使役价值才被宰杀生产牛肉，只有1%的牛被专门用于牛肉生产。该国牛肉生产主要是本地品种，估计在目前存栏的74.9万头牛中只有10%左右为改良品种，这也是多年来莱索托的牛肉生产一直不能实现产业化的主要原因。

奶牛生产：近年来奶牛养殖的观念逐渐被接受，并发展成为一个新兴产业。2005年以前，牛奶生产还主要为传统的本地牛为主，产量较低，估计有3%的牛（2.2万头左右）平均每天产奶量仅2千克左右。2005年以后，政府开始引进世界优良奶牛品种，如Holstein-Friesian奶牛、Guernsey奶牛和Jersey奶牛。每头优种奶牛日均产奶量达到20千克左右。据莱索托官方统计，2003—2006年4年间，莱索托本地传统模式牛奶年产量分别为6.9万吨、6.1万吨、6.3万吨和6.8

万吨；2005年和2006年引进的商品化奶牛年产量分别为990吨和2 126吨。

品种改良：1968年以来，莱索托政府一直致力于牛品种改良。由Livestock Improvement Centres（LIC）通过引进优良公牛品种用于提升当地牛的品种质量，同时鼓励有条件的养殖户自行引进公牛良种。但是由于农民普遍认为，外地品种牛不宜适应当地自然条件和生存环境，因此引进外来品种的积极性不高，所以牛种改良成效不显著。目前，莱索托主要引进的奶牛品种有荷尔斯坦奶牛、格恩西奶牛和泽西奶牛。荷尔斯坦奶牛源于荷兰，在中国称黑白花奶牛，体形大，视力差，腿力稍弱，在莱索托主要分布于低地。格恩西奶牛源于英国，棕白花，体形大，可达450千克，每头牛日产牛奶平均18.6千克（含4.5%脂肪和3.4%蛋白），由于颜色偏黄被称为"黄金产品"。在莱索托主要分布于低地。泽西奶牛为英国品系，是体形最小的奶牛，新出生牛犊只有27千克，成年牛可达400千克。主要为棕色，每头牛日产牛奶平均20千克（含4.6%脂肪和3.6%蛋白）。由于牛犊体形小，难产问题少见。该牛出肉率低，酮体脂肪发黄，不适于屠宰生产牛肉。

2. 养羊业

养羊业在莱索托国民经济中占有举足轻重的地位，羊毛出口是莱索托重要的创汇来源。早在19世纪90年代，莱索托就已形成了羊毛和马海毛产业。1930年，该国存栏羊只达到创纪录的300万只。农民可以通过出售羊毛和马海毛直接获得现金，是大部分农村家庭收入的主要来源。其次，羊肉是莱索托食品结构中的重要组成部分，因此，养羊业的发展对维护国家食品安全具有重要的现实意义。另外，养羊行业不但具有重要的经济价值，还为社会创造大量就业机会：放牧、运输和羊毛修剪等。据统计，目前全国超过5万农户饲养山羊和绵羊，雇佣了10万～15万牧童。可见，养羊业对莱索托的经经济发展和消除贫困做出了重要贡献。

羊的饲养状况：近年来，由于干旱、水土流失和过度放牧等不利因素的影响，莱索托的牧场条件和牧草品质逐年下降，因此羊群饲养规模比几十年前明显下降，拥有绵羊的家庭比例从1960年的32%下降到1990年的22%，拥有山羊的家庭比例也从1960年的28%下降到1990年的21%。近几年，全国绵羊存栏总数徘徊在100万只左右，2003—2004年为93.6万只，2004—2005年增加了10%，达到104.5万只。目前全国绵羊存栏151.8万只。山羊2003—2004年的存栏总数也比2002—2003年略有下降，从78.9万只降至77.5万只。2005—2006

年的存栏数又剧增25.4%，增至82.1万只。目前全国山羊存栏79.4万只。莱索托饲养的绵羊品种主要是美利奴绵羊，该品种源于西班牙，为毛肉双用品系，具有高产多育、气候环境适应能力强、羊毛质量好、肉料比和毛料比均高的特点，单只羊每年可产毛5千克。但是，据统计，目前在莱索托的美利奴绵羊每只羊的羊毛年产量只达到2.6千克。

据统计，1994—2004年每只绵羊年产羊毛量为2.6千克，而1946—1955年每只绵羊的年产羊毛量为4.37千克，Merino绵羊的潜在羊毛年产量为每只5千克，但是在莱索托只达到2.6千克。

养羊业特点：多年来，莱索托的养羊业一直保持低投入低产出的粗放型生产模式，在高山地区（海拔2 700米以上）主要采取自然放牧方式，在山脚（1 800米）低地（1 500米）地区则与作物种植业结合，在作物残留地或荒地放牧。由于贫困和长期粮食危机等原因，农户在该产业投入极低，饲养管理松懈。这种粗放式生产方式缺乏长期规划和可持续性发展，造成许多天然牧场因过度放牧而品质下降，同时不利于疫病控制和畜种改良。

3. 养马业

养马业是莱索托的传统畜牧业，莱索托的马属动物主要是马和驴，63%的马属动物饲养于山区和山脚，其主要用途是驮运货物和骑马代步，只有老年马或劣质马才出售，因此养马业的商业价值不高。但是，马匹在莱索托的社会用途比较重要，尤其是在山区作为主要运输工具。另外，马匹在莱索托当地还有一个类似于牛的用途，常被用作新娘彩礼。近年来，莱索托自行选育的本地品种Basotho Pony逐渐用于骑马休闲、旅游和繁育出口，商业价值逐渐显现。

马属动物饲养规模：莱索托的马属动物主要是马和驴，目前分别存栏10.8万匹和79.4万匹。另外还有一小部分骡，由于数量太少经常被忽略统计。莱索托近年来马属动物的存栏状况，2001—2006年，马的存栏数分别为：90 300头、77 216头、80 914头、75 894头、80 028头、71 026头；驴的存栏数分别为：179 391头、156 824头、141 998头、143 436头、84 635头、168 645头。

4. 养猪业

莱索托的养猪业始于1953年，当时还是Basotuland政府执政时期，莱索托农业部成立了养猪生产科，从国外引进了2个种猪品种（Mennisota and Large Black），在农业试验场（AES）中饲养，进行与本地品种猪的生产特性比较试验。1963年，莱索托农业部内部的一些官方资深专家对养猪业的发展前景提出质疑，认为猪饲料消耗了大量的人类赖以生存的粮食作物（主要是玉米和高粱），引发了一场决定养猪业命运的大辩论，结果导致新兴的养猪业发展计划被取消。1971年，在从澳大利亚专门接受养猪生产培训归来的官员Mohollane Seliane倡导下，莱索托农业部重启了养猪发展战略。近几十年来，莱索托的养猪业一直受粮食供应情况影响，在曲折中低水平发展。近年来，当地人的食品结构也不断改变。由于猪肉属于"白肉"人畜共患病感染率较低，而且容易加工成多种口感更好的副食产品，所以猪肉的消费量与日俱增。随着国外优良品种种猪的引进，养猪饲料转化率明显提高，农民的养猪积极性有所提高。但是，莱索托养猪量太少，而且没有较大规模的屠宰场，造成目前莱索托的猪肉市场还是以进口为主，80%的猪肉及猪肉副食品来自南非。可见，莱索托的养猪业发展空间很大，具有广阔的发展前景。

养猪状况：莱索托的传统养猪生产还是以本地品种"大黑"猪养殖为主，主要饲养于山区和山脚地区的村庄，存栏数占全国养猪总量的92%左右。"大黑"猪是在本地由野猪驯化而来，适合当地山区恶劣的自然环境，但是其生长慢，繁育率较低，肉品质量差。这是一种低投入低产出的种养殖方式，一般不喂专门饲料，以生活泔水或其他废弃物为食物。这些农户养猪的目的就是为了家庭贴补或偶尔提供肉食。另外，在低地地带还饲养一些引进的外来品种，如长白和杜洛克，占全国总养猪量的8%。每家农户养猪数量很少，只有1%的农户饲养量达到或超过10头母猪。至今该国尚未有规模化养猪场。目前，中国援莱农业专家正在为其做规模化养猪战略的规划工作。

5. 养禽业

莱索托的养鸡生产比较原始。长期以来，主要以自由放养和庭院笼养为主。每家养殖量一般为几只或十几只，主要是本地品种，目的用于日常生活改善和生活贴补。本地鸡的特点是聪明、活泼、好斗、高产，至今还没有研究机构对莱索托本地鸡品种进行鉴定，也没有品种学名，人们只是根据翅膀颜色等称呼。全国10个地区大约有18 078户家庭养本地鸡，每年可生产大约1 084.6万枚鸡蛋。

自1993年来，随着政府原来僵化管理模式的改变和产业私有化的广泛推行，莱索托的养鸡业发生了巨大变化。在畜牧管理部门的引导和帮助下，个别农户也有开始饲养商品蛋鸡和肉鸡。肉鸡主要是艾维茵品种，采取平养模式，养殖规模多数为200～300只。商品蛋鸡主要是从南非引进的Koekoek品种和源自法国的伊莎褐，主要采取笼养和平养方式，规模大小不一。据估计，其中饲养200～300只的农户占所有养鸡户的25%，饲养500～1 000只的农户占36%，超过1 000只的农户占23%左右。商品鸡饲养主要集中于首都马塞卢等低地地区。据调查，由于当地饲料价格过高，规模养鸡利润低于本地散养鸡，因此难以扩大养殖规模。

莱索托的养鸡业按用途分为蛋鸡、肉鸡和肉蛋两用鸡。本地鸡散养占主导地位，分为自由放养和庭院笼养2种模式。相当于国内的20世纪七八十年代水平。近年来，在加拿大、英国等国际援助下，商品化蛋鸡和肉鸡养殖得到快速发展，但是发展不稳定。由于大量商品化鸡的引进，本地鸡饲养量有所下降。2006年后由于饲料和疫病等原因商品化养鸡积极性受打击，本地鸡饲养量有所回升。目前莱索托孵化场每年可提供200万只1日龄雏鸡。从图中看出，肉鸡近几年饲养量维持在120万～240万只之间，蛋鸡饲养量在20万只左右波动，2006—2007年达到59万只。

由于商品化养鸡的冲击，2003年本地品种鸡存栏量降到8万，以后逐渐上升，2008年达到66.9万。

（四）渔业生产

1. 自然条件与渔业资源

莱索托水域主要以河流为主，也有一些规模不等的水库，水库总水域面积约80平方千米，其中最大的水库是Katse水库，水域面积为36平方千米。

莱索托的鱼类资源不太丰富，目前只有17种鱼类品种，其中9个为本地品种，8个为外来品种。多年来，本地品种鱼类主要适于捕捞渔业，主要品种为：小嘴黄鱼、大嘴黄鱼、Orange河泥鱼、泥鳅鱼和利齿鲶鱼。为了丰富捕捞鱼类品种，莱索托从1912年开始引进外来鱼种，主要品种为：虹鳟鱼、棕鲑鱼、鲤鱼、大嘴斑鳟鱼和浅蓝色食用大太阳鱼。后来引进的鱼种在近年来的养殖渔业发挥了重要作用。

2. 渔业发展状况

目前莱索托渔业发展水平较低，主要还是以野外捕捞为主。但是，随着近年来水利资源开发计划项目的开展，政府对渔业发展高度重视，鱼类养殖业展现巨大的发展潜力。由于莱索托地形分布差异很大，高山地区气温低，适于冷水鱼养殖，低地地区气温高，适于养殖温水鱼。下面将该国的野外捕捞、温水鱼养殖和冷水鱼养殖情况进行分别介绍。

捕捞业：由于莱索托鱼类养殖业发展刚刚起步，多年来的传统渔业生产方式还是以捕捞为主。鉴于莱索托鱼类资源有限，捕捞规模也很小，估计只有120人左右从事捕捞业，其中只有15%为全职人员，其余均为兼职人员。据政府不完全统计，每年非法捕捞鱼量约14～20吨。由于莱索托渔业资源有限，长期的野外捕捞已造成该国的鱼类生物多样性遭到破坏，马洛蒂小鲤等部分稀有品种濒临灭绝。为此，政府出台文件要求人们只能用鱼钩从河流或水库钓鱼。但是，由于监管力度较小，用鱼网非法捕捞者大有人在，而且在Katse大坝附近还出现了用刺网捕鱼现象。

温水鱼养殖：莱索托于1964年开始在国际援助下进行温水鱼养殖试验，并于1965年建造了鲤鱼和罗非鱼孵化试验池。结果鲤鱼孵化试验获得成功，而罗非鱼孵化由于冬季气温太低最终失败。1982年，又进行了利齿鲶鱼的人工繁育和规模化养殖研究，结果证明，该鱼种适宜在莱索托养殖，而且发展潜力很大，有望成为莱索托温水鱼养殖的代表鱼种。但是，由于外援项目结束致使研究中断，至今没有建立起人工孵化池，只有个别人自发从国外购进少量鱼苗进行小规模养殖。最近，莱索托政府正在着手筹集资金，计划引进鱼卵孵化设施，重启利齿鲶鱼繁育项目。目前，鲤鱼是莱索托温水鱼类养殖的主要品种，但是养殖生产尚未形成规模，而且从事人员均为兼职人员。据统计，2009年该国鲤鱼产量总计约为15吨，利齿鲶鱼产量约5吨，其他温水鱼产量约25吨，总计约45吨。

冷水鱼养殖：随着莱索托高原水利资源发展计划项目（LHWP）的实施和Katse水坝的建立，南非和莱索托的几个商人联合于2006年在Katse水库建立了Katse鱼场（KFF），利用大型鱼笼设施开展虹鳟鱼鱼苗繁育和规模化养殖，并且成立了渔业公司，生产的鲜鱼向南非出口。该公司2007年已获丰收，出口140吨鲜鱼，创汇60万美元。近几年，该公司发展迅速，2009年鲜鱼产量已达到300吨，创汇128.6万美元。该公司开创了莱索托渔业出口创汇的先河，并展现出广阔的发展前景。

七、农产品消费、流通与贸易

(一) 主要进出口农产品

1. 主要农产品进出口情况

在农产品中,主要出口商品为羊毛及马海毛。莱索托羊毛与马海毛质量较高,在国际市场享有盛誉,该国是世界上重要的马海毛出口基地。2000—2007年,羊毛的产量与出口量一直呈增长趋势,从2000年的1 327 455千克增加到2007年的2 193 965千克。羊毛的销售额也从2000年的1 930.1万马洛蒂增加到2007年的6 170.6万马洛蒂。羊毛的平均价格从2004年的每千克14.15马洛蒂增加到2005年的15.7马洛蒂,2007年进而增加到28.12马洛蒂。价格的增加促使羊毛总销售量由2005年的3 494.8万马洛蒂增加到2007年的6 170.7万马洛蒂。但是,在此期间,马海毛的产量与出口量则呈下降趋势,销售额则从2003年的3 200万马洛蒂减少到2007年的1 474万马洛蒂。

牛羊肉一直在莱索托动物蛋白食品结构中占主导地位。但是,由于近年来非洲南部地区炭疽和裂谷热等人畜共患病疫情频发,莱索托人的饮食习惯逐渐改变,红肉(牛羊肉)消费逐渐减少,白肉(猪鸡鱼肉)消费逐年增加。目前,几乎所有的莱索托人都开始吃鱼,消费量与日俱增。据官方统计,2006年,莱索托鱼肉消费量达到2 045吨,其中国内供应45吨,另外2 000吨依靠进口。

莱索托主要进口农产品有食品、蔬菜、水果、各类农业投入品。年进口蔬菜及水果总价值约4.5亿马洛蒂,年进口食品及食品原料16.3亿马洛蒂。

2. 粮食消费情况

1992—2009年,粮食生产量占国内消费量的比例为18.7%~63.9%,平均比例为35.1%。值得注意的是2005年以来粮食自给率一直不足30%,平均仅为24.6%。国际援助比例为0.3%~19.6%,平均为5.3%。而进口平均比例达59%。除少数年度外,一般年度进口量大于生产量。大量的粮食需要进口,成为莱索托的沉重负担。近年来,在粮食生产大幅度下降的同时,粮食进口量及国际援助量并没有相应增加,粮食安全状况进一步恶化。

3. 主要农产品价格

主要农产品价格见表14。

表 14　主要农产品价格　　　　　　　　　　　　　（单位：马洛蒂/千克）

商品	羊肉	猪肉	牛肉	鸡肉	玉米粉	大米	面粉	葡萄	苹果	橙子	香蕉
价格	65	40	50	14.5	4	8.5	6	30	8	8	8
商品	马铃薯	甜薯	包菜	洋葱	大蒜头	生姜	茄子	番茄	黄瓜	生菜	胡罗卜
价格	9	12	8	8	70	64	15	15	10	10	10

莱索托农产品价格昂贵，肉、面、水果、蔬菜价格一般为中国价格的两倍。

（二）市场潜力

莱索托约70%的农产品依靠进口，农业投入品全部依靠进口，市场潜力巨大。根据中国产品与莱索托及邻国南非产品的比较优势，下列产品有可能大量出口：粮食；蔬菜及水果；农业投入品，如化肥、农药、种子等；农业机械，特别是小型农机具。

八、农业资源开发与生态环境保护

（一）农业分区

全国共分为四个农业区：低地、山脚、山地、SENQU河谷地。不同农业生态区特点见表15。不同农业区主要农作物的适宜性见表16。不同农业区主要畜群分布见表17。

表 15　不同农业生态区特点

区域	低地	山脚	山地	SENQU河谷地
面积（平方千米）	5 160	4 553	17 910	2 732
面积比例（%）	17	15	59	9
海拔高度（米）	小于1 800	1 800～2 000	大于2 000	1 400～2 000
人口	1 038 886	239 715	364 388	237 672
人口比例（%）	55	13	19	13
人口密度（人/平方千米）	201	53	20	87
主要作物	玉米、小麦、菜豆、蔬菜	玉米、小麦、豌豆、马铃薯等	玉米、小麦、豌豆、马铃薯等	玉米、菜豆、高粱等

表 16　不同农业区不同作物的适宜性

农业区	低　地	山　脚	山　地	Senqu 河谷地
玉　米	*** 北部 * 南部	**	*	**
高　粱	***	**	*	***
豌　豆	**	**	***	**
四季豆	***	**	*	**
小　麦	***	**	***	***
油　料 （向日葵、大豆、花生）	***	**	*	**
饲　料	***	***	***	***
马铃薯	*** 北部 ** 南部	***	*** 北部 ** 南部	**
果　树	*** 北部 ** 南部	***	***	***
蔬　菜	*** 北部 ** 南部	***	***	***

注：适宜性：***= 适宜；**= 中等适宜；*= 低适宜

表 17　莱索托畜群生态分布

牲　畜	存栏状况（万头）			
	低　地	山　脚	山　地	senqu 河谷
牛	47	15	33	5
绵　羊	29	6	61	4
山　羊	27	14	48	11
猪	60	19	14	7
马	27	14	55	4
驴	50	14	31	5
优势畜群畜群	精养本地牛 精养奶牛 羊 马	泛养本地牛	泛养奶牛 驴	无优势畜群
分布状态				
本地牛	***	***	*	*
奶　牛	*	**	***	***
羊	***	*	**	*
马	***	*	**	*
驴	**	*	***	*

注：***= 高；**= 中；*= 低

莱索托是个草地型国家，全部国土面积的 70% 含有自然植被，其中 60% 为分布于山区的以 Themeda triandra 类草为主要品种的草地。根据不同的地理分布、地形特点、植被状况和农业用途全国土地可进一步分成 27 个地理板块。莱索托的所有土地板块都有其独特的特征，每一类系统的地形、地貌、土壤、植被特点都息息相关，具有一定的完整性，各种差异因素又具有相对的规律性，主要体现在气候和水资源的分布状况方面。为了便于对各土地板块进行分析综合，总结规律，促进土地资源的高效合理利用，我们将上述 27 个土地板块按不同使用目的和使用方式分成 4 大土地体系和 7 大土地系统（表 18）。

表 18 莱索托的土地体系及土地系统

土地体系	土地系统	面积（平方千米）	所占比例（%）	包含板块
适于种植业发展类	适于半精细化耕作类	2 631	8.6	板块 14、15、16、18、19、21、23、24
	适于粗放性耕作类	1 300	4.2	板块 17、20、22、27
适于畜牧业发展类	适于小家畜放牧类	7 697	25.3	板块 1、2、3
	适于大家畜放牧类	10 569	34.4	板块 4、5、6、9
同时适于种植业和畜牧业放牧发展类	对种植业和畜牧业发展具有一定限制性（交通和市场条件较差）	2 201	7.2	板块 7、8、25
	耕作业和畜牧业发展运行良好类（交通和市场条件较好）	2 467	8.1	板块 10、11、12
不适于农业发展类	对种植业主畜牧业发展均不适宜类	3 723	12.2	板块 13、26

（二）耕地状况

2008 年统计，全国耕地面积为 283 198 公顷。不同行政区耕地面积及所占比例分别为：LERIBE 52 114 公顷，占 18.4%；MASERU 47 300 公顷，占 16.7%；BEREA 42 293 公顷，占 15.0%；MAFETENG 37 156 公顷，占 13.1%；THABA-TSEKA 26 560 公顷，占 9.4%；MOHALE'S-HOEK 24 989 公顷，占 8.8%；QUTHING 15 256 公顷，占 5.4%；MOKHOTLONG 14 629 公顷，占 5.2%；BUTHA-BUTHE 13 284 公顷，占 4.7%；QUCHA'S NEK 9 617 公顷，占 3.4%。

另据 1997 年统计资料，1997 年耕地面积为 745 002 公顷。1997 年土地利用现状见表 19。

2008 年与 1997 年相比，耕地面积大幅度减少，这是因为近年来莱索托土地抛荒严重，根据莱统计部门口径，连续 3 年抛荒的土地即不列入耕地面积。

历史最高播种面积 1999—2000 年度达 27.5 万公顷。粮食最高总产 1988—

1989年度（播种面积24.5万公顷）、1999—2000年均达34.5万吨。

表19　1997年土地利用现状

土地利用分类	面积（公顷）	占比例（%）
耕　　地	745 002	24.7
草　　地	1 981 896	64.8
林　　地	12 118	0.4
石　　地	103 798	3.4
沟　　地	59 572	1.9
村　　庄	98 802	3.2
道　　路	12 118	0.4
水　　面	33 179	1.1
其　　它	1 581	0.1
合　　计	3 057 066	100

资料来源：Lesotho environmental report（2002）

（三）农业气象

不同农业区的降水量资料及各旬温度见图25、图26。

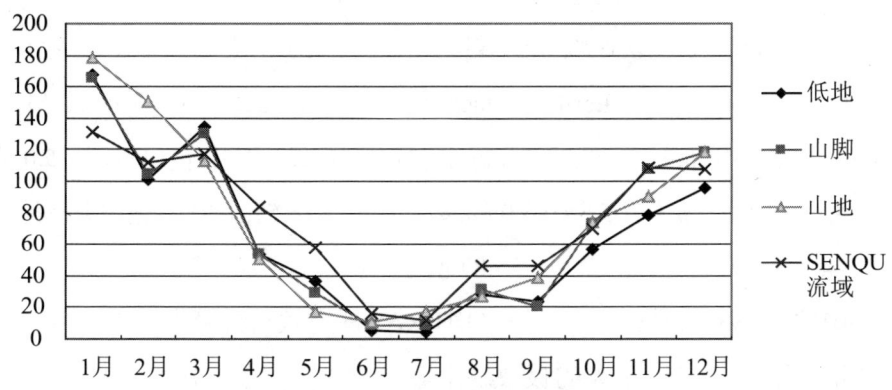

图25　不同农业区不同月份降水量（毫米）

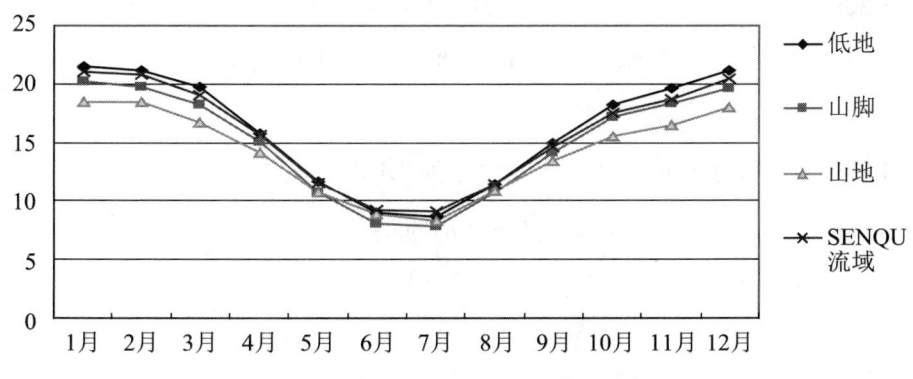

图26　不同农业区不同月份平均温度（℃）

（四）土　壤

早在20世纪60年代，在英国政府的支持下，莱索托开展了第一次全国性土壤调查；1979年前后，在美国农业部的支持下开展了第二次全国土壤普查，编写了《莱索托土壤志》。全国土壤分为5个土纲，分别为美国土壤分类系统的暗活土（Mollisol）、淋溶土（Alfisol）、始成土（Inceptisol）、变性土（Vertisol）、新成土（entisols）。又根据土壤特点分为38个土系，以该土系所集中分布的区域名称命名，分别相当于中国的黄红壤（低地地区土壤）、黄棕壤（山地地区土壤）、紫色土（紫色沙页岩母质上发育的土壤）土类。此外，国土面积中，有532 551公顷玄武岩山地和223 170公顷沙岩山地。

1986年，在美国农业部的支持下，进行了主要耕地土壤适宜性评价，编写了《莱索托标志性土壤—分类、利用及管理》。

2000年，南非Orange Free State大学测定了主要农作物用地土类的物理、化学性质，结果表明，莱索托土壤整体上较为黏重，平均土壤容重为1.30，平均黏粒含量为28.9%，平均质地为壤质黏土。其中以Thabana土类黏粒含量最高，为黏土，Rama土类黏粒含量最低，为沙质壤土。

2008—2009年度莱索托农业研究所测定了1 335个土壤样品。土壤水浸提pH值平均为5.6，其中Leribe、Machache、Rama、Sefikeng、Tumo、Matela、Berea的pH值小于5.5，最低的Tumo土pH值为4.7。其中pH值小于5.0的极酸性土壤占31.5%，pH值5.5~5.0的酸性土壤占16.5%。需要施用石灰的面积比例达44.7%，石灰需要量2.7~35.8吨/公顷。

1 301个土壤有效磷样品，土壤平均BRAY-1有效磷含量为17.8毫克/千克。其中含量小于10毫克/千克的极缺磷土壤占59.8%，含量10~20毫克/千克的缺磷土壤占14.9%，两者合计为74.7%，说明大多数土壤需施用磷肥。

1 309个土壤有效钾样品，平均含量为94.3毫克/千克。其中小于40毫克/千克的极缺钾土壤占10.2%，含量40~80毫克/千克的缺钾土壤占33.3%，两者合计需施钾面积比例为43.5%。

1 299个土壤有机质样品，平均含量为2.16%。其中含量小于1%的样品比例为32.7%，含量1%~2%的比例为30.7%。

莱索托的主要土壤类型分布特点见表20。

表20 莱索托的主要土壤类型分布特点

莱索托土壤分类	土壤母质	分布地区	年降水量（mm）	年均温度（℃）
Khabos	玄武岩起源的冲积母质	低地、SENQU河流域	625～800	16
Fusi	玄武岩的崩积物及残留物母质	山脚、山地	800～1 000	12
Leribe	古代玄武岩的冲积物母质	低地	625～800	16
Machache	玄武岩的残积物母质	山脚、山地	700～950	13
Rama	古代玄武岩的冲积物母质	低地及SENQU河流域	625～800	16
Sefikeng	玄武岩残积物母质	山脚、山地	700～950	13
Sephula	紫色页岩的残积物母质	低地及SENQU河流域	625～800	16
Tumo	玄武岩残留物的风化物	山脚	700～950	13
Matela	玄武岩及沙岩的冲积物母质	低地、山脚	625～800	16
Matela	风化沙岩的残积物	山脚、低地	625～800	16
Thabana	玄武岩崩积物及残留物的风化物	山地、山脚	700～950	13

（五）动物生态

1. 概况

莱索托为亚热带大陆性季风气候。莱索托有记载的生物种类共有4 869种。其中部分地方品种为莱索托独有。目前莱索托分布着63种哺乳动物、318种鸟类、40类爬行动物、19类两栖动物、14种鱼类动物和1 279类无脊椎动物，其中100多种为本地特有品系。据记载，历史上莱索托曾分布有82种哺乳动物，其中19种在本国已经灭绝，甚至2种在全球范围内已经灭绝。莱索托有丰富的鸟类资源，曾分布有340种鸟类品种。但是，近50年内已有22种灭绝。另外，莱索托43种爬行动物中也有3种只能见于历史记录。莱索托共有14种鱼类资源，其中8种是本地品种，但是随着近几年水资源开发计划的推进，这些品种已受到严重威胁。莱索托的无脊椎动物资源特别丰富，但是记载不全，只有1 279个种类记录在案，其中134个为本地品种（表21）。

表21 莱索托的动物生态种类数量

群	目前种类数量	历史记录种类数量	总数
哺乳动物	63	19	82
鸟类	318	22	340
爬行动物	40	3	43
两栖类	19		19
鱼类	14		14

（续表）

群	目前种类数量	历史记录种类数量	总数
无脊椎动物	1 279		1 279
合　计	1 733	44	1 777

2. 哺乳动物

莱索托的哺乳动物生物多样体系保存相对完整，记载也较为全面。据统计，南部非洲分布的哺乳动物总共有 15 个目（Skinner 目和 Smithers 目为海生动物），其中在莱索托分布有 11 个目，26 个科，82 个种，如果包括未鉴定的跳鼠（springhare）在内的话为 27 个科。为了真实全面了解本国哺乳动物的分布状况，动物学家 Lynch 于 1988—1992 年对莱索托境内的哺乳动物品系进行了 13 次野外考察，详细记录了 52 种哺乳动物的生态特性，并对每种动物分别绘制了地理分布图。1999 年，学者 Ambrose 通过进一步调研，在上述基础上又补充了 11 种哺乳动物品种，分别为：棕鬣狗（phiri）、银豺或称海角狐（mopheme）、蚁熊或称土豚（thakali）、海角地松鼠（Xerus inauris）、南非猸（tlhong）、山羚（sekome）、小斑猫（qoabinyane）、纳塔尔多乳头小鼠（lephoho）和 3 个由于与人类接触密切而被 Lynch 的忽略品系：小家鼠（House Mouse）、大家鼠（House Rat）和当地野猫 Feral Domestic Cat）。近年来，莱索托又有 2 种哺乳动物灭绝，5 种濒临灭绝，8 种成为稀有动物，另外还有 3 种生态状况不确定。

3. 鸟　类

非洲南部有记载的鸟类共有 26 个目，91 个科（Maclean，1993）。莱索托分布有 21 个目，61 个科，340 个鸟类品种，是非洲南部鸟类体系的组成骨干。另外，莱索托的 340 个鸟的品种中有 143 个记录少于 10 次，占到总数和 42%，其中的 22 个种类在近 50 年内没有记录。因此，目前现存的鸟类物种只有 318 个。近年来，由于莱索托加大植树造林力度，林地的扩大也吸引了一些外来鸟类物种。

为了保持鸟类物种的稳定和繁荣，莱索托政府以海角秃鹰的适宜栖息条件为基础，根据高原地带的同质性设立了 6 个鸟类重点保护区（IBA），作为国家生态体系建设基地，为一些濒危或稀有鸟类提供适宜的栖息繁育环境。6 个 IBA 分别为莱索托北部的 Liqobong 保护区、东北部的 Senqu 河上游流域保护区、西北部的 Mafica Lisiu 保护区、横跨东部和南部 Quthing 河谷上游流域的 Sehonghong 保护区、Matebeng 保护区和 Sehlabathebe 国家公园保护区。6 个 IBA 占地 216 805 公顷,占莱索托国土的 7.15%。

4. 爬行动物

与哺乳动物和鸟类相比,莱索托从未开展过全面的爬行动物物种考察工作,因此缺乏系统的爬行动物官方记录。但是,该国在实施高原水资源开发计划第一阶段的 A、B 两个区域及从 Mohale 坝沿 Senqunyane 河和 Senqu 河下游搞过系统地爬行动物调研,发现目前尚存在 31 种爬行动物,其中 16 种为稀有物种。

5. 两栖动物

与全球(1 600 个两栖类物种)和南非(98 个两栖类种类)相比,莱索托已知的两栖动物物种较少,目前只知道 19 个,其原因是莱索托从未开展过专门的两栖动物种类调查工作。但是,目前专家们正在实施非洲南部蛙类分布图绘制计划,全力收集两栖动物状况信息,特别是增加了低地区域分布信息,曾经不被关注的水生河蛙(Rana hecksheri)和莱索托河蛙将被记录在案。上述计划一旦完成,莱索托两栖类物种品系肯定会超过 19 个。

6. 鱼 类

虽然全球鱼类的品种数目超过其他任何脊椎动物,但是莱索托鱼种类数量有限。莱索托特殊的地形地貌以及落后的土地管理体系和实施状况,决定了该国鱼的种类数量逐渐减少。Orange-Vaal 河系的生物多样性水平相对较低,只分布有 13 个本地鱼种类,其中 8 个鱼种有官方记载。此外,还有几个重要的引进品种。目前,鲤鱼在水坝和河流中已常见,而且已在鱼塘里小规模商品化养殖。另外,为了改善人民的营养结构,莱索托已将 3 个翻车鱼(sunfish)和低音鱼(bass fish)品种引入低地水坝区。另外,莱索托还有两个稀有鱼类物种:马洛蒂小鲤(Maloti minnow)和岩石鲶鱼(Austroglanis sclateri)。其中马洛蒂小鲤是莱索托特有的本地脊椎动物种类。该鱼种最先发现于 Kwazulu-Natal 地区 Mkhomazana 河的源头,并且曾被认为濒临灭绝。幸运的是,1970 年 11 月在莱索托 Sehlabathebe 河中再次发现该鱼种,而且随后在该国许多河流的上游源头陆续发现。

7. 无脊椎动物

莱索托官方记载了包括 45 个目,242 个科,835 个属的 1 279 种无脊椎动物。

至 2004 年底，莱索托发现的鳞翅类动物有 24 个科，225 个属，393 个种类，其中包括 115 个蝴蝶类和 278 个蛾类品种，分别占南部非洲蝴蝶类和个蛾类品种的 13.03 % 和 3.65 %。其中最为丰富的品种为夜蛾科（Noctuidae）、Lycaenidae 科和尺蠖蛾科（Geometridae）。

近年来，由于自然灾害频发和人为因素的影响，特别是人为因素的破坏，导致莱索托局部水土流失加剧，地表植被破坏严重，动物栖息地条件退化，对该国的水生和陆生动物生态状况构成严重威胁。可见，动物生态环境的治理与恢复是该国可持续发展事业面临的重要课题。同时，这也为中国与莱索托深入开展交流与合作提供了广阔的空间与难得的机会。

第三部分 莱索托农业发展的经验教训和对策建议

一、莱索托农业发展的经验和教训

(一) 主要做法

近些年来,莱索托推行了一系列以私有化、市场化、商品化为导向的农业改革措施,积累了一些经验与教训。

1. 产业私有化进程

为了转变经济模式,改善政府在某些经济领域管理工作中的弊端,莱索托于 1995 年正式通过了"私有化进程实施方案"。由畜牧服务司计划实施私有化进程涉及的畜牧企业和兽医服务机构有:种鸡场、国家种猪场、Bots'abelo 奶牛场、绵羊繁殖场、Molimo Nthuse 马匹市场交易中心(MMNEMC)、Thaba-Tseka Pony 马匹良种繁育农场、Ts'abelo 渔业农场、兽医服务和药品供应站。到目前为止,除种鸡场和兽医服务和药品供应站外,其他部门均已完成私有化进程。该项进程在一定程度上解放了生产力,但是,生产技术与管理水平的低下以及市场信息的闭塞致使各产业实行私有化以来的效益并不显著。在农业方面,所有农机具折价卖给个人。但在农机私有化后,由于农机手缺少维修保养技术,造成农机完好率不高;农机手生活赖散,易于满足,造成农机服务不及时、服务质量差。因此,近年来政府部门又开始重新购置农机具。

2. 农业协会管理体制

为了改善政府僵化的管理模式和弥补个体生产实力的不足,畜牧服务司根据莱索托政府的鼓励政策,在畜牧兽医技术服务方面也采取了团队组织活动(group activity),鼓励农户组建生产互助组织。到目前为止,莱索托农户已自发组建了小家畜生产协会、放牧协会、奶牛协会、养禽协会、养猪协会和养鱼协会等组织。其中,羊毛/马海毛协会、放牧协会和养禽协会 3 个组织已发展较为完善。上述协会组织的成立有效促进了畜牧生产和畜产品市场的繁荣,弥补了政府相关机构管理职能的不足。

3. 推进规模农业

大力发展规模农业以提高粮食自给率是近年来莱索托发展农业的重大举措，莱索托政府为此提供了大量的财政补贴及农业贷款进行扶持。早在2003年，莱索托农业与食品安全部就提出了《农业补贴政策》，要求对种子、肥料、农机等农业投入品进行价格补贴，对规模农业进行贷款扶持。莱索托农业与食品安全部认为，发展规模农业，有利于大幅度提高耕地利用率，减少抛荒；有利于提高农业投入水平及农业科学技术利用水平，大幅度提高作物单产；有利于发展商品农业，提高全社会粮食安全水平。同时设想，在对规模农业进行贷款扶持促进其发展的同时，通过贷款回笼，逐步建立起农业发展基金，形成农业发展的长效机制。

2005莱索托农业与食品安全部制定的《粮食安全政策》和2007年制定的《粮食安全国家行动计划》将发展规模农业作为解决粮食安全的主要措施之一，全面开始实施。要求规模农业种植户种植规模至少在20公顷以上，耕地来源主要是租用，一是租金制，每公顷耕地年租金约500马洛蒂（当地币，1马洛蒂约0.9元人民币）；二是收获分成，一般为三七分成，耕地所有者得三成。对规模农业种植户所需要的种子、肥料及农机作业等，价格由政府补贴30%；对所需的种子、肥料及农机作业费用由莱索托标准银行提供贷款，由莱索托中央政府进行贷款担保。规模农业农户收获的粮食由专门机构收购，贷款从粮食销售款中扣除。2006年发展规模种植户7个，耕地总面积3 296公顷；2007年388户，耕地总面积33 183公顷；2008年109户，耕地总面积8 081公顷；2009年58户，耕地总面积8 191公顷。四年累计发放贷款1.158亿马洛蒂，实际收回贷款681.281万马洛蒂，欠收1.09亿马洛蒂。

（二）经验教训

几年来的实践，整体而言，规模农业种植户的产量水平高于当地平均水平，甚至出现了每公顷玉米产量达6吨的高产农户。尤以具有较高文化程度、良好种田经验、实行农牧结合通过田间放羊控制草害、勤于管理的农户粮食生产较为成功。

农业与食品安全部在给莱索托议会的汇报中认为，规模农业贷款回笼率低的主要原因是：农民拒绝将粮食销售给政府指定的收购商，农民瞒报产量，虚报自然灾害，当地官员要求农民拒还贷款，非规模种植户骗取贷款或规模种植户多领贷款，农机、肥料等供应商与农户串通虚报农业投入，农户变卖种子化肥等而非真正用于农业生产。

推进规模农业发展的教训是，过度的要求规模度，让本来常年种植数公顷的农户一下子扩展到种植数十公顷甚至上百公顷，农户完全失去了管理能力，现有的农业服务水平也难以跟上。对规模农户不进行考察选择，让一些本来就缺少种田经验的人也进行规模农业生产，这部分农户从一开始就没有还贷的打算，目的就是骗取贷款。

二、莱索托农业发展存在的主要问题

据资料介绍，传统上莱索托以畜牧业为主，20世纪60年代以后在国外的帮助下，农作物作为经济作物开始引入莱索托并大面积发展，70年代莱索托曾成为地区性粮食出口大国。近年来，莱索托粮食生产严重衰退，播种面积、作物单产、农业产值占GDP的比重、粮食自给率均呈下降趋势。其原因大致有以下几方面。

（一）水土流失严重，耕地退化

据研究资料，莱索托每年39.6百万吨土壤被流失，相当于每年每公顷流失150吨土壤。相当于年流失氮（N）79 200吨，是常年施肥量的15倍，磷（P_2O_5）1 615吨，是常年施肥量的31%，钾（K_2O）4500吨，是常年施肥量的1.5倍。大量的表层土壤流失导致土地贫瘠，有的土地土壤完全流失成为不毛之地。

（二）农业投入水平低，农业基础薄弱

理论上讲草地改为耕地的最初几年，由于环境条件的改变，草地长期积累的土壤养分大量得到释放，即使在完全不使用肥料的情况下也能获得较好的收成。在最初几年的土壤养分大量释放后，土壤肥力必然快速下降，要继续维持较高的农业生产力水平，就必须大量增加土壤养分投入，主要是有机肥和化肥投入，在有机肥相对稳定的情况下，必然要大量使用化肥。而实际情况是，莱索托化肥使用量极低，只相当于江苏肥料用量的十分之一，过低的施肥量加上严重的水土流失，造成单产水平不断下降，而单产水平的不断下降，严重降低了农业生产收益，反过来又使种植面积不断下降，形成了农业生产的恶性循环。农田基础设施落后，普遍缺少灌排设施，农田高低不平，主要沿坡地自然种植，抗灾能力极为脆弱。

从1998/1999年—2007/2008年度间统计，当年种植面积与上年单产间存

在明显正相关,决定系数达 0.57。而当年降水与播种面积相关性的决定系数仅 0.26。此外,单产与降水量之间相关性不明显,决定系数仅 0.06。

(三)农业生产管理粗放,技术落后

莱索托从事粮食生产是 20 世纪 50 年代以后的事,缺少精耕细作的农业传统。除播种和收获的时间外,在田间很难找到劳作的农民,从耕作到播种、管理都非常粗放。大宗农作物玉米、小麦、高粱,出苗率在 80% 以上的田块仅占播种面积的 10% 左右,约有 20% 的面积出苗率不足 20%,50% 的面积出苗率不足 50%,基本苗不足是普遍现象。许多田块在作物成熟后一、二月仍未收获。此外,农田草害严重,当地人没有人工除草的习惯,又不使用化学除草剂,也是制约当地农业发展的重要因素。

(四)畜牧业生产技术落后、模式僵化

普遍采用的自由放牧模式导致了可口牧草种类的过度放牧和天然牧场品质逐步恶化。牛、马等大动物饲养主要用于使役和运力,奶牛产业刚刚起步,只有 3% 的牛奶走向市场,经济效益低下。猪、禽养殖是近年来的新兴产业,但是由于该国粮食生产不能自给,饲料成本过高是影响其规模化发展的瓶颈因素。疫病是影响畜牧业发展最重要的因素。炭疽、绵羊疥病、禽病、蠕虫病等直接影响了畜牧生产、出口创汇和人畜健康。由于 2008 年暴发炭疽病,羊毛出口贸易遭受沉重打击。牲畜盗贼仍然养是畜牧业生产面临的严重问题,不但直接造成农户的财产损失,而且影响了农民畜牧生产积极性。据 Qacha's Nek 和 Mokhotlong 地区统计,10 头家畜中有 4 头被盗,而 10 头被盗家畜中只有 1 头能被重新找到。

三、对莱索托农业发展的对策建议

根据莱索托农业发展中所存在的问题以及当地在农业实验中所积累的经验与教训,对莱索托农业生产各发展提出如下建议。

(一)全面治理和恢复农业生态环境

良好的农业生态环境是农业可持续发展的基础。莱索托生态环境基础脆弱,近年来因严重的水土流失,生态环境进一步恶化,治理和恢复农业生态环境是恢复和发展农业生产的基础。要大力发展林业,使树林覆盖率由目前的 1% 左右

提高到20%。大力推进农田基础设施建设，建立田间灌排系统，通过以食品换工、以工资换工等形式，大力建设梯田，从根本上控制水土流失。

（二）进一步加强农业投入

没有投入就没有产出，在莱索托因水土流失造成土壤肥力下降的情况下更是这样，要进一步提高以肥料为核心的农业投入水平，使农田普遍使用化肥，全面推广拔节肥使用技术，化肥使用量在目前的基础上提高2～3倍。

（三）推广普及实用农业科学技术

一是重点推广农作物全苗补苗技术，针对田间出苗率普遍不高的问题，提高玉米、小麦的播种量，播种量在目前的基础上增加一倍，对少数基本苗过多的玉米田块做好间苗。对基本苗不足的田块及时进行补种或移栽。二是重点推广化学除草剂技术，全面控制田间草害，同时将草地与农田分开，以减少田间草害的发生量。三是推广地膜覆盖技术，减少水分蒸发，延长生育期。

（四）探索养殖行业发展新思路

针对莱索托畜牧业发展近年来徘徊不前的现状，探索养殖行业发展新思路是该国畜牧业面临的重要课题。一是要加大传统畜牧业（牛羊养殖）牲畜品种改良的力度，从国外引进优良品系，逐步淘汰生产力低下的落后品种；二是要加快新兴畜牧业发展步伐，大力发展养猪业、养禽业、养兔业、渔业和奶牛养殖业，将上述主要依赖进口的畜产品逐步转型为自主生产；三是加大动物营养学和饲料学研发力度，利用当地原料开发营养全面、转化率高且成本较低的饲料产品，解决猪禽养殖业目前面临的瓶颈问题；四是提高动物疫病防控能力，不但利于保障畜牧生产健康发展，而且通过有效防控口蹄疫、禽流感和炭疽等重大动物疫病，保证本地优势畜产品（羊毛、马海毛等）顺利出口创汇；五是努力缓解牧场过度放牧现象，通过合理调度放牧活动和加大牧草种植力度保证牧业经济可持续性发展；六是加大畜牧盗贼打击力度，切实保护养殖户的财产安全，提高农牧民发展畜牧生产的积极性。

（五）进一步扩大与包括中国在内的世界各国的农业交流与合作

中国幅员辽阔，国土面积相当于300个莱索托。许多地区与莱索托的资源条件具有相似性，如中国的西昌市气候条件与莱索托低地地区基本相似。实践证明，在相似的气候下，各种农业技术的引进与示范都极有可能成功。要进一步扩大与各国的农业交流与合作,特别是要重视吸引外资投资农业,从而彻底改变当地农业基础设施缺乏的状况,提高农业综合生产能力。莱索托耕地资源丰富,降水较为充沛,只要能改善农业基础条件,就有可能大幅度提高粮食产量,实现粮食自给甚至自给有余。

第四部分　莱索托与中国农业合作情况

一、中莱农业合作进展成效

中国与莱索托的农业合作，既有国家间的合作，也有民间的自发的合作。国家间的农业合作主要有直接粮食与经费援助，派出专家援助，免费农业培训援助，农业物资援助等几种形式。民间的农业合作主要是在莱的中国人投资发展农业。

1984—1990年，中国先后派出了90多名农业专家援助莱发展农业，其中包括蔬菜、种植、灌溉、农机等方面的专家，工作重点是帮助莱索托发展蔬菜生产。近年来莱索托有许多华人的蔬菜品种得到种植可能与此有关。

1994年，中莱复交以后，中国向莱方提供了一批拖拉机援助。此批拖拉机由于时间久远，加上缺少配件，已完全报废。

2002年，中方向莱方提供了一批玉米援助。

2009年，中方通过世界粮食计划署向莱方提供了100万美元粮食援助。2010年，提供了50万美元粮食援助。

2007年以来，中方先后派出两批专家，援助莱索托发展食用菌生产。建立10 000平方米的中莱菌草技术示范基地，建成一条日产3 000菌袋、年可生产菌袋逾100万袋的菌草菇类生产线。目前，项目已推广到12个村，现建有菇棚近50座，成立了两个菌草生产合作社，已建立3种类型的示范点：一是在Mabote村成立妇女菌草生产合作社，20个妇女参加；二是在重点示范村Masana生产示范，将在该村建立菌草旗舰点；三是在残疾人职业培训中心示范生产。

近些年来，中方每年向莱方提供50～80人的免费农业培训名额，帮助莱方培训各类专业技术人才。以莱索托农业部为例，约1/3的人员曾到中国参加过培训。通过培训，增进了莱索托人民对中国的了解，提高了当地农业技术人员的专业技术水平。但一些需要物资相配套的技术，如地膜覆盖、化学除草、集水农业、农业机械等，由于缺少物资配套，影响了技术的应用工作。

2009年，中方向莱方派出了首批高级农业专家组。

随着到莱索托的中国人增加，中国人在莱的投资已从最初的商业领域向农业领域扩展，仅在MASERU地区，就有十多位华人专门从事蔬菜生产，在满足当地华人蔬菜需求的同时,自身也取得的很好的收益,并帮助解决了当地人的就业。华人在对农业的投资实践中,积累了资金和经验,显示出进一步投资农业的强烈愿望。

二、中莱农业合作发展前景

中莱农业合作前景广阔。与中国的农业生产水平相比,莱索托生产水平极为低下,发展潜力巨大。中国幅员辽阔,具有各种气候条件,与莱索托气候相似的国内地区的农业技术及品种可直接应用于莱索托。莱索托耕地资源丰富,农业基础设施缺乏,农业投资领域广阔。因此,中国可以在许多项目上与莱索托进行合作,共同开辟莱方市场,在提高莱国农业生产效益的前提上,鼓励中国的农业企业走出去,实现双方共赢。

三、对中莱农业合作发展的建议

进一步扩大中莱农业合作,要注意以下几方面问题。

一是在加大农业技术支持力度的同时,加大与农业技术相配套的农业物资援助。现代农业的发展既依靠农业技术的进步,也依靠农业投入品的进步,两者相辅相成。莱索托的农用工业基本为零,化肥、农药、农机、农膜等投入品均需进口,由于资金缺乏,市场发育度低,市场购买力差,一些最基本的农用资料有的难以买到,有的价格昂贵,成为限制农业发展的重要因素。以加大农用物资援助为起点,通过中国农用物资在当地的示范推广,不仅可以加速农业技术的推广,促进当地农业的发展,而且可为中国的农用工业出开辟出新的市场。

二是推动工商资本及民间资本投入农业。莱索托耕地资源丰富,气候条件可满足许多种作物生长的要求。莱索托农田基础设施缺乏,基本上还处于原始状态。加强农业的基础设施建设,推动农业资源的整体、可持续开发,需要大量资金,依靠莱索托自身资金,短期内是不可能实现的。中国民间资金投资当地农业的实践证明,投资农业是具有巨大潜力。要鼓励中国工商资本及民间资金大规模投入农业,通过大面积、整流域的合理规划、整体开发,沟、渠、田、路、林、塘、块的综合建设,形成高产稳产农田,从根本上提高莱索托的粮食安全能力。有关部门要加强与莱方的沟通,在农业开发的过程中解决好土地所有权、使用权的调整问题,并建立起相应的法律制度。

三是为援非农业专家提供更方便的工作环境。与国内相比，在莱索托干事要困难许多。在国内一天能办成的事，在当地一周时间是正常的；在国内一周能办成的事，在当地一月甚至数月是正常的。以莱农业食品与安全部为例，整个部无一分钱现金，也没有银行支票，银行支票由财政部集中控制。在莱农业与食品安全部内，因缺钱或交费不及时而导致办公室整月停水停电是很常见的事。为了维持专家组的正常工作生活条件，如水、电、用车等，专家组花了大量时间与莱方联系，耗费了许多精力。专家组无工作经费，所有的工作需莱方出资，而莱方又极缺经费，使许多工作花了时间、费了精力，但结果是无法开展。建议今后专家组除住房外，其他所有费用应由中方承担，配套必要的工作经费，并给予专家组相应的自主权。

四是大力宣传农业援非工作的重要意义，吸引更多优秀人才特别是基层农技人员参加援非工作。与20世纪六七十年代相比，目前国内有关单位对农业援非工作的重视程度显然是不够的，一些优秀的农技人员因各种单位内部的原因还不能到非洲工作。要大力宣传农业援非工作的重要意义，使各部门、各单位像重视援疆、援藏工作一样重视援非工作。在选拔援非人员的过程中，一方面要挑选专家，另一方面要注意挑选长期在基层工作有丰富实践经验的基层农技人才，两者相互补充。

纳米比亚

Namibia

农业部副部长牛盾（左一）访问纳米比亚期间，和纳米比亚渔业部部长（右一）一起亲切看望中国援纳米比亚高级农业专家肖秀娥（左二）

中国援纳米比亚高级农业专家组

工作时间：2009 年 6 月至 2010 年 6 月

组　　长：肖秀娥，湖南邵阳职业技术学院副教授

专家随 N.Angual 副总理（左二）考察 Karova 渔场的丰收情况

专家和纳米比亚渔业部部长考察 Epalela 渔场生产措施的实施状况

专家在 Hardap 私有在建渔场指导工作

专家进行水产养殖培训之理论教学

专家进行水产养殖培训之实训指导

专家和水产养殖培训学员打成一片

第一部分　纳米比亚概况

一、自然地理概况

（一）地理位置与面积

纳米比亚地处非洲西南部，西濒大西洋，北、东北交安哥拉、赞比亚，东邻博茨瓦纳，南毗南非，面积824 269平方千米，居非洲第15位，世界第34位。位于东二区。每年4月第一个星期日至9月第一个星期日，实行冬令时，比格林尼治标准时间早1个小时，比北京时间晚7个小时。每年9月第一个星期日至翌年4月第一个星期日实行夏令时，比格林尼治标准时间早2个小时，比北京时间晚6个小时。

（二）地形地貌

纳米比亚全境处于南非高原西部，总体地势东高西低，地形多样。大部分海拔1 000～2 000米，中部为中央高地，高达1 800～2 400米；东部为卡拉哈里盆地的一部分；西部沿海是沙漠性平原。布兰德山海拔2 610米，为全境最高点。南北长约1 300千米，南窄北宽，东西宽480～930千米，海岸线长约1 600千米。西部沿岸为纳米布沙漠，是世界上最古老的沙漠之一，海拔一般在500米以下，纵深50～140千米，约占国土面积15%，纳米比亚国名由此而得。长流河有北部边界的库内内河、奥卡万戈河、卡万多河、赞比西河和南部边界的奥兰治河，水资源稀缺。从地理构成上看，纳米比亚可分为4个各具特色的部分：长而狭窄的沿海沙漠与沙丘带、崎岖不平的山脉带、岩石突露头和满是沙粒的峡谷地带、广袤无垠的平原地带。

（三）气候类型与气候资源

纳米比亚属亚热带干旱、半干旱气候，年均300天为晴天，是撒哈拉以南最干旱的国家之一。年均降水量为270毫米，年降雨量地区差别比较大，从沿海的不足50毫米、中部地区的350毫米到东北部的700毫米不等。但在不同年代降雨量也有很大的差别，如2006年就遭遇了罕见的降雨。除最南部在冬季（6—9月）降雨外，全国70%的降雨集中在11月至次年的3月。

因地势较高，纳米比亚气温略低于世界上同纬度的其他地区，终年温和，昼夜温差较大。一年分四季：9月初春，12月入夏，3月秋来，6月冬至。内地夏季白天平均气温20～34℃，偏远的北部和南部地区气温经常高于40℃。内地冬季白天平均气温18～25℃，夜间气温经常低于0℃，并常有地雾。沿海地区受本格拉寒流影响，

气温常年保持在15～25℃，夜间常有浓雾。

首都温得和克最显著的气候特点是风大，冬季白天气温在10～20℃，夜间气温可达0～5℃。夏季的日平均气温在25～32℃。

（四）资源禀赋

纳米比亚矿产资源十分丰富，素有"战略金属储备库"之称。现已开采30余种矿，其中最有价值的是钻石、铀、铜、铅、锌和金。矿产品90%出口。2007年，纳米比亚矿业产值为75.91亿纳元，占国内生产总值（GDP）的12.4%；矿业出口值113.84亿纳元。

纳米比亚的海洋渔业资源也极为丰富，捕鱼额位居世界十大产鱼国之列。主要产品有鳕鱼、金枪鱼、沙丁鱼、竹荚鱼、龙虾和蟹等，其中90%供出口。近年来，因纳元升值、油价上涨、劳动力价格偏高以及主要出口市场欧元区经济运行不佳等，纳米比亚渔业发展不很景气，主要鱼种捕捞量下跌。2007年，纳米比亚渔业产值同比下降17.5%。

（五）土地资源

1990年独立之前，纳米比亚6 900万公顷土地中有3 600万公顷、约占国土面积的44%、农牧业可利用面积的52%属于私人农场，其中多数为白人家族农场。其余3 300万公顷占国土面积的41%、农牧业可利用面积的48%为公用公有土地，但这些土地多处于降雨量在50～100毫米、地下水源缺乏的地带，实际可利用面积只有2 700万公顷。独立以后，纳米比亚政府采取了较为温和的土地政策，利用开征土地税和发达国家的捐助筹集资金，采用愿买愿卖的土地赎买方式，收购了部分私人农场，划拨给无地黑人农民经营。根据2002年通过的公共土地改革法案，通过开征土地税，纳米比亚中央政府每年可以积聚资金1 800万纳元以上，利用这笔资金纳政府在灌溉和水浇条件较好的地区在2003—2005年间共收购了335个私人农场，总支出达5 000万纳元，使可利用的农业土地面积增加了200万公顷。这一举措受到了黑人农民的欢迎，同时遭到了白

人农场主的联合抵制和捐助国（主要是德国和英国）的限制。2005年以后土地赎买速度明显放缓，纳米比亚土地改革受挫（资料来源：2004—2005年纳米比亚土地与安置部报告）。

由于受降雨量和土壤条件等自然条件的限制，纳米比亚可用于种植业开发的土地主要集中在降雨量较大、临近边界河流的地区和地下水资源丰富的地区。具体的讲主要集中在东北部狭长区域的卡普立维省临近赞比亚和赞比西河流域的地区，北部临近安哥拉边境、降雨量丰沛的卡万戈河流域地区，西北部临近安哥拉边境的库内内河流域灌区，中北部奥万博兰平原降雨较多、地下水资源丰富的地区，中部楚梅布—奥塔维—赫鲁特方丹地下水资源丰富的三角盆地，南部与南非交界的奥兰治河流灌区，中部及其南部城市马林塔尔、雷霍博特、奥卡汉贾水库附近的区域等，总面积约占全国面积的1/10，通过使用节水灌溉技术、地膜覆盖技术和土壤改良技术等，适宜于大规模开发种植业。

二、人文与社会概况

（一）人 口

截至2008年，纳米比亚全国人口约为210万，其中农村地区人口占65.3%，城市人口占34.7%。人口年增长率约为2.6%，人口密度为2.6人/平方千米，是世界人口密度最低的国家之一。人口年增长率约为2.6%，人死亡率1.407%（婴儿死亡率4.81‰）。男性比例48.6%，女性比例51.4%。14岁以下、14～65岁、65岁以上人口比例分别为38.2%、58.1%、3.7%。扫盲率平均为84.4%。在纳米比亚北部的人口中，男性呈现出递减的趋势，很多家庭都是妇女或者稍大的孩子撑起家庭重担，进行农业生产劳动。这给农业生产带了了一定的影响。

在纳米比亚13个省当中，中部霍马斯省人口最多，达26万人，南部卡拉斯省、哈达普省、西北部库内内省和东部奥马赫科省人口最少，平均仅有6.2万人。

（二）民族、语言、宗教和主要习俗

纳米比亚共分为12个部族，奥万博族是最大的部族，占总人口的50%。其他主要部族有：卡万戈、达马拉、赫雷罗以及卡普里维、纳马、布什曼、雷霍伯特和茨瓦纳族。

官方语言为英语。其他语言有南非荷兰语（比较通用）、奥万博语、德语、

赫雷罗语、纳马/达马拉语、洛兹语、宽加利语和茨瓦纳语等。92%的居民信奉基督教新教，其余信奉原始传统宗教。纳米比亚居民绝大多数属于班图语系的非洲土著黑人，风俗习惯既带有非洲土著人的突出特点，又具有欧洲人的鲜明色彩。

纳米比亚人注重礼貌，讲究礼节，认为得体的称谓是知识、文化和修养的体现。在社会交往活动中，纳米比亚人是十分重视见面礼节，讲究社会交往活动的着装，存在着"尊老敬长"、"女士先行"的风气。应邀到纳米比亚朋友家中做客，应当按照约定的时间赴约，这是对主人的一种尊敬。

（三）行政区划和首都

纳米比亚全国划分为13个行政区（省），分别为：卡普里维（Caprivi）、埃龙戈（Erongo）、哈达普（Hardap）、卡拉斯（Karas）、霍马斯（Khomas）、库内内（Kunene）、奥汉圭纳（Ohangwena）、奥卡万戈（Okavango）、奥马赫科（Omaheke）、奥姆沙蒂（Omusati）、奥沙纳（Oshana）、奥希科托（Oshikoto）和奥乔宗蒂约巴（Otjozondjupa）。首都为温得和克（Windhoek）。

纳米比亚首都为温得和克（Windhoek），地处中部高原，海拔1 650米，人口约29.6万，是全国政治、经济、文化中心和交通枢纽，工商业、旅游业繁荣，有国际机场和方便的公路网和铁路线。该城市欧韵浓厚，商店、餐馆、咖啡馆、酒吧遍布市里；尖顶圆拱的基督教堂，日尔曼风格的城堡餐厅，错落有致的庭院别墅，再加熙来攘往的金发碧眼人，让游人错把这里当作一处欧洲城镇。

（四）医　疗

独立之初，政府对殖民时期的医疗和社会服务机构进行了改革，重点建立了基本医疗制度（Primary Health Care）。年度卫生事业预算占国家财政预算总支出的15%左右。全国有40多所医院、280家诊所和38个医疗中心。医院分公立和私立两种。医生全部毕业于国外的医学院，因人数不足，仍聘用大量外国医生。医疗水平和设施较先进。由于政府财政紧张，部分医院缺医少药现象严重。目前纳米比亚人均预期寿命为54岁。

（五）社会治安

总体来说，纳米比亚政局稳定，犯罪率低，是非洲社会治安比较好的国家。但是近年来也有持枪抢劫事件发生，针对华侨华人的入室盗窃、抢劫案也有发生。纳米比亚不存在反政府武装组织，发生恐怖袭击的可能性较小。当地居民可合法持有枪支。

港口城市沃尔维斯湾（也译作鲸湾港）位于纳米比亚西海岸，是重要的港口和旅游城市。这里有繁忙的货港，也有迤逦的海滨风光。游客既能观看到巨大的盐场，火烈鸟遍布的泄湖，还可乘游艇畅游海上，与海豚嬉戏，探访令人难忘的海豹滩，更可乘滑翔机或骑沙滩摩托饱览沙漠风光，体验大自然的神奇。

一些其他重要城市还有：楚梅布是北部采矿和冶炼中心，盛产钢、金、铅、锌等，交通方便，文娱、体育设施较齐全。吕德里茨港是西南海岸主要渔港，是著名旅游点和钻石开采区。斯瓦科普蒙德为著名海滨城市（距沃湾 30 千米），整洁凉爽，商业、旅游业兴旺，是避暑度假胜地。卡里比布为中西部半宝石、工业矿石基地，畜牧业兴旺。奥奇瓦龙戈为中北部农牧业中心，交通便利，附近有野生动物园。基特曼斯胡普是南部交通重镇和紫羔羊养殖中心。奥兰治蒙德是钻石加工中心。奥沙卡蒂为北部边界商业、交通中心，是第二大人口城市。

（六）简要历史

纳米比亚原称西南非洲，在当地语中是"遥远的干燥平地"之意。地质可考历史为 1 500 万年，人文可考历史为 29 000 年。最早的当地人为霍伊森人，后来有北部的班图人及其分支奥万博人、赫雷罗人和卡万戈人；南部的纳马人；布希曼人和达马拉人。欧洲人进入前，当地是原始部落制，靠狩猎、种植和养畜等方式的混合农牧业为生，北部边界河区以泛舟贸易和渔业为主。陶瓷手艺流行较广，历时几千年。公元 1000 年左右，在楚梅布开始采、炼铜，在安哥拉南部开始采、炼铁。

15～18 世纪，荷兰、葡萄牙、英国等殖民者先后侵入。1890 年被德国占领。1915 年，南非参加协约国对德作战，出兵占领西南非洲。1920 年，国际联盟委托南非统治西南非洲。1949 年，南非非法吞并西南非洲。1960 年 4 月，西南非洲人民组织（简称人组党）成立，开始进行争取民族独立的斗争。1966 年，联合国通过决议，取消南非对西南非洲的委任统治。1968 年，联合国大会根据西南非洲人民的意愿决定将西南非洲更名为纳米比亚。1978 年，联合国安理会通过 435 号决议，支持纳米比亚实现独立。1989 年，在联合国监督下举行制宪议会和总统选举，人组党获胜。1990 年 3 月 21 日宣布独立，萨姆·努乔马就任首届总统。1994 年，沃尔维斯湾及纳米比亚沿海所有岛屿回归，实现了全国统一。

纳米比亚独立后，政局一直保持稳定。2004 年 11 月，纳米比亚举行独立后第三次议会和总统大选，人组党获胜，赢得国民议会 72 个民选席位中的 55 席，该党候选人希菲凯普涅·波汉巴当选总统，于2005年3月正式就职。2008年，波汉巴对内阁进行大幅改组。改组后的政府加大民生投入和对弱势群体的扶持力度。由于措施得当，民意基础不断扩大，在2008年进行的地方选举中，人组党均以压倒性优势获胜。2009年11月举行总统和议会选举，人组党再次获胜，波汉巴连任。

三、经济发展状况

（一）纳米比亚的经济概况

纳米比亚三大传统经济支柱为矿业、渔业和农牧业，均属第一产业部门。第二产业（包括制造业、建筑业和水电供应等）占GDP的比重呈逐年上升趋势，第三产业（包括旅游业、批发零售业、邮电通讯、金融服务等）占GDP的比重超过一半，2000—2007年的比重在51.0%至58.1%之间，2007年第三产业增加值达313.40亿纳元，占GDP的51.0%。其中批发、零售和修理业对GDP的贡献率最大，占GDP的比重达11.0%。第三产业中与旅游相关的产业增长稳定，目前占约GDP的7%，逐渐成为新兴支柱产业。

纳米比亚是南部非洲关税同盟和兰特货币区成员国，国家财政、金融大权集中于中央，约90%财政收入源于税收，其从南部非洲关税同盟所得收入占每年财政收入的20%～30%。近年来纳米比亚政府实行"量入为出"的稳健财政政策，财政收支略有节余。

1. 矿业

钻石为纳米比亚最重要的矿产品，钻石产量居世界第六名，原钻或半加工钻石几乎全部出口，近年来近海钻石产量不断增加，甚至超过了陆地钻石产量。2007年，纳米比亚钻石产量约230万克拉，产值分别占GDP的5.8%和矿业产值的46.9%，出口值约占商品出口总值的23.0%。钻石主要生产企业有纳米比亚钻石公司（Namdeb Diamond Corporation (Pty) Limited）、纳米比亚德比尔海洋钻石公司（De Beers Marine Namibia）。

纳米比亚全国已发现8处铀矿藏，主要集中在埃龙戈省大西洋沿岸的纳米布沙漠中。铀储量约12万吨，占世界储量的5%，为纳米比亚第二位重要的矿产品。2007年，纳米比亚已是世界第六大产铀国，年产量2 879吨，约占世界总产出的8%。罗辛铀矿（Rossing Uranium Mine）是世界最大的露天矿，第五大初级铀矿，年产2 500多吨氧化铀矿石，主要出口法国、美国、日本、韩国和中国台湾等。该矿位于埃龙戈省纳米布沙漠中，距斯瓦科普蒙德市65千米，由罗辛铀矿有限公司（Rossing Uranium Limited）经营。

纳米比亚铜储量约20亿吨。独立以来，铜产量不断下降。已有100年历史的楚梅布铜矿为最大的矿山，该矿因经营困难，资不抵债，于1998年4月停产。2000年3月翁戈波罗矿业与加工有限公司（Ongopolo Mining and Processing Ltd）接管该矿后重新开工。2006年5月，翁戈波罗公司陷入债务危机，经过谈判，英资公司威特利国际（Weatherly International Plc）获得翁戈波罗97%的股份。

纳米比亚铅储量约100万吨，为非洲第一大铅生产国。铅主要产于楚梅布矿、科姆巴特矿和罗什皮纳矿。

纳米比亚为非洲第三大锌生产国，锌主要产于罗什皮纳地区。（Rosh Pinah）。最主要的锌矿山位于纳米比亚西南角的蝎子锌矿（Skorpion Zinc Mine），位于罗什皮纳以北25千米，为露天矿，已探明锌储量2 480万吨，平均品味10.96%，于2002年投产，年产15万吨高品位锌。由位于伦敦的英美资源集团（Anglo American Plc）在爱尔兰的子公司英美基本金属公司（Anglo Base Metals）在纳米比亚独资的蝎子锌矿公司（Skorpion Zinc Mine Company (Pty) Ltd）经营。目前政府已给予该公司出口加工区地位。

纳米比亚金探明储量为1 000万吨，主要分布在楚梅布以西和中西部卡里比布到西海岸之间。第一座金矿为Navachab金矿，位于卡里比布附近，是纳米比亚唯一的原生金矿，也是纳米比亚最大的金矿，其产量占纳米比亚全国金矿产量的90%以上。据2001年底的报告，该矿金储量为450万吨，品味1.65克/吨。Navachab金矿由英美黄金阿散蒂公司（AngloGlod Ashanti Ltd.）在纳米比亚的独资公司英美黄金（纳米比亚）有限公司（AngloGold Namibia（Pty）Limited）经营。2007年产量为约80 000盎司（2 268千克）。目前政府拟在奥希科托省修建第二座金矿。

纳米比亚的天然气探明储量约3万亿立方米，位于奥兰治河入海口西北120千米的库都海区，预计2007年投产。石油资源尚未证实，现在挪威、美国公司正积极勘探，主要集中在奥兰治、沃尔维斯湾、纳米布三大盆地海区及纳与安哥拉交界地区。

2. 农牧业

农牧业是纳米比亚主要经济支柱产业之一，全国70%的人口直接或间接以农牧业为生。纳米比亚国有土地约占全国土地的15%,各部族占有的村社公地占41%,私有土地占44%。全国共有26个农业区,全国可耕地面积6 900万公顷,主要粮食作物有玉米、高粱和粟等。农作物主要产于北部地区,楚梅布-赫鲁特方丹-奥塔维地区是玉米生产主要基地,称为"产粮金三角"。卡普里维省是潜在的粮食产区。主要粮食作物有玉米、高粱和小麦等。由于全国大部分地区雨量稀少,良田面积小,大部分土地贫瘠,农业不发达,农作物产出低且不稳定,平年粮食自给率不及70%。

3. 渔业

鱼和鱼制品是除矿业外纳米比亚的第二大产业,2007年直接产值约30亿纳元,占GDP的5%。纳米比亚渔业出口约占出口收入的30%,共雇用了约1.4万人,约有300艘捕鱼船。最大捕捞品种是鳕鱼和竹荚鱼。纳米比亚是向欧盟供应鳕鱼最多的国家。

为保护海洋资源,确保渔业的可持续发展,政府从2006年开始调低了主要鱼种的可捕捞配额,这在短期内也会影响纳捕捞量。目前,纳米比亚作业渔船的80%为本国所有,其余为俄罗斯和日本所有。渔业企业多被西班牙所控制,另有少数合资公司和当地公司,主要集中在沃尔维斯湾港和吕德里茨港。

4. 旅游业

纳米比亚1997年纳被吸收为世界旅游组织成员。近年来,旅游业发展迅速,逐渐成为纳米比亚第四大支柱产业。外国游客主要来自南非和欧洲。据世界旅游及旅行理事会(World Travel & Tourism Council)2008年度报告,2007年纳米比亚旅游业直接雇员约1.88万人,占GDP的3.2%,占出口收入的15.5%;旅游及其相关产业2007年雇员约7.48万人,占GDP的14.2%。2005年,中国将纳米比亚列为旅游目的地国。

5. 交通、通信与电力

公路:总通车里程7.7万千米,其中B级沥青路5 450千米、沙石路2万千米,土路1万千米,多数路况良好。

铁路:总里程2 600千米,设有22个主要车站,年平均客运输量60万人次,货运量70万吨,但设施较为陈旧,有待改造。

空运:纳米比亚国内各主要城市均有机场,有注册机场27个,小型简易机场360个。全国有两个国际机场,位于首都的Hosea Kutako国际机场和位于港口城市沃尔维斯湾的 Walvis Bay 机场。Hosea Kutako 国际机场能降落任何大型客货飞机。从纳米比亚可以直飞撒哈拉以南非洲的许多大城市，如南非的开普敦、约翰内斯堡和安哥拉的卢安达，津巴布韦的维多利亚瀑布城等。

水运：纳米比亚无内河运输；海岸线长 1 600 千米，有沃湾港和吕德里茨两个港口，沃湾港较大，有 9 个泊位，长度 500 米，最大吃水 10～12.8 米。有散货、集装箱、油轮和渔船码头，装卸仓储设施完备，年吞吐量 200 万吨，约 50 万吨为集装箱货物，目前正准备扩建，扩建后吞吐量达到现在的两倍。

通信：纳米比亚邮电局和纳米比亚电信局均为国有企业；邮政局有 72 个分局，网点遍布全国，有邮政信箱 9 万个，提供邮政储蓄、代售印花税票、电话卡、代收销售税、电话费、支付养老金、保险费并有特快专递服务；纳特快专递服务公司有三家。纳电信公司拥有非洲最先进的电话网络，通过 21 个自动交换机与世界 201 个国家相通，国内固定电话用户 10 万门，移动用户（欧制）15 万，有三家移动公司经营。互联网覆盖全国主要地区。

电力：纳米比亚大部分地区处于干旱地区，但全国建有 146 座水库，年均供水 8 000 万立方米，九大主要水库总蓄水量达 6.2 亿立方米，能满足城市一般工业生产和生活用水。全国建有机井 3 万眼，农村供水站点 6 000 个，能为 20 万农民提供生活用水。首都有世界上第一个污水处理工程，年净化污水 150 万立方米。沿海正在建设海水淡化工厂。纳米比亚供电系统属于南部非洲电力库（SAPP）组织，2008 年全国耗电 500 兆瓦，其中约从南非进口一半。在电力消费中，矿业占 50%，其余供应市政需求，包括工业用电，首都占 85%。供电高峰期可以出口电力，但枯水期则需要进口电力。供电标准为欧制，即 220 伏 50 赫兹。

（二）经济表现

1. 财政金融

纳米比亚是南部非洲关税同盟和兰特货币区成员国。财政金融大权集中于中央，90% 财政收入源于税收。从南部非洲关税同盟所得收入占每年财政收入的 20%～30%。2008—2009 年财政收入为 208.73 亿纳元，支出 224.65 亿纳元，赤字 15.92 亿纳元。2009—2010 年财政预算收入为 218 亿纳元，支出 255 亿纳元，赤字 40 亿纳元。

2. 对外贸易

主要出口矿产品、渔产品、畜牧产品及初级加工产品，其中钻石出口占出口收入总额的33%。经济对进口依赖性强，绝大部分生产、生活资料需要进口。接近90%的进口商品来自南非。主要出口市场为欧盟、南非等。2008年出口总额230.53亿纳元，进口总额289.26亿纳元，逆差58.73亿纳元。

3. 外国援助

1990—1998年共获外援约47.88亿纳元，主要援助国有德国（占外援的30%）、瑞典（占外援的23%）、挪威、美国等。援款主要用于创造就业机会、减少收入分配不公和扶贫。2004、2005和2006年，纳米比亚接受外援分别为5.9亿纳元、9.38亿纳元和11.05亿纳元。

（三）国内市场情况

1. 国内市场

纳米比亚全国人口210万，2007年实际人均GDP 24 058纳元（约合3 346美元），但失业率高达36.7%。贫富两极分化严重，基尼系数高达0.6。据纳米比亚国家计委的一项统计，纳米比亚贫困和极度贫困家庭比例分别为27.6%和13.8%。纳米比亚10%的最低收入家庭消费支出仅占全国消费支出的1%，而10%的最高收入家庭消费支出占全国消费支出的50%。相对而言，纳米比亚国内市场十分有限。

2. 物价水平

纳米比亚生活物资相对比较丰富，基本生活品在超市一般都有出售。当地基本生活品的物价水平比较高，价格约为中国国内的3～5倍左右。其中，大米主要依靠进口，价格约为15纳元/千克，面粉（当地主食）约10纳元/千克。当地蔬菜品种比较稀少，常见的蔬菜包括马铃薯、黄瓜、西红柿、洋葱、青椒，其中马铃薯6纳元/千克、黄瓜根据季节不同5～10纳元/条，西红柿8～17纳元/千克，洋葱20纳元/千克，青椒约15～25纳元/千克。目前有中国人在当地经营农产，生产一些绿叶蔬菜，平均20～30纳元/千克。普通食用油约10～20纳元/750毫升。白糖8纳元/千克。食盐10纳元/千克。生姜50～70纳元/千克。猪羊牛肉根据部位不同大概在50～70纳元/千克，鸡蛋40纳元/

30个。中国人在首都温得和克和北部边境省市Oshikango建有规模较大的中国城、中国村，销售从国内进口的小商品。

（四）经济发展计划

纳米比亚中长期社会发展规划主要是2030年远景规划（Vision 2030）。该规划于2004年6月颁布，旨在通过人力资源、和平、和谐和政治稳定建立一个繁荣和工业化的纳米比亚，主要是基于"生活质量、环境的可承受力和资源的可持续性"三个主题，解决不公平和社会福利、和平和政治稳定、人力资源及制度和能力建设、宏观经济问题、人口卫生和发展、自然资源和环境、知识信息和技术以及外部环境因素等问题。此外，纳米比亚还执行中短期社会经济发展计划，即国家发展计划（National Development Plan,NDP）。

在2030年远景规划和千年发展目标等文件基础上，目前纳米比亚正在实施主题为"加速经济增长，深化农村发展"的第三个国家发展计划（2007/2008—2011/2012）（"NDP3"）。根据"NDP3"，未来5年纳米比亚GDP年增长率将达5%～6.5%，需投入763～946亿纳元。根据2030年远景规划的8个目标，"NDP3"确立了知识经济和科技立国、经济竞争力、自然资源有效利用和环境可持续发展、地区和国际稳定与整合、平等与社会福利、生活质量、富有成果的竞争性人力资源和机构及和平、安全和政治稳定等8个关键成效领域。纳政府已成立8个由政府部门负责、私营部门和市民组织等有关各方代表广泛参与的工作组，负责各领域计划的落实。

总体来看，纳米比亚经济增长率低于世界平均水平，且受油价、汇率、国际市场等外部因素影响较大，高失业、贫富非常悬殊、土地矛盾等问题积重难返。实现经济快速和可持续发展，解决社会、经济发展中的突出问题，仍将是纳米比亚政府经济政策的重点。

第二部分 纳米比亚农业发展概况

一、纳米比亚农业在国民经济中的地位

农业一直被视为纳米比亚国民经济的支柱产业之一。1995—2005 年，农业占全国 GDP 的比重一直在 10% 左右。2005 年，农业占 GDP 的比重为 11.2%，是仅次于占 GDP 的比重为 19% 的政府服务生产产业的第二大国民经济行业。农业部门结构中，渔业具有比较重要的地位。纳米比亚有 1 600 千米海岸线和 200 海里的近海经济专属区，得益于世界四大洋流之一的本哥拉洋流的影响，拥有丰富的渔业资源和稀有鱼种，是世界上十大鱼产品出口国之一。2005 年，渔业生产总值为 19.16 亿纳元，占全国 GDP 的 5%，占农业 GDP 的 44.64%。畜牧业在农业中的地位也比较重要。纳米比亚约有 25 万平方千米属于南非草原地貌，大部分草类适宜于天然放牧。大多数牧场拥有地下水资源，可以采取钻孔取水解决牲畜饮用水问题。2005 年，畜牧业生产总值为 15.41 亿纳元，占全国 GDP 的 4.0%，占农业 GDP 的 35.66%。畜牧业中以饲养牛、羊为主。2005 年，牛的存栏量为头 221.9 万头，绵羊 266.4 万只，山羊 204.3 万只。种植业和林业在农业中的地位比较轻。2005 年，种植业生产总值为 3.06 亿纳元，占全国 GDP 的 0.79%，占农业 GDP 的比重为 7.09%。2005 年，林业生产总值为 5.57 亿纳元，占全国 GDP 的 1.41%，占农业 GDP 的比重为 12.61%。

由于影响农作物和林业产出的因素较多，同时受气候影响的不确定性，预测农作物和林业在中短期内的产出十分困难。但是由于通过绿色（农业）计划（Green Scheme）和千年挑战账户（Millennium Challenge Account）对该部门的投入增加，可以谨慎预测 2009 年和 2010 年农作物和林业部门产出将分别增长 3.7% 和 3.0%。

纳米比亚农业构成中，经济作物（Horticulture）占农作物的比重很低，不超过 2%，但是却呈逐年增长态势。由于纳米比亚经济作物具有早熟的自然条件，因此椰枣（date）和葡萄（grape）产量逐年增加。从中期来看，经济作物产出预计仍能实现稳定增长。

二、农业行政管理体系

在纳米比亚,整个农业管理牵涉到 3 个部,即农林水资源部、国土资源管理部、渔业和海洋资源部。农林水资源部负责管理农业政策和法律法规的制定与修改,农林牧业生产、农业工程、农业科研与推广服务,农业生产资料、农产品加工,水资源的充分统筹采用,农业灌溉和森林资源的管理、开采和保护等。国土资源管理部负责土地资源的合理利用和土地改革等由土地资源部管理。渔业和海洋资源部负责管理海洋资源和淡水资源的保护与可持续性发展,海水、咸淡水和淡水养殖,水产科研与水产技术推广等。2002 年之前,林业由环境资源部管理,后来才划归为农业部管理,自此农业部也就改成了农林水资源部(简称农林水部)。

(一)农林水资源部

纳米比亚农林水部设部长、副部长、常务秘书长、副常务秘书。部长是最高领导,与副部长一起主要负责全面工作和日常外交事务;常务秘书长与副秘书长一起协作分管统筹内部的各项事务,除共同管理下属的两个分支部门之外,还分别负责一个司,常务秘书长分管计划与发展司,副秘书长分管农林水部的总行政办公室。各级政府也都设有农林水局,负责本区域农林水行政管理、产业规划及生产技术服务工作等,其机构、人员、经费纳入政府管理和财政预算并纳入农林水资源部一起分配管理。农林水资源部的管理组织机构见图 1。

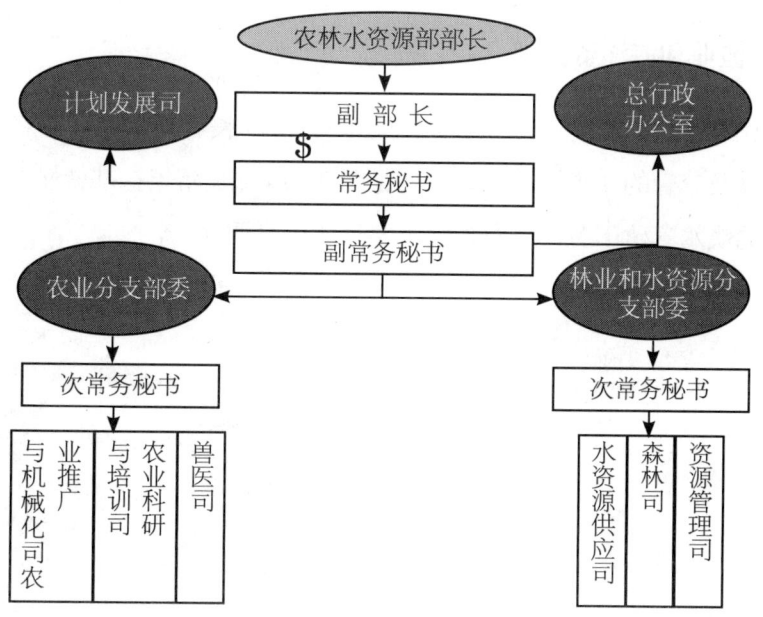

图 1 纳米比亚农林水资源部的管理组织机构

在农业投资方面,纳米比亚的农业预算采用每5年一个发展规划进行预算,并结合每三年滚动一次的中期财政预算,以提高农业预算的可预见性,减少测算的盲目性。如2006年总预算是552 460 000纳元;2007年增加到668 629 000纳元。2008—2013年的财政预算见表1。

表1 2008—2013年发展规划中农业投入预算 （单位：千纳元）

预算资金种类	2008	2009	2010	2012	2013	总 额
政府投入	221 564	482 108	506 968	532 541	439 109	2 177 290
政府外投入	241 270	422 495	1 080 845	1,075 845	1 046 845	3 847 300
投入总额	462 834	884 603	1 587 813	1 608 386	1 480 954	6 024 591
中期投入	948 000	1 000 000	1 100 000	1 200 000	1 300 000	5 548 000

注释：中期投入是指3年滚动一次的中期财政预算投入

政府投入资金和非政府投入资金以及总量资金的分配都是分工明确的。根据计划安排,政府投入资金主要用于以下7个方面：农林水资源部大楼硬件设施和人力资源开发费用占12%;协调股东之间利益的开支占5%;产品和市场开发费用占16%;外部产品跟踪支持服务质量费用占10%;基础设施的发展,维护和运作等费用（主要是农村水,卫生和农业基础设施）占49%;自然资源的可持续运用和管理费用占8%。非政府投入资金主要用于以下方面：基础设施的发展,维护和运作等费用（主要是农村水,卫生和农业基础设施）,占97.1%,协调股东之间利益的开支占0.4%;产品和市场开发费用占0.5%;自然资源的可持续运用和管理费用占2.0%。

（二）渔业和海洋资源部

纳米比亚渔业部已经从农业部分化出来,设部长、副部长各1名、常务秘书长1名以及分管的4个司,组织结构见图2。副部长常年在基特曼斯胡普负责那片地区的淡水养殖事务,只有外交需要时才出席活动。

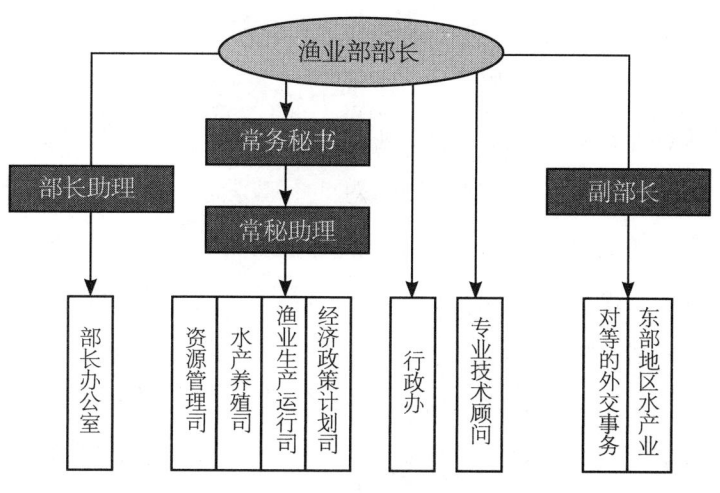

图 2　渔业和海洋资源部的内部结构

渔业和海洋资源部负责国内渔业的发展及管理事务。海洋渔业管理主要以 3 个主要方面为基础：捕鱼权、配额及许可证。其他的管理措施包括为 8 个主要渔业及海豹捕捞制定总许可渔获量，通过对一些捕鱼区的捕鱼船数量、捕捞能力、捕捞季节、禁渔区及渔具限制控制捕捞量。在所有的渔船上都安置渔业观察员。渔业监督员对上岸量进行监督。另外，还定期进行地面及空中监视。可容许的上岸规格和每天的捕捞量限额对游钓渔业同样适用，对游钓者进行例行检查，以确保他们遵守各项规定。

渔业和海洋资源部是由政府拨款的，同时每年还获得一些外援资金，如企业捐赠援助和国际捐赠。2008—2009 年的费用预算见表 2，预算总额达 137 365 百万纳元。

表 2　渔业部 2008—2009 年内部日常运转经费预算

办公室名称	预算（百万纳元）	办公室名称	预算（百万纳元）
部长办公室	2 972	渔业生产运行司	59 508
行政办	17 798	水产养殖司	19 980
资源管理司	23 844	经济、政策计划司	13 263

三、农业经营管理体制

纳米比亚独立后，政府承认私有资产的合法化。原白人农场主拥有的大部分肥沃土地还归他们所有，政府只是把那些被白人废弃不用的和其他有生产潜力的土地分给那些没有寸土的黑人。为促进农业经济的发展，稳定民心，政府实施了一系列的土地改革措施，安置了 24 万多农民，经济发展取得了显著进展。

如通过从白人农场主那里买回肥土地再行分配的方式，已经将1 300个白人农庄的所有权分配给没有寸土的黑人农民，促进了农业经济的发展。同时，法律还规定：任何商业性农场，一旦出售，必须首先卖给政府土地部门，由政府决定是否把农场买回来重新分配。如果政府对此不感兴趣，将颁发免于征收的证书，允许农场主在市场上公开出售。这样目前纳米比亚已经解决了全国15%的土地归属问题，而这一数字在邻国南非仅为3.5%；同时纳米比亚土地退化严重。主要原因是毫无经济价值的灌木丛太多。这些灌木丛既消耗了大量的地表水和地下水资源，减少了纳米比亚水资源的贮存量；更降低了土壤的肥力，引起土壤退化。农林水资源部高度重视土壤退化问题，并采取了相应措施限制灌木丛的生长，如组织民众集中砍伐和焚烧等。

纳米比亚农业生产的组织形式实行"二元"，即商业性农业和传统的自给自足的农业（也称为村社集体制农业）并存。商业化农场是私人拥有，主要采取雇工经营的方式，所使用的生产技术比较先进；村社集体制农业是一种粗放型、半自给或自给的农业经济，采用传统耕作方式自主经营，主要是自我雇佣的传统农业生产方式，所使用的生产技术比较落后；作物生产集中在半干旱的土壤肥力低的北方地区，生产的粮食不能自给自足，更不用说进行剩余商品交换。

四、农业基础设施与装备

纳米比亚独立以来的20多年中，政府比较注重于改善农业基础设施，目前的农业基础设施还是比较完善的。如南部的哈达普灌溉区、北部中心地区的Etunda和Keetmanshoop附近的自然灌溉区以及北部的卡瓦戈和卡普里维大草原的灌溉区，在这3个灌溉区，商业性的白玉米种植面积达7 000多公顷。

五、农业科技与教育

（一）农业科技

1. 种植业农技服务

自2007年开始，政府要求农林水资源部对主要农作物生产实行补贴，以降低生产成本，提高种植兴趣，解决粮食安全。具体措施包括以下几方面：

种子和肥料补贴：此补贴政策已在北部的农业合作社区广泛试点。每户农场主购买种子和肥料（氮磷钾），可以享受50%的补贴，但限制在3公顷以内，超购部分没有补贴。以此减轻农民的农业投入，改善作物生产。

犁田服务补贴：农民雇请私人公司的拖拉机进行耕作，每公顷政府给于150纳元的补贴，限量每个农场3公顷。

除草服务补贴：耕作的除草过程中，每公顷政府补贴100纳元，限量每个农场3公顷。

2. 渔业农技服务

纳米比亚的淡水养殖渔场分为两大类，第一种是村社集体制所有的；第二类是私人所有或者是家庭式的综合养鱼。对于村社集体制的养殖场，渔业部筹集免费为他们修建鱼池，养殖过程中免费提供饲料和鱼种，全程提供技术援助。村社制员工只需在那里参加劳动生产，生产过程中采取记录出勤，以此作为按劳取酬的依据。收获之后渔业部也不回收任何成本和提起税收，所得的一切收入归村社集体所有和分配，如奥卡万戈省和卡普里维省的村社集体制所有的渔场有6个，但这些村社集体制渔场从渔场的获利还不及政府投入的部分资金，也就是说基本都是亏本经营见表3。

表3 纳米比亚东北部6个村社制渔场的情况

位　置	渔场名称	基本情况	2004—2006年平均产量（千克）	预计年平均产量（千克）	2009年情况
奥卡万戈	Karovo	4个繁殖池	1 629	20 000	4 197 kg
	Shipapo	4个苗种培育池 6个成鱼养殖池	1 629	20 000	停产（因洪灾）
	Mpungu	25 m×20 m×4m	1 629	20 000	3 601 kg
卡普里维省	Kalimbeza	25 m×40 m×4 m	1 629	20 000	1 606 kg
	Likunganelo	25 m×80 m×6 m 养殖面积 （6×1.8）ha	1 629	20 000	2 250 kg
	Litapi		1 629	20 000	停产（因洪灾）

对于私有制养殖水体，生产的第一年，渔业部免费提供饲料和鱼苗鱼种，生产的第二年收获后还第一年政府提供的饲料和苗种费，第三年还第二年的，以此类推。如果你停止生产了，那最后一年的饲料和苗种费就不用还。私人建设渔场的资金来源也比较广泛，第一是通过一些私人公司无偿援建，如银行援助；第二是向农业银行申请农业无息贷款，但需要偿还；第三是完全依靠自己出资建设。

(二) 教 育

独立后纳米比亚政府大力普及教育,规定实行六年免费义务教育,建立不分种族、民族和性别的全国统一教育体制。现行的教育体制为英国剑桥体系,分4个阶段、12个年级。中小学多为政府兴办。除中小学外,还创办了多所特种学校。目前,全国共有1 489所中小学和特种学校,7~16岁儿童入学率超过90%,70%以上的中小学教师受过专业培训,高等教育尚不发达。建于1993年的"纳米比亚大学"是全国唯一的综合性大学。此外,还有一所纳米比亚理工学院和多所教育学院。独立十余年来,教育每年占国家财政预算总支出的20%~28%。

六、农产品生产与加工

(一) 农业产值概况

农业是纳米比亚的支撑产业之一,全国70%的人口直接或间接以农牧业为生。全国共有26个农业区,可耕地面积6 900万公顷。纳米比亚政府一直很重视农业,但受生产投入资金匮乏、土壤贫瘠、灌溉条件不足等多种因素影响,其发展速度比较缓慢,粮食生产一直不能自给,通常最多满足国内需求的70%左右,约30%的粮食依赖于从南非等国家进口。1995—2005年,农业占全国GDP的比重一直在10%左右。2005年,农业占GDP的比重为11.7%。据纳米比亚中央统计局和农林水资源部的统计数据,2008年,农业和林业部门在GDP中的比例实值增长了3%,比2007年下降了0.6%。这主要得益于牧业部门的6.3%增长;种植业和林业只有0.1%的增长,水产业产量也有所下降。各年份GDP、农业产值数据详见表4。

表4 纳米比亚2002—2008年GDP变化、农业产值、规模和收入总体情况

(单位:百万纳元,%)

年 度		2002	2003	2004	2005	2006	2007	2008
GDP	总量	35 430	37 304	42 679	46 177	54 028	62 303	72 904
农 业	产值	1 915	2 032	2 252	2 861	3 275	3 381	4 036
	占GDP比重(%)	11.1	11.6	10.6	11.7	11.1	10.4	10.2
渔 业	产值	1 630	1 775	1 564	1 932	1 948	2 330	2 116
	占GDP比重(%)	6.6	7.0	5.5	5.2	4.8	5.1	4.4

（续表）

	年　度	2002	2003	2004	2005	2006	2007	2008
农业	种植和林业							
	生产产值	1 050	1 163	1 322	1 254	1 439	1 490	1 681
	占GDP比重（%）	3.0	3.1	3.1	2.7	2.7	2.4	2.3
	加工产值	1 879	2 146	2 140	2 262	2 518	2 923	3 315
	占GDP比重（%）	5.3	5.8	5.0	4.9	4.7	4.7	4.5
	畜牧业							
	畜牧业生产	864	869	930	1 606	1 836	1 891	2 355
	占GDP比重（%）	2.4	2.3	2.2	3.5	3.4	3.0	3.2
	畜牧加工	137	134	146	162	175	186	177
	占GDP比重（%）	0.4	0.4	0.3	0.4	0.3	0.3	0.2
渔业	渔业生产	1 630	1 775	1 564	1 932	1 948	2 330	2 116
	占GDP比重（%）	4.6	4.8	3.7	4.2	3.6	3.7	2.9
	渔业加工	699	886	763	477	657	902	1 066
	占GDP比重（%）	2.0	2.4	1.8	1.8	1.2	1.4	1.5

（二）种植业的规模和产值

纳米比亚的主要农作物种类有谷物类的高粱、粟、玉米、小麦；其次是棉花、葡萄、花生、紫花苜蓿等；主要分布在纳米比亚的北部，其产量见表5。但白玉米在半干旱的条件下生长，在全国呈三角形分布，一是Tsumeb、Otavi（奥塔维）和Grootfontein地区之间，二是Omabeke和Captive地区之间，三是Suerdow地区和Omabeke之间，对应的地区有3个重要的灌溉项目，即哈达普灌溉项目、北部中心地区的Etunda和的Keetmanshoop附近的自然灌溉项目以及卡瓦戈和卡普里维大草原的灌溉项目，目前商业性的白玉米种植面积达7 000多公顷。

在有基础灌溉设施的地方如哈达普大坝周围、Naute坝附近和Orange河流沿岸的地区，种植生产大量的蔬菜，蔬菜品种的繁多令你无法相信，目前纳米比亚超市里的蔬菜基本是国产的不再依赖南非进口，种植的品种有菠菜、浅绿豆、香菜、韭菜、青葱、各种青黄白的辣椒、各种花椒、大蒜、生菜、茄子、青葱、细香葱、莴苣、嫩豌豆、朝鲜菊芋以及一些草本类的蔬菜都有栽种。水果生产也非常丰富，品种众多，如葡萄、椰枣、橘子、木瓜、鳄梨、菠萝等等，主要分布在南部地区。2003—2007年种植业的种类、规模和产值见表5。

表5 2003—2007年种植业的种类、规模和产值 （单位：公顷，吨，元/吨）

作物分类	特性类项	2003	2004	2005	2006	2007
谷类	种植面积	271 900	274 400	256 100	265 800	211 500
	总产量	58 200	80 400	53 900	115 900	48 400
	黍米产量	56 579	74 400	50 500	105 600	44 400
	高粱产量	2 180	6 000	3 400	10 300	4 000
玉米	种植面积	—	—	—	—	—
	总产量	28 891	28 244	40 727	60 853	40 000
小麦	种植面积					
	总产量	10 289	8 262	11 015	12 858	13 000
棉花	产量	1 541	9 463	101	235	7
	售价	3 650	2 100	2 300	3 110	4 210
葡萄	产量	7 515	8 473	12 332	16 444	16 444
	售价	12 353	10 547	9404	13 212	13 212
花生	产量	45	242	47	145	329
	售价	3 200	3 300	3 500	4 100	5 000
紫花苜蓿	产量	6 700	8 002	3 550	1 705	991
	售价	1 200	1 000	1 100	1 150	2 300

资料来源：数据来源于纳米比亚农林水部。

（三）渔业的规模和收入

渔业是纳米比亚继矿业后的第二大经济支柱，在出口创汇、增加国民生产总值以及提高就业率等方面都做出了突出的贡献。

2004—2008年的平均年产量约572 460吨；其中，水产养殖的产量只有670吨；平均年产值约37亿纳元，约占国民生产总值的6%；力争在第三个五年计划（2009—2014年）中上升到6.5%。国内每年人均消费鱼重量目前为12千克。

1. 海洋渔业

纳米比亚的渔产量目前主要来源于12种海洋自然资源的捕捞，2004—2008年捕获的主要经济鱼类总量如表6所示。

鱼的品种有7种是较常见的，最主要品种为鳕鱼类（60%左右）和金枪鱼（20%左右）。同时政府大力提倡海水养殖和咸淡水养殖，主要养殖品种有牡蛎、鲍鱼、对虾、大鳌虾、海藻等。

表6 2004—2008年已经捕获的主要经济鱼类总量　　　　　（单位：吨）

种类	2004	2005	2006	2007	2008
沙丁鱼 Pilchard	28 605	25 128	2 314	23 522	17 550
狗鲟 Hake	186 305	173 902	135 771	129 542	109 229
鲭鱼 Horse Mackerel	310 405	327 700	309 980	198 694	151 482
对虾 Monk	8 961	10 466	9 816	8 656	6 415
石鳕鱼 Kingklip	7 067	5 567	4 493	3 928	3 127
金枪鱼 Tuna	3 581	3 654	2 903	6 818	3 498
螃蟹 Crab	2 400	2 408	2 228	2 854	953
龙虾 Rock Lobster	214	248	285	117	1 715
其他品种	31 997	18 834	39 891	33 960	10 622
总捕渔量 Total Catch（千吨，MT）	567 133	552 164	504 382	412 671	304 591
Seals (Numbers)	59 407	64 167	83 045	34 728	47 603

纳米比亚海洋渔业的产值和在国民经济中的地位和作用如表7所示。同时政府推举海洋副产品的加工以提供更多的就业机会。据统计，2006年，在海洋渔业方面解决的就业人次达13 400人之多。至2009年，一共有25个水产品及其副产品加工厂，18个在沃尔维斯湾港口（Walvis Bay），7个在Luderitz港口，其产品主要销往欧洲、美国、亚洲、南部非洲和别的国家。同时也发展牡蛎、鲍鱼、对虾、大鳌虾、海藻等的养殖，但只有一个小型养殖场很红火，是绝对盈利的；另外还有7个商业性的养殖场的效益还有待实践证明。

表7 2004—2008年海洋渔产品的产值　　　　　（单位：百万纳元）

项目	2004	2005	2006	2007	2008
口岸值 Landed Value	2 531	3 130	3 146	3 772	3 446
成交值 Final Value	3 427	3 789	3 985	4 843	4 668
出口值 Export Value	3 350	3 697	3 883	4 711	4 529
占出口产品的比重（%）of total export of goods	24.3	22.8	18.9	18	

2. 淡水渔业

总的说来，纳米比亚的淡水渔业一直处于婴幼儿阶段，起步于2003年，目前主要起了为国民提供食物、增加收入和提供就业机会的作用，年产量逐年递增见表8。

表 8　2004—2008 年纳米比亚的淡水养殖情况

年　份	2004	2005	2006	2007	2008
面积（公顷）	20	32	50.8	52.6	53.6
实际产量（吨）	12	22	46	65	70
计划产量（吨）	200	320	508	526	536
产量比值（百分比）	6.00	7.00	9.06	12.57	13.06

注：养殖面积是作者根据这一年的工作估算的。纳米比亚渔业部目前还没有养殖面积的统计，2010年3月在渔业部水产养殖司的年度工作计划会议中，作者提出了要将养殖面积也纳入统计范围的建议得以采纳

纳米比亚的淡水养殖目前有各种性质的大大小小的渔场300多个，而且每年都在增长，增长的速度也很快。从事养殖的总人数逐年增加，为缓解纳米比亚的就业压力做出了突出的贡献。政府正提倡家庭式综合养殖，既解决粮食安全问题，又解决就业，还增加了农民的收入；北部有条件的家庭都在尽力发展家庭式综合养鱼。放养密度极低，高产措施基本没有，是一种纯粗放式养殖，因而产量也很低。

（四）畜牧业的规模和收入

畜牧业为农牧业经济主体，收入占农牧业总收入的88%以上，以牛、羊为主，每年存栏量牛为180万～300万头，羊400万只左右，大部分畜产品出口南非和欧洲。纳米比亚产的紫羔羊皮以Swakara品牌驰名世界。其畜牧业商品分为乳制品、家畜、家禽，全国划分为19个国家畜牧区。

1990年纳米比亚独立前，全国大牲畜存栏量已经达到300万头。截至2004年年底，纳米比亚的大牲畜存栏量只有牛200万头、羊400万只。1995年包括畜牧业在内的农牧业对国内生产总值的贡献率为6.9%，到2001年为4.1%，2004年为5%，2004年纳米比亚全国畜牧、养殖业生产值为23.55亿纳元，出口额为7.85亿纳元。2003—2006年各地区家畜存栏量见表9。

畜牧业产值：商业农场为牛6.371亿纳元，羊2.851亿纳元，其他2.572亿纳元；公共农场为牛580万纳元，其他2.9亿纳元。

畜牧业占农牧业的比重：商业农场62.8%；公共农场23.6%。

养殖业数量：猪52 624头，鸵鸟30 762只，家禽957 966只。

牛肉是纳米比亚最主要的出口肉类，其次是羊肉和猪肉。牛肉的生产主要集中在北部的Otijozondjupa、Omaheke和Kunene地区。羊肉生产主要集中在南部的哈达普、Karas和Erongo地区。

表9 2003—2006年各地区家畜存栏量统计总量　　（单位：头，只）

种类	2003	2004	2005	2006
牛	2 336 094	2 349 700	2 219 330	2 383 960
卡拉库耳大尾羊	222 832	202 542	183 501	187 012
杜泊肉用绵羊	1 931 566	1 675 788	1 752 162	1 747 559
其余品种羊	1 931 566	1 675 788	1 752 162	1 747 559
安哥拉山羊	4 544	3 683	19 995	1 936
Boerbok	961 251	956 801	964 764	881 689
其他山羊	1 121 017	1 036 688	1 058 720	1 177 778
马	47 542	62 726	47 429	46 209
毛驴	119 828	142 353	140 291	159 948
猪	46 932	52 624	55 931	51 972
家禽	894 027	957 966	998 278	923 555
狗	130 294	139 468	141 522	143 046
骆驼	124	113	63	73
鸵鸟	18 930	30 762	11 762	10 864

2006年牛的出栏数为317 797头；而2007年则增加到317 821头，增长率为0.01%。

2008年畜牧业增长1.0%，比2007年增幅下降0.8%。2009年畜牧业增长约4.0%。由于外部需求减弱，2008年大牲畜（牛）出口量大幅下降。在中短期内，小牲畜的价格有上升趋势，小牲畜（绵羊和山羊）预计同样会实现增长。此外，可能向欧洲市场出口带骨羊肉的消息也将进一步增加羊肉出口。

七、农产品消费、流通与贸易

（一）农产品市场概况

从行业角度看，纳米比亚经济具有典型的"二元经济结构"，较为发达的农业（主要是农业中的畜牧业和渔业）和矿业，落后的制造业。因此，纳米比亚传统的优势出口商品也主要集中在畜产品、渔产品和矿产品上。除矿产品外，纳米比亚形成规模的出口产品主要是牛肉、羊肉等肉类产品和不同品种的冷冻渔产品；在制造业方面也还存在部分出口优势和具有潜在出口优势的产品。

1. 优势农产品供需情况及下一步走势

纳米比亚的农业部门也呈现出典型的"二元结构"，种植业较为落后，特别是粮食不能自给，45%需要从南非等地进口；但畜牧业和渔业较为发达。畜牧业和渔业部门的初级产品（如活牲畜、新鲜渔产品等）及其相关制成品（如肉制品和鱼制品），是纳米比亚最重要的非矿出口产品，目前主要出口市场是南非及其周边国家。但是考虑到这部分初级产品由于运输、保存等条件的限制对中国出口存在一定局限性。纳米比亚的粮食作物和经济作物尚未形成有效的出口规模（谷物、棉花、大豆、油料作物等是中国主要进口农产品，2005年纳米比亚出口额仅分别为500万、600万、100万和200万纳元），因此除肉制品和鱼制品等相关制成品外，现阶段农业部门具有出口潜力的产品不多。

热带水果和蔬菜 纳米比亚属热带沙漠气候，自然条件独特，盛产大量具有价值的经济作物。由于气候的因素，纳米比亚具有潜力的经济作物包括，葡萄、鳄梨、香蕉、菠萝、灰胡桃、枣椰子、柠檬、芒果、橘子等热带水果，但是纳米比亚海关统计资料显示，除葡萄外，上述热带水果作物目前均未形成规模出口。由于纳米比亚南部奥兰治地区气候和土壤条件非常利于葡萄的种植，并且具有反季节的优势，因此纳米比亚的食用葡萄具有很大的竞争优势，在纳米比亚已经是一个非常成熟的农业出口产品。2005年纳米比亚新鲜葡萄出口额为1.6亿纳元。食用葡萄（table grape）主要出口到欧盟和美国市场。目前，纳米比亚主要葡萄种植商有奥森克农场、纳米比亚葡萄公司等。中国宁夏经贸厅曾派组考察葡萄种植合作事宜，但是因资金投入等问题，无果而终。根据纳米比亚农业经济委员会的报告，目前纳米比亚已经能够自给的农作物包括，洋葱、卷心菜、西红柿、马铃薯、西瓜、橘子、胡萝卜、灰胡桃、南瓜、甜玉米、芒果、莴苣、红薯、甜菜根、胡椒、红辣椒等。但是，据纳海关统计资料显示，上述经济作物中除洋葱出口规模在1 000万纳元以上，其他农作物均未形成规模出口。

其他经济作物 除热带水果和蔬菜外，纳米比亚还具有一些有特殊经济价值的作物。如仙人掌、芦荟等，都具有较高的药用和生物价值，但是这部分产品一是未形成规模出口，二是需要进行产品深加工，提高附加值，才能成为具有潜力的出口产品。目前，纳米比亚尚未完成这方面的产业化。

鸵鸟及其相关产品 在养殖业中，纳米比亚具有出口优势的产业，除牛羊等传统畜养牲畜外，另一个重要产业就是鸵鸟业。鸵鸟业自纳米比亚独立以来发展很快。该产业主要直接出口三种类型的产品，成年鸵鸟、小鸵鸟和鸵鸟蛋。最初，这三类直接出口产品在该产业中占据重要地位。但是，随着海外市场的饱和，该产业重点转向了加工产品，如鸵鸟皮和肉。据纳米比亚农业协会的统计，鸵鸟屠宰量从1995年2万余只上升到2004年3万余只（其中，2002年最高达 62 976 只）。但是鸵鸟价格却从 2001 年的每只 2.7 万纳元下降到 2004 年的 9 500 纳元。目前，纳米比亚的鸵鸟肉主要出口到南非、瑞士、比利时和德国。鸵鸟皮和鸵鸟羽毛主要出口到南非。鸵鸟业想成为具有优势的出口产业，必须进一步扩大产业规模、优化产品结构。

2. 农产品加工的制成品供需情况及下一步走势

纳米比亚传统的制成品出口，10 多年以来一直是以渔产品（从 1995—2006 年一直处于制成品出口第一的位置）、食物、饮料和肉制品为主。同时，近年来，精炼铜和锌以及钻石成品（经抛光和处理）的出口大幅增长，成为出口增长的新动力。如 2006 年渔产品在出口总额中比重下降为 31.43%，而其他制成品则上升到第二位，比重为 23.16%，饮料及其他食品和肉制品则分列第三、第四位，比重分别为 13.95% 和 13.67%。其他制成品出口比重大幅提升，与钻石成品、精炼铜和锌出口比重的提高关系密切。

农产品加工业种类、数量及发展趋势

肉食加工业 纳米比亚自然条件优越，牧草品质良好，无工业环境污染，牛、羊、驴以及野味肉质量上乘，活畜价格较低，加工升值、综合利用潜力巨大。宜在畜牧业中心城市设立加工储藏出口基地，建立综合加工企业，或按照西式切割法加工生产冷鲜肉食出口欧美市场，或按照中国切割方式加工、熟制出口中国、亚洲市场。

啤酒和软饮料 2005 年纳米比亚啤酒和软饮料出口额为 6.57 亿纳元，占当年非矿商品出口额的 7.98%，其中啤酒出口额 4.91 亿纳元，占当年非矿商品出口额的 5.89%。目前，纳米比亚的啤酒和软饮料主要出口到南非市场。

皮革和皮革制品 2005 年纳米比亚的生皮和皮毛出口额为 1.37 亿纳元，占当年制成品出口的 1.64%。纳米比亚有大量小型皮革厂，加工皮革以供出口。目前，纳米比亚的皮革及其制品主要市场是南非（主要是鞋类产品）、意大利、日本、美国。为限制大量活动物直接出口到南非，而影响纳米比亚的皮革业发展，纳米比亚政府规定了当地屠宰和出口活动物的比例。这个行业发展的主要问题是如何扩展海外市场。

手工艺品和珠宝 手工艺市场将大量的传统工艺涵括进产品中，如木雕产品、篓编织品、陶艺制品、皮革制品、金属制品和珠饰制品等。纳米比亚手工艺品中心和 Penduka 是两个主要经营传统手工艺品的部门。在纳米比亚手工艺品中，有一种使用 100% 的卡拉库耳大尾羊毛（Karakul）编织的手工地毯值得一提。

尽管，目前该行业仍是小规模生产和出口（出口额仅为100多万纳元），但是已经在出口市场中站稳了脚跟。产品主要出口到欧洲，特别是德国。同时，也在赴纳米比亚旅游的旅客中大量销售。

葡萄深加工产品 纳米比亚葡萄种植有得天独厚的条件。葡萄已经是纳米比亚的一种重要出口农产品。为了进一步提升纳米比亚出口产品的附加值，纳米比亚政府正在进行相应的出口产品深加工规划。如葡萄产品，除直接出口食用葡萄外，纳政府正在计划建立一家制酒厂，酿造葡萄酒，预计投资需要40万纳元。同时，葡萄汁加工厂也在政府的长期规划中。2005年，纳米比亚葡萄酒类产品出口额为3 600余万纳元，规模不是很大（占非矿产品出口额的比重仅为0.44%），但是从南非葡萄酒业的发展状况看，这个行业可以成为一个重要的出口行业。纳米比亚从气候、土壤等因素看，南部地区与南非十分接近，因此如果能解决葡萄酒酿造工艺和市场营销等问题，葡萄深加工产品出口潜力巨大。

橄榄制品 纳米比亚环境和气候十分适宜大规模种植橄榄（每棵树能结35千克橄榄果，果实也比南非的要大），并开发橄榄制品，特别是橄榄油。但是，目前纳米比亚橄榄种植规模很小，只在斯瓦科普蒙德、霍去范德（Hochfeld）、奥马如如、奥塔皮、奥兰治等地开始小规模种植。即便这些地区的橄榄种植达到满产，也只能生产7.4万升橄榄油，本国消费尚缺4万升，目前难以实现大规模出口。但是考虑到纳米比亚自然地理条件与摩洛哥（目前是仅次于西班牙的第二大橄榄生产国）相似，纳政府又将橄榄种植和橄榄制品加工作为优先发展产业和橄榄制品的国际需求因素，未来纳米比亚的橄榄制品，特别是橄榄油可能发展成为一个重要出口产业。

其他经济作物制成品 由于独特的自然地理环境，纳米比亚还产出一些具有独特经济价值的作物，如仙人掌、芦荟、钩麻、木花生等。这部分经济作物的深加工产品具有较高的药用价值。如仙人掌蝴蝶亚（Hoodia）提取物制成的减肥品在国际上十分流行。此外，芦荟制成品也具有良好的市场需求。目前，南非在这方面已经形成了产业。这里特别值得一提的是木花生，是纳米比亚另一种具有潜力增加农业产值的植物。木花生适宜于在干旱和半干旱的土壤中进行种植，非常适应纳米比亚的土壤和气候条件。木花生可以结出像李子大小的果实内含有两至三个含油的种子，可以存活在年降雨量500毫米的环境中。目前，这种植物在纳奥塔皮、楚梅布和赫鲁特方丹三角区、卡万戈省和卡普利维省都有种植。木花生除可作为传统的医药、消毒剂、通便剂、风湿、杀虫剂和灭螺剂、制造肥皂和肥料的原料外，更被用作生物柴油（Biodiesel）主要原料。考虑到石油供需现状，作为生产优质柴油替代品的生物柴油重要原料的木花生，其经济价值如何评价都不为过。

农产品加工优势资源评价

纳米比亚银行研究部门，作为重要的政府专业研究机构之一，2006年6—7月在温得和克、艾伦蒂斯（Arandis）、斯瓦科普蒙德和沃尔维斯湾进行了一项针对纳米比亚制造业出口产品和市场的大规模调查。结果显示，纳米比亚的啤酒在南非和英国等市场名声很大。此外，纳米比亚目前已能大规模出口的农产品还包括奶制品、玉米粉和手工编织地毯等。调查还显示，纳米比亚潜在出口农产品包括精加工的鱼粉、皮毛和皮革制品等。这些产品潜在的出口市场包括南部非洲发展共同体（SADC）国家、欧盟、美国和东亚。纳米比亚具有潜在出口优势的农产品制成品，但以中国为目标市场的还不多。纳米比亚政府正在积极推行出口多元化战略，主要目标市场是SADC国家、欧盟、美国和包括中国在内的东亚国家。因此，目前纳米比亚的重点工作是应尽快将这些农产品加工产业化。

值得一提的是纳米比亚的皮具市场。纳米比亚是野生动物的天堂，皮革资源较为丰富，每年可收购100万张以上的原皮，如羚羊皮、鳄鱼皮、鸵鸟皮和卡拉库耳大尾绵羊羊皮及紫羔羊皮。政府计划增建新的屠宰场，原皮来源还会有所增加。由于缺乏资金、技术和市场，大部分原皮直销南非等国家，大大降低了出口创汇额。但目前的紫羔羊羊皮加工基本成熟。

（二）纳米比亚急要的产品

纳米比亚是一个经济开放程度很高的国家，1995—2006年纳米比亚进出口占GDP的比重连续十多年保持在80%以上，2003年更是达到98%。其中，出口占GDP的比重维持在35%～40%左右，进口占GDP的比重在50%左右。纳米比亚人常说："我们生产的都得出口，我们需要的都得进口。"事实上，国内产值的60%以上依赖出口实现，国内总消费的60%以上依靠进口。在农业对外贸易上，纳米比亚的农产品主要有玉米、高粱、粟、小麦等，也出产一些经济作物，如花生、棉花等。商业性农场的粮食有些节余，但农村集体合作社是不能自给，每年要从南非等国家进口10万吨以上的粮食，主要是小麦、玉米等，进口粮食的种类、进口总量、进口额见图3。畜牧业生产以牛肉、羊肉和动物毛皮为主，其中90%的牛肉和100%的紫羔羊皮供出口。

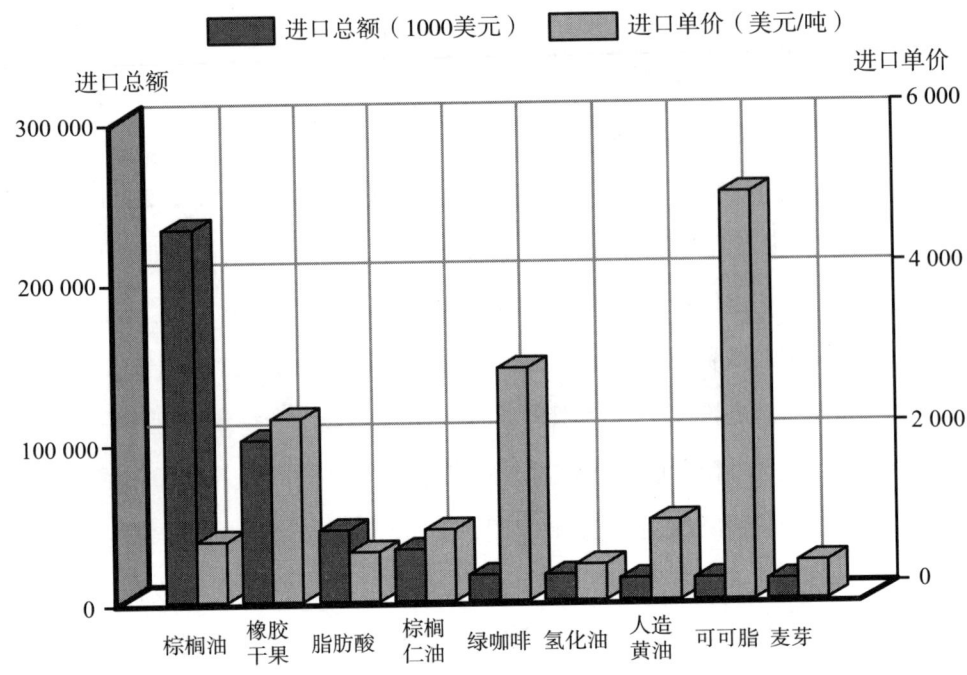

图3 2007年纳米比亚进口农产品情况

纳米比亚具有丰富的渔业资源和丰富的牛、羊等畜牧业资源，其中的大部分产品已经具备了出口规模。

（三）纳米比亚的主要贸易伙伴

纳米比亚的贸易伙伴国比较稳定，主要是南非和欧盟国家，2005年的主要贸易伙伴如表10所示。

表10 2005年纳米比亚前十大贸易伙伴国　　　　　　（单位：百元纳元）

排　名	国　别	进出口总额	纳米比亚进口额	纳米比亚出口额
1	南　非	18 228	13 365	4 863
2	英　国	3 446	172	3 274
3	美　国	1 580	125	1 455
4	西班牙	1 378	228	1 550
5	安哥拉	1 166	21	1 145
6	德　国	901	307	594
7	中　国	544	256	288
8	加拿大	521	10	511
9	意大利	463	68	395
10	荷　兰	300	81	219

资料来源：纳米比亚计委统计中心统计

（四）中国可以提供的产品

分析纳米比亚2005年十大贸易伙伴国进出口数据可以看到，纳米比亚贸易高度集中，前十大贸易伙伴国2005年贸易额占纳全部贸易额的89.14%，其中进口占91.12%，出口占87.14%。进口高度集中于南非（83.23%）一国，其余国家比重没有超过2%。出口则相对分散，但是仍集中在南非（30.50%）、英国（20.53%）、美国（9.12%）、西班牙（7.21%）、安哥拉（7.18%）等国。目前，中国是纳米比亚第七大贸易伙伴国（1.70%）。但是，双边贸易发展潜力巨大，中国从纳米比亚进口只占纳米比亚全部出口的1.81%，占纳米比亚对第一大贸易伙伴国——南非出口的5.93%。因此，只要我们选准进口商品，扩大从纳米比亚的进口具有很大的潜力。

纳米比亚需要进口的产品很多。在农产品中，中国能够提供的主要是粮食，如小麦、玉米等，但这也是中国需要进口的产品；农业加工食品中的食用油和各种农产品干果都可以考虑出口纳米比亚。

但在出口产品到纳米比亚的时候，要注意纳米比亚人口才200多万，再加上贫富悬殊，市场的购买力不是很大。所以在出口产品来纳米比亚的时候不能大规模，最好试探性的操作，这样做到万无一失。

八、农业资源开发与生态环境保护

（一）种植业生态环境

土地的生产性能极低、土壤贫瘠、水资源缺乏和降雨量不稳定是纳米比亚农业生产的主要特点。根据这些特点，可以分为4个生态区：沙漠地区，占国土面积的22%，年平均降水量少于100毫米；干旱地区，占国土面积的33%，其中年平均降水量不同，100～300毫米；半干旱地区，占国土面积的37%，其中年平均降水量介于301～500毫米；半湿润亚热带地区，包括8%土地面积，年平均降水量501～700毫米。

全国只有34%的地区年降水量在400毫米以上，只有这些地区才有可能进行旱作生产。而在这些地区的作物生产又进一步降低了土壤肥力。据统计，其中大约97%的土壤有黏土含量小于5%，目前只有约1%的土地，即820 000公顷的土地具有耕种的可能性。

（二）牧业生态环境

根据自然条件和物产的分布，纳米比亚农牧渔业大致可分为3个区域：一是北部奥万博兰、奥卡万戈和卡普里维为基地的农作物区，也是农业合作集体化生产区。面积约占全国的1/6，人口占全国60%以上。由于雨水充沛，居住在这一地区的广大黑人一直以小农生产方式，以自给自足为主。种植的主要作物有玉米、高粱、粟、瓜、豆类等。农业的唯一投入就是购买种子，自己不生产种子，一般从政府部门买入。二是中、南部的畜牧业区，也是纳米比亚的商业农业生产区，面积约占全国的1/2，除赫雷罗人和纳马人等饲养的牲畜外，商业化畜牧场多由白人经营。饲养的主要牲畜有卡拉库里羊、牛、山羊及少量马匹等。纳米比亚有三个主要的牧区：南部的小牲畜区，北部和东部的大牲畜牧区以及大小牲畜都适宜的地区。该地区种植面积达25 000公顷以上，是纳米比亚主要的商业农业生产区。他们自己生产种子，也从南非的种子商那里购买种子。三是以鲸湾和吕德里茨湾为基地的渔业区。鲸湾约有人口3万人，吕德里茨约1万人，主要从事捕鱼、渔产品加工及港口装卸等工作。

（三）林业生态环境

纳米比亚有价值的林业资源主要分布在东北部的几个地区。这些地区年降雨量为400～700毫米，且主要集中在9月至翌年的4月。丰富的降雨量为该地区树木的生长提供了得天独厚的自然条件，此外这里的阳光充足，一年有300多天是阳光明媚的，日照时数可达13～14小时，但最高气温也不超过38℃，相对湿度很低。这些地区每年雨季遭受水灾，而旱季来临时，由于日照时数长，气候干燥，森林常常遭受火灾。

纳米比亚的森林覆盖面积13亿多公顷，全国230 000以上的人口受益，近年来提倡植树造林，目前森林面积又增加了200公顷，而且每年还在不断增加。

纳米比亚设有13个森林资源委员会，分为14个植被带，从沙漠到半沙漠不等，阔叶林草原、山脉、荆棘丛、高原、矮灌木、骆驼树、树木和灌木混合热带草原、热带草原和森林木材之地等不同的植被带都有。降雨后，金色沙漠平原中就会出现孤独的金合欢树和昙花一现似的银白色针草原，形成广阔的金色非洲草原，这是纳米比亚沙漠中最典型的景观。

在纳米比亚生长的树有120多种，特有植物物种大约有200多种。

在纳米布沙漠，有一种纳米布沙漠特有沙漠植物—Welwitscbia杆菌，已引起全世界的植物学家的极大兴趣，是迄今为止人类发现的最古老的植物之一。

（四）渔业生态环境

纳米比亚水文气象条件非常好，终年温和，全年温差变化不大，属亚热带沙漠气候，水量、水温以及土壤特点等都能满足鱼类尤其是本土的罗非鱼的生长、发育和繁殖的需要，为罗非鱼的养殖提供了极其有利的自然条件。一年四季都适宜养殖，但北方的有些地区在雨季有洪灾，每年的12月至翌年的4月为洪灾时期，一般持续的时间3个月，进行渔业生产的时间为270天左右。

纳米比亚的淡水渔业资源也极其丰富，目前发现的有一百多种，主要分布在纳米比亚北部的赞比西河、奥卡万戈河以及库内尼河；但养殖品种只有罗非鱼、胡子鲶及少量鲤鱼，还有一些养殖品种正在开发当中，如虎鱼。养殖方式是以池塘养鱼为主的粗放式养殖；四大河流周边渔场的水源是周围河流水；其他地区的养殖的水资源是地下水；水库和湖泊基本没有人工养殖。自然水体的沿岸或者周围，周边农民进行最原始的捕捞，并以此为生活的主要来源，但每年具体捕获多少渔产量，渔业部基本没有统计，根据渔民的捕捞经验，自然水体中鱼类总量在不断的减少。渔业部为保证其自然资源的可持续性，每年向这些自然水体中放养一些鱼苗鱼种。

纳米比亚的南部和北部边境地区提供了100多万公顷的冲积平原湿地，有从事内陆渔业的巨大潜力。在这些河流捕捞的鱼类大部分是罗非鱼和虎利齿脂鲤，产量依季节而变化，每年的产量约在6 000~8 000吨之间，捕捞量一般保持在10%以上。纳米比亚北部是有名的奥万博区，这里是一片广阔的冲积平原，面积为80万公顷，每年在洪水减弱以后可以存水，时间为3~5个月。在拥有各种各样淡水鱼类的基础上，使用传统定置网方法的生计渔业得到了发展。许多种类为当地所特有，有些已经濒临灭绝。生计渔业产量占内陆渔业总产量的50%，为40万人提供了生计。内陆渔业的发展主要依赖于安哥拉国内流域上游恢复的情况。

第三部分 纳米比亚农业发展的经验教训和对策建议

一、纳米比亚农业发展的经验和教训

(一)主要做法和经验

1. 农业发展简史与做法

欧洲人进入前,当地是原始部落制,靠狩猎、种植和养畜等方式的混合农牧业为生,北部边界河区以泛舟贸易和渔业为主。陶瓷手艺流行较广,历时几千年。公元1000年左右,在楚梅布开始采、炼铜,在安哥拉南部开始采、炼铁。

15～18世纪,荷兰、葡萄牙、英国等殖民者先后侵入。1890年被德国占领。纳米比亚宜人的气候、丰富的草场和数量庞大的动物资源等吸引了大量殖民主国家公民,他们来这里度假、狩猎,然后就进行投资,发展畜牧业养殖和农业种植,拉开了纳米比亚农业生产的序幕。开创了纳米农业产品出口贸易的新纪元。由于纳米比亚得天独厚的自然条件,这里生产的产品马上受到了欧美国家的追捧,自此,越来越多的白人殖民者来到了这片土地,过着他们喜欢的没有任何工业污染的阳光充裕、生活富足的农村田园生活。这种兴趣就是在纳米的独立战争时期,也没有减退,极大地推动了纳米比亚的农业生产和农业技术。

1991年纳米比亚独立之后,大力发展农业,提高人口的就业率,解决食物安全。至今约有70%的人口以农业为生,农业约占国家GDP的10%左右,食品和肉类占大约15%的出口总额。在大多为白人为主的商业农场,农业以放牧牲畜为主。这样的白人拥有的商业种植和养殖场已经达到了6 300多个;至今农业生产中的80%以上来源于这些商业农场的畜牧业。

独立后的政府尊重私有财产,约10%的白人占有了44%的可耕地,约70%的人口却只占可耕地的41%,这些土地基本是白人废弃不要的,生产力极为低下。这种土地的大量集中,给纳米比亚的农业生产带来了障碍,大大降低了政府解决黑人生计的速度,1995年政府实行了土地改革。

政府土地改革政策的核心内容就是两个法例:即1995年6月的农业(商业)土地改革法和2002年5月的公用土地改革法。政府吸取津巴布韦土地改革的经验教训,实行"卖方自愿,买方愿意"的方法从白人手中购买土地,然后再分给没有土地的黑人，目前已经初具成效。

2007年开始进行水稻的探索和试验，国家对此寄予了厚望，希望能为粮食安全问题的解决带来转机。

2. 基本的农业政策措施

促进村社集体的完善与发展

在对村社集体提供农业基础设施、生产资料和生产技术的基础上增加其管理的自主性，减少对政府的依赖。当然政府将继续对其提供财政和技术援助，以支持农业发展。

支持多样化生产和农产品市场

为充分开发农业的巨大潜力，农业推广服务必须专注于村社集体制农业部门。此外，在农业推广服务中，由于农民自身原因造成的责任，政府应尽可能的免除直接责任者，以提供更有效的服务并促进农业发展。生产率的提高还可以通过综合性的农业研究、分散性的品种适应性研究以及农场试验等途径，但注意力和资源仍然集中在社区农业上。同时政府将继续发展农业教育和培训；政府的农业研究，推广和教育培训服务将密切合作协调。

政府将协助建立和发展国家农业融资体系

用与市场一样的利率进行贷款，来鼓励农村储蓄。农业融资体系的建立不但支持了个体农民的活动，而且促进了合作社和信用合作社的发展。

鼓励农产品加工

为了提供更多就业增值的机会和增加外汇收入，农产品的就地加工受到鼓励。在遵守世界贸易组织（WTO）和南部非洲海关联盟的规定（SACU）的前提下，凡是有利于双边的、区域性的和国际贸易协定发展的合作，都应该提倡、鼓励和极力促进。大力支持私营部门，以确保有足够的投入；大力鼓励进行农业投资的国外投资者，尤其是那些种子处理，种植材料和作物保护服务方面的。

总之，农业政策的一个核心内容就是慢慢的实行了一个转变，即政府从直接参与价格制定慢慢转变为宏观调控——制定并监督执行价格制定的宏观经济政策和发展措施。为保证消费者的利益，政府将努力营造一种良好的市场环境，提高市场的运作效率，以降低生产成本。

3. 促进农业生产的政策

为加强农业开发，实现粮食自给，增加就业和减少贫困，结合纳米比亚2030年发展规划和国民经济第二期发展目标，在联合国、世界银行和非洲发展银行的支持帮助下,纳米比亚政府自2004年开始制订并逐步实施旨在通过灌溉提高农业生产率的"绿色计划"项目政策。

该项目和政策的主要内容是:在2006—2030年的25年内,由纳米比亚政府规划实施新增灌溉面积27 000公顷,政府负责筹资建设水利和道路等基础设施,负责提供低息和贴息的中长期贷款,扶持农业开发项目。按照"绿色计划"的有关资料,27 000公顷的有灌溉条件的土地中,首期开发的19 359公顷土地将首先用于实现进口食品替代,7 641公顷的土地将开发为特色产品出口创汇基地;其他另开发7 900公顷将作为备用土地。这样加上原来已经具备灌溉条件的8 600公顷土地,全国的总灌区面积将达到43 500公顷,从而使种植业成为纳米比亚的强势产业[①]。这一规划的出台,得到了纳米比亚政府和国际社会的高度重视和支持。据悉,非洲发展银行已于2005年承诺为该项目提供37亿纳元的优惠贷款予以支持。

纳米比亚农业政策的最终目标是促进国家的土地和其他自然资源的可持续利用,保持和提高农业生产力水平,创造和维持自给自足的生活和农村地区的就业机会;增加国家和农民的农业收入,确保国家和家庭的粮食安全。

由于生产力诸要素没有得到有效的结合和发挥,自独立以来纳米比亚的农业经济特别是种植业发展缓慢,农业产出率历年来因自然条件差异而波动,开发潜力巨大。随着绿色计划的实施,农业种植业的开发对投资和技术等的需求增加,这为中纳农业合作提供了契机。

4. 种子管理方面的政策措施

在纳米比亚,自产的种子只局限于少量商业性农场,而且只能自给自足一部分,种子的主要来源是从南非等国家进口。目前还没有制定种子法来进行调控种子的质量标准、规范种子生产和认证活动,也没有种子认证制度与验证的实验基地和实验室。为避免不良影响,政府就种子的管理与销售做出了一定的声明,至于严格规范化管理则还需要一定的时间和过程。

目前,种子行业是由正规和非正规部门共同经营。在正规部门中是没有任何私人的种子公司能够介入的,主要为商业性农场提供的种子,如玉米、小麦、棉花、花生和外地豆类,每年提供约9 000公顷白玉米(包括灌溉计划)、700公顷棉花、200公顷的花生和200公顷豆类的种子,主要来源于南非。这些公司还进口牧草、蔬菜、花卉种子。

---

① 资料来源:纳米比亚农业部《绿色计划、园艺产业规划成本效益分析》。

非正规部门中，个体农民可以进口种子；没有任何正式申请登记注册的公司也可以进口。由于鱼目混杂，农民也不懂种子部门的情况，因而种子销售后，就会容易出现一些危险——发芽率低、容易传染等一些疾病。如2005年哈达普灌区一些商业农场买的种子的发芽率才只有60%左右；纳米比亚农林水资源部还注意到了今年黑霉病，黑粉菌和色二孢菌病等疾病也逐渐出现了。

针对这种情况，为了避免不良的影响，政府做出了如下声明：所有种子部门销售的种子都应该是经济上可行的高质量（如基因、物理、生理和通过了植物检疫）的种子；种子经营商和经营机构在经营规定的种子之前，必须经过登记注册和验收其处理、储存种子的设施合格并颁发经营许可证之后才能出售种子给农民；经营机构及个人都应遵循进口出口种子规定的程序，如关于种子质量的最低要求、包装和标签等；按规定妥善保管国际种子贸易许可证的正式文件和更新记录，种子进口商应要求对方出示该国的种子出口许可证的原件。

5. 政府鼓励渔业生产的政策

渔业政策与措施的重点

渔业政策与措施的重点是资源恢复和保护、渔业经营发展与国家社会经济效益相结合。为此，政府采取以下措施：禁止非法捕鱼并予以严厉打击；严格渔业生产标准（船只、网具、鱼龄、加工标准等）和企业、渔船的渔权发放及注册登记，征收渔权费、注册费和营业税；严格设定、发放和监管主要鱼种的年可捕量和配额并不许转让（兼、散捕鱼类不设配额，船只量受限），征收配额费及资源研究费（不管利用与否）；制定资源利用和渔业发展短、中、长期规划，兼顾政府、企业及国民等各方利益；鼓励上岸深、精加工（特别是冰鲜鱼捕捞、加工），设定上岸比例，给予配额鼓励及收费、营业税、所得税、培训费等优惠，以增加出口创汇、更新、改造加工厂和雇佣培训当地工人；鼓励当地企业参与竞争，实行纳米比亚化，在渔权和配额发放、企业和船只注册、税收和投资政策等方面予以优惠；增加就业和加强专业技术培训及设施；寻求外援，加强国际合作，吸引外资、技术及管理经验；加强资源评估，鼓励研究开发新资源（稀有鱼类、贝类等）和投资海产养殖（海藻、牡蛎）等。

大力发展水产养殖业计划

2004年，纳米比亚政府在第三个国家发展计划（2007—2011年）中明确确定，水产养殖将是政府重点扶持的产业，也是国家的支撑产业；既解决食物和部分失业的问题，也将为国家的出口创汇担当重任。发展目标是：在可持续发展的基础上合理利用渔业资源，发展水产养殖，至2030年使水产养殖达到繁荣的、有丰厚利润的工厂化水平，确保渔业对国家经济发展的总目标做出持续贡献。

目前纳米比亚政府发展海洋渔业的政策和发展趋势：在可持续发展的基础上以捕捞为主逐步发展海咸水养殖；捕捞的领域由浅海向深海发展。2008年就是具有重大转折意义的一年，大多数公司投入的资金空前繁多，主要用于更新设备以满足深海作业的需要；用于建场以发展海水养殖。

（二）主要经验

1. 政局稳定是保证投资环境良好的先决条件

纳米比亚政局稳定，经济发展平稳，近来实行紧缩的财政政策，通货膨胀处于可控的范围。纳米比亚是撒哈拉以南非洲国家中商业环境最好的国家之一。水电、交通与通讯等基础设施较好，法制健全，有较完整的金融体系和银行制度，投资环境相对宽松。纳米比亚政府一贯重视吸引外资，颁布了一系列外商投资优惠政策和鼓励措施，如"外商投资法"、"出口加工区法"和"制造商和制造产品出口商鼓励措施"等。初次投资700万纳元以上、在当地或合资公司中股份不少于10%大外商可获投资者优惠待遇证书，在外汇申请、减免税、产品出口欧、美市场等方面享受多种优惠待遇。农产品加工和出口可享受制造商和制造产品出口商优惠待遇。"农业法"对所有参与农业开发与合作的企业，包括外商给予支持，具体合作条件可以商谈，具有较大灵活性

2. 农牧渔业发展空间大

纳米比亚粮食自给率较低，每年要大量进口粮食，且生产技术落后，若通过使用节水灌溉技术、地膜覆盖技术和土壤改良技术等，可在北部地区大规模开发种植业。

东北部地区自然条件适合棉花种植，基础设施条件较为完善，纳米比亚所产棉花质量一般好于南非及周边国家，在区域及国际市场上享有声誉，供不应求。目前南部非洲关税区诸国所产棉花仅够南非一国纺纱机的50%用量，还有20万包皮棉的缺口。纳米比亚目前年产棉花仅4 000吨，约400个产棉农户分散种植，难以形成以市场为导向的规模种植，远远满足不了市场需求。

纳米比亚国土面积中有大约50万平方千米，属于南部非洲的草甸子地貌，大多数天然草场适宜于放牧，经勘察发现，大多数牧场拥有地下水源，可以采

用钻孔取水解决牲畜饮用水问题。现在的畜牧量远远低于生态允许的承载量，合理开发畜牧业具有很大潜力。

纳米比亚海岸线长达 1 600 千米，受本戈拉洋流的影响，渔业资源丰富。由于海洋生态保护较好，海水质量上乘，沿海岸线平直，滩涂面积辽阔，非常适合发展养殖业。

二、纳米比亚农业发展存在的主要问题

（一）水资源缺乏、分布不平衡

从总体上看，纳米比亚全国降雨量偏低，且降雨量在时空分布上不平衡。根据纳米比亚气象局发布的相关资料，只有纳米比亚东北部狭长区域的卡普立维省、北部临近安哥拉边境的奥卡万戈河流域地区和西北部临近安哥拉边境的库内内河流域的年降雨量可达 400 毫米以上，沿海区域的年降雨量不足 100 毫米，其余地区的年降雨量在 100～300 毫米。纳米比亚的降雨季节主要集中在每年的 10 月到次年的 4 月，这段时期的降雨量占全年降雨量的 90% 以上。

由于纳米比亚大部分地区降雨量比较少，绝大部分土地难以用于发展种植业。尽管北部地区的降雨量比较大，但由于降水时期比较集中，这些地区经常发生洪水灾害，从而给农业造成比较严重的损失。2009 年上半年，纳米比亚北部发生了严重的洪涝灾害，很多作物绝收，大部分水产养殖设施被冲毁。水资源缺乏、分布不平衡是导致纳米比亚粮食难以自给的一个重要原因，也是制约农业发展的最为重要的因素之一。

（二）土地质量较差，人少地多

纳米比亚耕地资源贫乏，全国大部分为高原，平均海拔 1 500 米以上，东南部为沙漠广布的卡拉哈里盆地的一部分，沿海为纳米布沙漠，沙漠面积约占国土的 15% 以上。北部高原草原大部分是干旱和半干旱热带地区的棕壤和红棕壤，土层较厚，且土粒的凝聚性较好，可以种植玉米和多年生牧草。拥有广袤土地的南部地区多属于高原亚荒漠土，一般含有机质少，呈碱性，或有钙质和盐分积聚。在纳米比亚拥有的土地面积，80% 的土地不具备灌溉条件。大部分土地不适于耕种，仅在北部地区有适合种植业发展的土地。但是纳米比亚人口稀少，人均土地资源却相对丰富。

(三)土地资源分配不均

全国宜农宜牧地面积为 6 900 万公顷,其中国有土地约占全国土地的 15%,各部族的公共土地约为 41%,私有(白人)土地占 44%,接近一半的土地控制在占人口总数 10% 的白人手中。很多灌溉条件、土壤条件好的土地掌握在私人手中,多数处于闲置状态,土地资源未得到有效利用,目前大约有 7 000 公顷的土地有灌溉系统,其中 90% 是私人土地,其余是由纳米比亚发展公司为小农户资助并管理的灌溉项目。纳米比亚土地改革措施不到位,人力资源和土地资源不能有效配置。而且在纳米比亚的农区、牧区都普遍盛行村社土地所有制。在以种植业为主的地区,随着世代的传统和人口的增加,土地越分越细,每户农民可使用的土地越来越少。在土地资源短缺地区,难以维持每个成年男子都获得一份土地使用权的传统习俗,出现了无地农户。

(四)生产技术落后

全国没有建立一套完整的农业技术支持系统。纳米比亚少数现代化的私人农场拥有高水准的农田水利灌溉工程及设施,灌溉方式主要是滴灌、微滴灌和喷灌。其他地区的灌溉水平非常落后,或无灌溉条件。

(五)农民技能素质低

当地黑人农民缺乏生产技能、劳动效率低下,缺乏有效的生产组织管理,政府对农业的投入和支持欠缺,国有农场经营管理不善。

三、对纳米比亚农业发展的对策建议

(一)农业生产建议

1.兴修水利,消除洪灾,加快粮食安全问题的解决

每年的雨季(11 月至翌年 1 月),北部卡万戈河以及赞比西河沿岸沉浸在洪水中,农业生产被迫停止;水产设施不同程度受到损坏;家庭囤积的粮食也被冲走;正常的生活难以保障。如卡万戈省和卡普里维两省就有两个大型渔场因此而停产。把修建水渠等水利建设和解决洪水结合起来考虑,合理引导水的流向,充分囤积水资源,既有效控制洪灾;又解决农业灌溉问题,冬天种植小麦、

夏季种植玉米，实行双季轮作，粮食产量大幅提高，粮食安全矛盾可以大幅度缓解，整个国家经济可以在短时间内飞跃发展。

2. 加快农业生产步伐，把北部地区的一些省建设成鱼米之乡

纳米比亚北部有三条边界河，河的沿岸，土地肥沃，水源充足，这些都是纳米比亚的农业生产最优越的自然条件。在河沿岸发展淡水养殖和水稻种植，都是可行的。目前，水稻种植项目已初具雏形，种植面积26公顷，产量约40多吨，计划把种植面积扩大到193公顷。淡水养殖业的发展也如火如荼的进行着。

（二）渔业生产和发展建议

1. 尽最大努力解决苗种数量和质量的问题

短时间内，优先解决苗种生产和供应问题，有计划地建设大型繁殖中心和基地，如在具有一定水产养殖基础的 Hardap、Kavango、Onavivi 以及 Caprivi 等地区建立罗非鱼和鲶鱼的鱼苗的繁殖基地，满足生产需求。长远的观点，在这些孵化场的生产过程中，必须引进优良品质，利用杂交等科技手段，改良当地的养殖的罗非鱼的生产特性，缩短养殖周期，增大市场规格，提高经济效益，尽可能的使罗非鱼的市场规格达到国际水平，真正的实现把淡水养殖业发展成利润丰厚的工业化生产目标。

2. 寻求更为合理的饲料配方及投喂方法，减少高成本的饲料花费

淡水养殖业中高成本的饲料花费严重地制约了养殖户的获利，抑制了养殖户的养殖信心。纳米比亚渔业部非常重视这个问题，并着手于2007年，在Onavivi建立了一个鱼饲料加工厂，已经投入了生产。但对饲料的质量还没有进行追踪调查，价格也偏高。因此，还应根据当地资源情况，多渠道、多方法地设计制作适合本地区的渔用饲料；同时在饲料加工过程中注意适口性、营养性、漂浮性，增加对鱼类的诱食力。

另外，加强推广饲料的投喂技术，采取搭食台、定时投喂、根据体重和气温等科学确定投喂量等方法，以减少投饵损失，降低养殖成本，增加养殖效益。且适当地培训鱼场主及工人，主要推广先进的饲喂技术、鱼苗结构及投放密度、管理技术、鱼病防治技术等。

3. 迅速建立示范鱼场，加强渔场管理

迅速建立示范鱼场，技术示范和经营模式示范双管齐下，促使更多的农户加入到渔业养殖业生产中来，帮助渔场改进他们的经营和生产以提高鱼产量，为水产业的发展提供良好的发展基础。也可引入中国的渔场经营模式，让技术人员尽可能多地参与到渔场的经营中去，减少不必要开支，降低经营成本，激发工人的工作积极性，从而为渔场创造最大的经济效益。还可以考虑实施一些高产措施，如适当密养，轮捕轮放。

4. 推广鱼产品加工技术，提高经济效益

在纳米比亚的西部，已经有一些海洋渔业副产品加工厂，为纳米比亚解决国民的失业提供了很大的平台。淡水养殖方面，也可因地制宜，选择一些成本低、设备简单、生产能力强、周期短，能够为当地所接受的加工方法加以试验推广，如腌鱼、咸鱼、利用太阳能风干鱼等方法。一些较为先进的鱼产品加工方法，如制作鱼肉肠、鱼肉面条等加工技术成熟，也可考虑招商引资，寻找投资商在纳米比亚投资建厂生产。可以考虑在 Onavivi 附近建设一个渔产品加工厂，加工成鱼糜出售。

5. 加强国际渔业合作，充分利用外国水产资源

纳米比亚的水产养殖业还处于婴幼儿阶段，需要别国的支持和帮助。如加强和中国的渔业合作，充分利用中国发展农业生产的经验和丰厚的人力资源；充分利用来自越南的水产专家，采用一帮一的传带方式培养一批能熟练进行孵化的技术人员等。

第四部分　纳米比亚与中国农业合作情况

一、中纳农业合作进展成效

中纳1990年建交以来，两国关系持续稳定友好，经贸合作稳步发展，不断深入。中纳双边贸易起点较低，但发展迅速，特别是近年来一直保持高速稳步增长态势。双边贸易额从1992年以12万美元起步，到2000年超过1 000万美元，2005年底突破1亿美元大关至2008年底达到5亿美元。2008年，中纳贸易额为5.28亿美元，同比增长30.6%，其中中方出口2.4亿美元，进口2.88亿美元。在受金融危机影响，中国和纳米比亚对外贸易都总体大幅下降的情况下，中纳双边贸易仍取得如此大的增长，充分显示了两国商品的互补性和贸易继续发展的潜力。

中国自纳米比亚主要进口矿产品、海产品等，对纳米比亚主要出口轻纺产品、机电产品等。近年来，中国的高新技术产品已逐步进入纳米比亚市场，如电讯产品，高科技含量的大型集装箱检测设备。双边贸易中中方顺差多于逆差，但近两年来因中方从纳米比亚大量进口矿产品，已经转为中方小幅逆差状况。

中国企业在纳米比亚的直接投资还比较少，截至2008年底，共计投资1 995万美元。但从去年开始，迅猛增长，2008年投资759万美元，较上年增长734%。投资领域主要集中在建筑、矿业、商贸批发零售业、家纺业等，其中国有企业主要集中在建筑和矿业领域，民营企业主要投资批发零售业和家纺业。

中国对纳米比亚从独立以来一直提供经济援助，数额持续增加，领域也不断扩大。项目更多地与民生和推动经济发展相联系。建成的儿童活动中心、扬水站、低造价住房、地方议会大厦、总统官邸等项目产生了很好的影响。正在实施的国防学院、农业灌溉项目适应了纳方的急需。近年来，在中非论坛北京峰会八项举措框架下，中国又为纳米比亚援建了3所农村学校，已经完工，一所医院已经开工，援外渔业专家抵纳米比亚开展了工作，提供无息贷款建设的青年职业培训中心项目进展顺利，提供的优惠贷款对纳米比亚政府电子政务、海关集装箱检测、铁路、医院改造项目都起到了重要作用。

二、中纳农业合作发展前景

纳米比亚与中国在农业方面的合作并不多,从中国专家组到达之后才正式拉开合作的序幕。在此之前,农业方面只停留在援助阶段。

此外还有三个中国人在纳米比亚投资种蔬菜,他们从纳米比亚白人农场中租土地,从国内带种子过来种植,效益还不错。但和纳米农业部等机关部门打交道不多。

纳米比亚的农业需要大力的支持和合作,中国是农业大国,无论是在农业技术及生产装备上,都有着得天独厚的优势,因此,找寻纳米比亚的需求点,结合中国的农业生产优势,将会极大地促进和纳米比亚的农业合作,达到援助的效果,并给中国走出去的企业带来收益。

(一)抓住政府间双边农业合作龙头—洪灾的治理

赞比西流经安哥拉和赞比亚,形成两分支流入纳米比亚的卡普里维省,由于纳米比亚的海拔比赞比西河上游的赞比亚和安哥拉都要低,每年雨季,安哥拉高原的雨水和赞比亚的雨水源源不断地注入赞比西河流向纳米比亚,再加上卡普里维省本地的雨水,迅速形成了一年一度的洪灾,每年至少有1/3的地区陷在洪灾中。因此,治理洪灾是纳米比亚需要亟待解决的问题。

(二)为纳米比亚的水稻种植提供援助

就业和粮食安全一直是纳米比亚政府着手解决的问题。但纳米比亚降雨量少而且不均匀;日照时间长,雨量蒸发大;土壤肥力低等天然特性,严重限制了纳米比亚农业的发展。

2007年,一个安哥拉的水稻专家在东北部考察时发现该地区及具有种植水稻的潜力,在季节性的洪灾过后,水资源及其丰收,土壤肥力充足,但这些资源没有得到充分的利用。2008年,他从安哥拉引进水稻品种,进行了种植实验。结果发现,此地的水稻种植产量每公顷可以达5.8~8.5吨,比国际水稻平均产量每公顷3吨要高得多,和日本水稻的平均产量6吨/公顷接近,这一发现揭开了纳米比亚水稻种植的新纪元。

经过充分的考虑和呼吁,2009年2月,卡利姆贝扎(Kalimbeza)水稻种植项目正式由纳米比亚总统剪彩,从此拉开了水稻种植的大规模实验。目前种植面积26公顷,计划把种植面积扩大到193公顷。卡利姆贝扎水稻种植项目已初具雏形，是纳米比亚首个试验性水稻种植项目，目前种植面积约26公顷，产量约40多吨，纳米比亚政府对水稻在解决该国的粮食安全中的重要作用充满了期待和信心。据纳方工作人员介绍，目前的困难主要是资金和技术人员不足。同时，很多国家如印度尼西亚、菲律宾、日本等都派出了专家进行了考察或者进行了进一步的合作。中国是水稻种植大国，有着其他国家不能比的先进经验，可以考虑就此进行进一步交流和合作。

（三）鼓励中国企业赴纳进行相关领域投资，以投资促进口

由于独特的自然地理环境，纳米比亚还具有大量潜在优势的产品，主要集中在农业和与农产品相关的制造业上。从农业方面看，纳米比亚人均土地资源丰富，可耕地相对集中，易于农业的大规模开发经营。同时，纳米比亚现有畜牧量远远低于生态允许的承载量，合理开发畜牧业潜力很大。此外，与农牧产品相关的一些制成品和深加工产品，也是纳米比亚具有潜在优势的出口产品。目前，纳米比亚农产品出口面临的主要问题是生产规模不够、生产技术落后、产品深加工程度不够、难以形成有效的产业链等。2006年农产品进口额319.9亿美元，逆差9.6亿美元，特别是大豆、棉花、油料作物是中国重点进口品种，因此鼓励中国企业以投资进入纳米比亚的农业领域，特别是种植业和畜牧业，同时发展农产品深加工产业，如肉制品、奶制品、橄榄制品（主要是橄榄油）、葡萄制品、生物医药制品、生物燃料等，充分利用纳米比亚有利的自然地理条件，在纳米比亚创建中国海外农产品生产加工基地，将纳米比亚具有潜在优势的出口产品变成真正的优势出口产品，市场潜力很大，同时也可以为中国提供稳定的进口农产品来源。中国企业在以投资促进口的方针中，还可以充分运用纳米比亚现有的鼓励出口优惠政策——出口加工区计划，享受长期免缴所得税、关税、销售税等优惠待遇。

（四）开展农业技术示范合作，带动中国农业企业走出去

纳米比亚气候条件、土壤条件、水力条件等区域差异较大，不同区域的综合条件适合发展不同的农业产业。一是可以考虑在北部开展农业技术示范。北部地区雨水充沛，地表河流水资源丰富，灌溉条件和基础设施较完善，是纳米比亚粮食主产区。示范的作物品种可考虑杂交谷子、杂交玉米和棉花，同时可示范罗非鱼和鲇鱼养殖技术，提高其粮食自给率。二是可以考虑推动中资企业在沿海地区开展养殖加工示范合作。纳米比亚沿海水文条件优越，适合养殖对

虾、生蚝、海参、鲍鱼等具有较高经济价值的海产品，但养殖技术落后。可考虑推动中资企业投资水产品加工业，开展海水养殖技术示范，带动当地渔民养殖，进而逐步建立一个集技术推广、产品回收、加工出口产业链，生产具有较高经济价值的海产品，向国际市场出口。

（五）政府层面对于扩大从纳米比亚进口给予政策、资金和技术扶持

由于纳米比亚不是最不发达国家，按世贸组织最惠国待遇原则要求，中国尚无力承担直接给予纳进口产品免关税、免配额待遇而带来的影响。

从政府层面来看，鼓励扩大从纳米比亚进口目前可在以下3个方面扩大工作成果：一是目前纳米比亚非矿优势出口商品对中国出口受到限制，一定程度上与中国动植物检验检疫制度有关。因此，政府层面应尽快推动两国质检部门签署有关检验检疫卫生议定书，为纳米比亚向中国出口肉制品、渔产品和皮革制品等消除政策上的限制。二是通过设立专项基金，对于在海外建立农产品生产和加工基地的中国企业予以资金和技术支持，形成稳定的进口商品和进口来源地。目前，中国正在倡导中纳开展农业合作，以寻求建立外海农产品加工基地。这种模式在纳米比亚具有得天独厚的条件，也为纳米比亚政府所欢迎。但是由于农业投资大、周期长、收益低、风险高，单纯依靠利益驱动难以推动中国企业形成有效的投资规模，因此需要政府层面加大在这方面投入。建议中国成立专项基金，或者将中非发展基金中划出相应部分，专门对于在海外建立农产品生产和加工基地的企业予以资金和技术支持，形成国家和企业共同投资、共担风险的机制，鼓励中国企业赴纳建立农产品生产和加工基地，同时也为中国扩大进口创造有利条件。

（六）在南南合作框架下积极与FAO、WFP等国际机构探讨合作

除双边合作之外，还可以探讨与FAO、WFP等国际机构开展多边合作。FAO驻纳米比亚代表处、纳方农业部门都希望开展三方合作。中国在农业生产的各个领域积累了有很多实用的技术和经验，并且在FAO的粮食安全行动特别计划框架之下，与尼日利亚、塞拉利昂等非洲国家开展了良好的合作，取得了很好的效果。在结合纳方实际需求的基础上，可以考虑与FAO、WFP等国际组织开展合作，针对黑人小农粮食生产和水产养殖提供试验示范和技术培训。

（七）用纳农产品输华资格换取中方企业捕渔权和配额

纳米比亚的农产品出口市场主要在欧盟。由于纳米比亚没有与欧盟签定经

济伙伴合作协定，纳方特别担心欧盟突然取消纳方出口农产品到欧盟的资格。因此，纳方希望中国能够进口牛肉、葡萄、鱼肉等农产品。我们应该利用纳方这一迫切要求，要求其渔业和海洋资源部赋予中资企业捕渔权和配额权。

总之，中纳农业领域的合作空间是很大的。纳米比亚北部降雨量充足，适合种植多种农作物。但纳米比亚由于历史遗留问题，大部可耕地控制在少数白人手中，土地没有得到很好的利用。现政府正在加紧土地改革，随着改革的深入，土地将会逐步回到当地黑人手中，但他们又缺乏必要的农业知识、技术和设施，而此领域是中国的强项，通过合作合资形式，未来在纳发展农业也是可以得到丰厚回报的。

三、对中纳农业合作发展的建议

对中纳农业合作发展的建议主要是针对中纳的渔业合作提出的建议。

（一）海洋捕捞

鉴于纳米比亚政策对渔权和配额限制严格，中国公司目前自行搞渔业捕捞可能性不是很大，采取合资合作方式也要十分谨慎从事。但淡海水养殖合作前景广大，纳米比亚的海洋捕捞业历史悠久，但淡海水养殖业却还处于婴幼儿阶段，且严重缺乏资金，中纳水产养殖合作有着较为广阔的发展前景。

1. 加大科技合作的力度，为纳米比亚水产养殖的可持续发展打下基础

中国的水产科研及教学力量十分雄厚，可在国内选拔乃至培养一批懂经营、会管理的对外渔业合作人才。一方面派遣渔业专家赴纳米比亚培训当地渔业技术人员，扩大农业技术培训的领域和范围；一方面开展与当地渔业科研机构的合作，协助他们建立良好的科研基地，扶植他们通过良好的科研途径，寻找高品质的养殖品种，为纳米比亚渔业的可持续发展打下坚实的基础；另一方面，选拔一批能用英语讲课的高级人才，帮助他们在大学内建立水产专业，为纳米比亚渔业的可持续发展提供坚强的后盾保障；此外，继续加强和深化在国内对纳米比亚渔业人才的培训，如继续深化在江苏无锡举办的亚太水产养殖培训班，提高纳米比亚籍学员入学的比例。

2. 进行海水养殖和咸淡水养殖

抓住纳米比亚加快发展水产养殖业的有利时机，准确了解纳米比亚水产养殖的发展重点，鼓励和推动国内企业到纳米比亚投资水产养殖，尤其是咸淡水养殖。海水养殖和咸淡水养殖是纳政府提倡和向外方投资者极力推荐的，其利润空间比较大，且自然条件相当优越。

3. 以市场为导向，发展休闲渔业等生态养殖模式

坚持"一业为主，多种经营，形式多样，讲究实效"，实施中纳渔业投资和合作项目，走高效、综合经营的发展路子。如把淡水养殖业和畜牧业、种植业、休闲渔业相结合都是值得考虑的发展思路。

（二）对纳援助

和其他非洲国家相比，纳米比亚的经济条件比较好，人均收入7 300美元（2007年的统计数字）；来自其他国家的援助也较别的非洲国家要多。所以他们对一些小钱似乎并不在乎。如2009年中国援助渔业部的1 500万元人民币，经过一段时间的手续后，他们似乎嫌手续太烦琐、过程太长而不冷不热了。因此在援助他们时，不妨考虑把援款集中于某个或者几个部门。

淡水养殖方面的合作，就可以考虑把援款集中，单独用于完成某一项援助工程。如渔业部现计划在Caprivi地区建一个罗非鱼孵化场，2010年初向国家计委上报计划；2012年建成。目前可行性研究报告的初稿已经由中国援纳高级农业专家完成，中国完全可以按照中国罗非鱼孵化的最先进标准，援助他们建成。这既可以是新八项举措中的农业示范中心之一，还可以派遣一个农业专家组，一举两得。

（三）渔业贸易

纳米比亚90%渔产品销往欧盟国家，这种单一的市场体制是不利于渔业生产的稳定发展，目前纳方正在寻找经济合作伙伴，希望渔产品乃至农产品尤其是畜产品的市场能够多元化。

纳米比亚的自然环境和生态环境都很好，渔产品、鱼粉和其他农产品的质量在全世界受欢迎，是纯绿色食品；海鱼产品和在中国应该有广阔的市场，完全可以考虑双方的贸易合作。同时在考虑合作过程中，根据他们希望走出欧盟遏制、实现多元化贸易的需求，可以加上中国的附加条件，如配额。此外从纳米比亚进口也可以考虑。

津巴布韦
―― Zimbabwe ――

津巴布韦农业、机械化和灌溉部部长（右四）、常务秘书及部长助理、各司司长与援津巴布韦高级农业专家组座谈如何实现农业可持续发展、保障粮食供给（2010年2月11日）

援津巴布韦高级农业专家组

工作时间：2009年10月至2010年10月

组　　长：刘晓辉，农业部全国畜牧总站高级畜牧师

组　　员：林玉柱，山东省淄博市农业技术推广中心研究员
　　　　　沙湧波，宁夏动物卫生监督所研究员
　　　　　张小燕，西北农林科技大学农学院教授
　　　　　何　望，湖南省水产科学研究所副研究员
　　　　　成兴广，中国农业科学院灌溉研究所副研究员
　　　　　尉继强，山东省威海市农业科学院作物室高级农艺师
　　　　　胡宇舟，湖北省咸宁市种子管理站高级农艺师
　　　　　孔令聪，安徽省农业科学院作物研究所研究员
　　　　　刘桂富，华南农业大学农学院副教授

翻　　译：李　卓

玉米专家在农场实地指导玉米生产

畜牧专家就如何搞好农业规划的制定工作进行专题讲座

农作物专家与津巴布韦农业专家在田间调查小麦生长情况

蔬菜专家在田间指导小农户的番茄种植技术

水产专家对水产养殖户进行池塘选址、建设及水产养殖管理等内容的培训

水产专家指导渔业研究所工作人员及大学生如何观察浮游动物

对小农户开展田间技术指导后，农户与援津专家依依不舍

中津两国农业专家考察间歇交流农业发展经验

第一部分　津巴布韦概况

一、自然地理概况

（一）地理位置

津巴布韦共和国位于非洲次大陆上，属非洲东南部的内陆国家，南纬15°37′～22°24′，东经25°14′～33°04′，国土面积390 757平方千米，其中386 847平方千米为陆地，3 910平方千米为内陆水域。维多利亚瀑布、赞比西河、赞比西河上游的卡里巴水坝与大坝拦阻河水积蓄而成的卡里巴湖共同形成津巴布韦北部的疆界，与赞比亚相邻；津巴布韦的东部与莫桑比克相邻；西南与博茨瓦纳和纳米比亚接壤；南部以林波波河（Limpopo River）为界与南非相邻。

（二）地形地貌

津巴布韦分为东部高地（山区）、高草原（Highveld）、中草原（Middleveld）和低草原（Lowveld）4个部分。津巴布韦的农作物生产主要分布在高草原、中草原和低草原地域。

在东部高地地区，沿莫桑比克绵延着4条山脉，它们是伊尼扬加尼山（海拔2 594米）、尼扬乔伊山（海拔2 222米）、希马拉雅山（海拔2 211米）和穆沙度山（海拔2 144米）。这些山脉分布在整个南部非洲高原的边缘地带，形成了东部山区。该地区的地质构造主要是由古老的花岗岩组成，地表形态相对较为简单。

高草原地区一般海拔在1 200~1 600米左右。始于西南部，东北走向，穿越津巴布韦的中心地区后，在东北部形成较大面积。这里地势起伏微缓，其间散布着一些岛山状丘陵。高草原地区就像是津巴布韦国土的脊梁，成为其境内的主要分水岭。多数河流发源于此，或向北流入赞比西河或向南流入林波波河。

中草原地区主要位于东北部地区，海拔900~1 200米，分布在高草原的两侧。

低草原地区一般海拔在900米以下，分布在中草原的外缘，地势平坦。这一地区包括两部分：其一是北部赞比西河流域的狭长地带；其二是南部林波波河与萨比河流域之间的广阔地区。

在地形和气候影响下，津巴布韦自然植被以热带稀树草原为主。大部分被热带草原林地覆盖，但在中部高原较高地带和东部山地的低坡地带呈现树木繁茂的热带稀树草原景象，在东部山地的上部有山林植被，而真正的热带森林则零星分布于东部地区的一些峡谷地带。大片的草地则分布于降水稀少的西北地区和中部地区。

（三）气候条件

津巴布韦是世界上气候最好的国家之一。虽然地处热带，但由于海拔高，气候温和，夏季不闷热，冬季不寒冷。全境大部份属热带草原气候，年均气温22℃，10月份温度最高，达32℃，7月份温度最低，约13～17℃，多年平均降雨量为685毫米。全年基本可分为雨季（夏季）和旱季（冬季），夏季从10月到年4月，平均气温为15～25℃。最热的时候为9—10月，中午气温可达35℃。冬季从5—8月，平均气温为10～15℃。

降雨在津巴布韦具有明显的季节性。夏季的11月至次年的3月为降雨季节，降雨集中且变率大。降雨的分布呈现出北部和东部多而南部、西部少的特点。西南部年降雨量350～700毫米，其中低洼地区少于350毫米；东北降水量较大，为700～1 000毫米，而东部山地的年降水量达1 000～2 000毫米；中部高原年降水量约1 000毫米左右。

（四）土地资源

津巴布韦国土面积中大约有82%为农业耕地（其中20万公顷为可灌溉耕地），13%是常年草原、森林和林地，5%为其他用途的土地。

津巴布韦的土壤母质主要为花岗岩、片麻岩以及其他少量的被称为金矿带、片岩带或绿片岩带的少部分岩石。因此津巴布韦有着丰富的矿产资源，有煤、铬、铁、石棉、金、银、锂、铌、铅、锌、锡、铀、铜、镍等。煤、铁、铬、石棉等矿藏以量多质好饮誉世界。煤蕴藏量约270亿吨。铁蕴藏量约2.5亿吨。铬和石棉的储量均很大。津巴布韦一直是疯狂掠夺非洲财富的西方殖民者的垂涎之地，独立前它被称为"英国王冠上的宝石"。

津巴布韦土壤类型以灰棕色或淡红色沙质为主，在金矿岩石上分布部分暗红色黏土，在弗赖地区（vlei areas）分布少量黑色黏土。由花岗岩和花岗片麻岩发育而来的沙土，土质疏松，土层深厚，通常超过 1 米，以沙粒为主，粉粒和黏粒含量不超过 10%，水易渗漏、不易管理。沙性土壤本身就不肥沃，由于高度的淋洗作用，土壤缺有机物、缺氮、缺磷、缺硫。由于一些土壤偏酸性，pH 值在 4.9 左右，人们常在种植作物前施入适量石灰来调整土壤的 pH 值。

二、人文与社会概况

（一）社会状况

津巴布韦共和国（Republic of Zimbabwe），1980 年 4 月 18 日独立建国，首都哈拉雷（Harare），独立前是英国殖民地，称为罗得西亚（Rhodesia）。津巴布韦人口约 1 300 万（2008 年），黑人占总人口的 99%，主要有绍纳族（占 79%）和恩德贝莱族（占 17%）两大民族。津巴布韦 58% 的人口信奉基督教，40% 信奉地方宗教，1% 信奉伊斯兰教。英语是津巴布韦的官方语言，主要语言还有绍纳语和恩德贝莱语。人口密度 29 人/每平方千米。大约 37% 的人口是城镇人口，63% 是农村人口（2008）。人口年增长率超过 1%～2.9% 不等，2008 年为 1.53%，其中 0～14 占岁 43.9%，15～64 岁占 52.2%，65 岁以上的占 3.9%。人口平均寿命 45.77 岁，其中男性 46.36 岁，女性 45.16 岁。

（二）行政区划

津巴布韦全国分为 8 个省，两个直辖市，下设 60 个区，14 个市镇。首都哈拉雷和第二大城市布拉瓦约市为直辖市。8 个省分别为：马尼卡兰省、中马绍纳兰省、东马绍纳兰省、西马绍纳兰省、马兴戈省、北马塔贝莱兰省、南马塔贝莱兰省和中部省。

三、经济发展状况

（一）经济发展概况

津巴布韦自然资源丰富，工农业基础较好。津巴布韦曾是非洲最富裕的国家之一，经济发展水平在南部非洲地区仅次于南非。农业、矿业和制造业为国民经济的三大支柱。正常年景粮食自给有余，烟草位居世界第三大出口国，花卉出口欧洲市场；工业制成品向周边国家出口，私有企业产值约占国内生产总值的80%。工业门类主要有金属和金属加工（占总产值25%）、食品加工（15%）、石油化工（13%）、饮料和卷烟（11%）、纺织（10%）、服装（8%）、造纸和印刷（6%）等。

2000年伊始，津巴布韦政府开始实行大规模的土地改革，强制没收大部分白人拥有的土地，造成境内大量白人农场主出走，使津巴布韦经济陷入混乱。国际货币基金组织（IMF）为首的西方资金援助债权国亦开始对津巴布韦实施经济制裁，纷纷搁置援助计划，导致津巴布韦经济持续负增长，呈现出"四高一负一少"（高通胀、高赤字、高负债、高失业、负增长和少外汇）的困难局面。据2008年统计，津币最大面额为100万亿津元，通胀率为231 000 000%，失业率为94%，GDP 19.59亿美元（世界排名第183名），人均188美元（世界排名第178名），外债总额高达40多亿美元。更为严重的是津巴布韦缺粮严重，1/3以上的人口食不果腹，国内有700多万人急需食品援助，部分生活必需品及燃料严重匮乏，全国至少有80%的人口陷入贫穷。2009年下半年起，经济开始有所好转。

自2009年开始，津政府一方面停用本国货币、采用以美元和南非兰特为主的多国货币支付体系；另一方面推出一系列经济振兴方案，使生产得以发展。恶性通货膨胀得以抑制，至2009年下半年经济首次实现10年以来的正增长（增长率为3.7%）。商品供应充足。

然而，由于国内经济积重难返，气候连年干旱，党派政见不一，西方制裁仍在继续，使津巴布韦主要经济指标仍处于极低水平，截至2009年10月底，津巴布韦外债达54.17亿美元，其中政府长期债务36.044万美元，到期未偿付款项占到总额度的70%。

（二）经济构成

1. 农 业

农业是国民经济的基础。津巴布韦主要粮食和经济作物有玉米、小麦、高粱、大豆、花生、烟草、棉花、咖啡、甘蔗和茶叶等。畜牧业以养牛为主。2000年，农业提供了100%的国家食物需求，给70%的人口提供了劳动就业机会，提供了60%的工业初级产品和45%的国家外汇收入，占GDP的20%。2000年以后，农业持续萎缩，农业占GDP的比重亦有所下降（2009年为18.5%），并出现了较为严重的饥荒。

2. 矿业

矿业是津巴布韦重要的经济组成之一，矿产品主要为黄金、镍、铜、锌和铅；工业用矿产品包括石灰石、磷酸盐、黏土和白云石等。近年来矿产值一般占GDP的4%~10%左右，津巴布韦每年约40%的外汇收入依靠矿产品及其相关产品的出口所得（包括钢铁和铁铬合金等）。

3. 制造加工业

津巴布韦已形成规模较大、门类齐全的制造加工业。全国有工厂企业近2 000家，生产从食品、服装到五金、电器和汽车（组装）等约8 000种产品，主要有金属和金属加工（占工业总产值25%）、食品加工（15%）、石油化工（13%）、饮料和卷烟（11%）、纺织（10%）、服装（8%）以及造纸和印刷（6%）等。近年来制造业的产值约占GDP的15%~20%，约占商品出口的40%。津巴布韦的制造加工业与国民经济其他部门有着广泛的的联系，特别是与农业和矿业的联系密切。

4. 旅游业

津巴布韦旅游景点众多，主要包括维多利亚瀑布、万吉国家公园、卡里巴大坝、大津巴布韦遗址以及东部高地等，全国有70多家星级旅馆，26个国家公园和野生动物保护区。旅游业已成为津主要创汇产业之一，其收入约占GDP比重的6%。受政府"东向政策"的影响，近年来亚洲游客剧增。

5. 邮电通信业

津巴布韦邮电通讯业基础较好，并正在发展和不断改善之中。全国所有城镇都有电话相通，大部分城市有国际直拨电话，所有城乡都设有邮电业务。与世界上150多个国家和地区建立自动直拨业务，大大提高了津巴布韦整体电讯能力。津巴布韦移动电话网已覆盖主要城市和旅游景点。津巴布韦邮电公司还为国内所有地区和43个国际大城市提供特快专递服务（EMS），在48小时（国内）或72小时（国际）内将邮件送达目的地。

6. 交通运输业

津巴布韦的主要交通方式为铁路、公路和航空。海运主要通过南非和莫桑比克的港口。津巴布韦铁路全长4 300千米，铁路网贯通全国主要城市及东西南北边境，主要担负着国家货运任务。但由于经济状况恶化，铁路得不到维修，通车里程大幅缩短。目前人们的出行一般是汽车。

津巴布韦国家级公路总长度为 19 000 千米，约 8 500 千米为沥青路面，其余为沙石和土质路面。公路路面质量较好，全国城镇之间都通汽车，津巴布韦同周边邻国之间均有直接公路货运业务。津巴布韦拥有国家航空公司、捷运航空公司、国家空运公司和几家私人航空公司，有 3 个国际机场分布在哈拉雷、布拉瓦约和维多利亚瀑布，以及 5 个民用机场，定期航班可飞抵中国三大城市（北京、广州和香港）和一些友好国家的主要城市。

7. 电力

津巴布韦电力总装机容量约 200 万千瓦，主要电站有万吉火电站（158 万千瓦）、卡里巴湖南岸水电站（67 万千瓦）和哈拉雷、布拉瓦约、穆尼亚提三个小火电站（共 38 万千瓦），此外还有一些私人小型发电机发电。不过，由于设备老化、缺乏维护或水量不足等原因，实际发电量还不足 100 万千瓦，而津巴布韦用电需求量约为 140 万千瓦，因此津巴布韦每年要从周边国家进口 1/3 的实际用电量。

8. 建筑业

近年来，由于经济发展缓慢，投资少，建筑材料价格大幅度上涨，因而建筑业不景气，建筑业仅占 GDP 的 2% 左右。同建筑业有关的土地和房屋不动产价格也比较低，差不多是南部非洲国家平均价格的 65% 左右。但近几年来不动产价格已开始回升，有较大幅度的上涨。

9. 纺织业

纺织业具有良好的基础，设备均为进口，较为先进，并拥有相应的织造和印染能力。过去纺织品和成衣不仅能满足本国需要，并向其他国家和地区出口。1990 年以来津巴布韦纺织业出现较大滑坡，大量注册工厂和公司倒闭。近几年来津巴布韦纺织业逐步走向复苏。

第二部分 津巴布韦农业发展概况

一、津巴布韦农业在国民经济中的地位

(一) 国内生产总值及农业产值

自 1998 年以来,津巴布韦的经济严重滑波。根据联合国粮农组织的报告,人均 GDP 几年来持续下降,从 2001 年的 214 美元下降到 2008 年的 145 美元,2009 年仍呈下降趋势。GDP 从 1998 年到 2006 年之间萎缩约 42%。失业率很高。

2002 年前,75% 的人口为贫困人口,42% 为特困人口。经历过连续几年的作物欠收之后,生活用品上涨。贫困人口进一步扩大到农业部门的工人、农场职工等。农业 GDP 从 2001 年到 2008 年连续 8 年为负增长,平均 -8.44%。最低年份为 2002 年,增长率为 -22.7%。2009 年农业 GDP 有所好转,由负增长变为正增长。

2001—2009 年津巴布韦国内生产总值及农业产值情况见表 1。

表 1 2001—2009 年津巴布韦国内生产总值及农业产值情况

项 目	2001	2002	2003	2004	2005	2006	2007	2008	2009
人均 GDP (USD 购买力平价)	214	204	185	182	174	170	165	145	降低
农业 GDP 增长率 (%)	-3.9	-22.7	-1.0	-2.9	-10.0	-4.5	-5.0	-17.5	正的
实际 GDP 的变动 (% 同比)	-8.4	-5.6	-10.6	-4.2	-7.7	-4.6	-5.5	-12.6	从负变略为正
消费物价通胀平均 (%)	75	135	385	381	267	1 034	12 563	5 600 万	接近于零
农产品出口占总额的 %	39	36	31	23	21	14	22	23	
出口总额 (USD 百万)	2 114	1 802	1 670	1 684	1 606	1 533	1 804	1 651	
进口总额 (USD 百万)	1 791	1 821	1 778	1 989	1 994	2 000	2 113	2 630	
贸易逆差 (USD 百万)	-323	18	108	305	388	467	310	979	
总外债 (USD 10 亿)	3.6	3.9	4.5	4.8	4.3	4.7	5.3	6.0	

（二）耕地数量、农户生产规模

经过2000年的快速土地改革运动后，津巴布韦目前共有六种类型的农场，即村社农场、旧定居者农场、A1型农场、A2型农场、大型商业农场和小型商业农场。

2007年，全国共有农户148.4万户，耕地总面积为472.6万公顷，但实际利用和种植的耕地面积仅有291万公顷，土地利用率62%。

土地规模因农场类型不同而有较大的差别。村社农户拥有平均2.1公顷/户；旧定居者农户拥有5公顷/户；A1型农户拥有5公顷/户，A2型农户拥有100～200公顷土地；大型商业农场、小型商业农场拥有土地规模在1 000公顷以上。2009年，农户数量、总耕地、耕种土地面积和土地利用率分别为153.1万户、473.5万公顷、327.9公顷和69%。

（三）主要农作物种植面积及产量

津巴布韦种植的主要农作物有玉米、高粱、珍珠谷、手指谷、小麦、花生、烟草、棉花、大豆、食用豆、向日葵、红薯、爱尔兰土豆和水稻。玉米是津巴布韦人的主食，是种植面积最大的作物。2006—2010年的5年间平均种植面积、总产和单产分别为1 641 289公顷、1 095 653吨和661千克/公顷。各主要作物从2006—2010年的5年间的平均种植面积、总产和单产见表2。

表2 2006—2010年津巴布韦主要农作物生产情况

品名	面积（公顷）	总产（吨）	单产（千克/公顷）
玉米	1 641 288.60	1 095 653.20	661.16
高粱	309 359.00	109 702.91	356.76
珍珠谷	158 231.00	38 774.86	234.94
手指谷	70 329.00	19 615.62	269.89
小麦	32 802.00	108 508.50	3 275.00
花生	305 923.20	148 507.80	477.32
食用豆	49 032.40	23 792.80	452.58
辣椒	3 931.00	2 410.50	569.57
棉花	338 815.40	217 646.60	632.28
烟草	53 406.40	68 377.20	1 273.75
大豆	64 517.00	83 393.20	1 315.56
向日葵	54 575.00	20 176.20	344.06
大麦	7 238.00	32 570.00	4 500.00

（续表）

品　名	面积（公顷）	总产（吨）	单产（千克/公顷）
豌　豆	69 330.00	27 939.99	403.00
红　薯	50 790.00	176 749.20	3 480.00
爱尔兰土豆	4 050.00	32 724.00	8 080.00
水　稻	4 130.00	1 734.60	420.00

二、农业行政管理体系

津巴布韦的农业行政管理最高部门是农业、机械和灌溉发展部（以下简称农业部）。部级领导包括部长、副部长（暂缺）和常秘等。农业部下设9个司和一些具有国有性质的企业（Parastatals）。9个司分别为农业科技推广司、机械灌溉发展司、研究专家服务司、兽医服务与畜牧生产司四个专业司和经济与市场司、人力资源司、金融财政管理司、审计司和农业教育与农民培训司5个综合司。

部属国有企业机构为9个，分别为谷物市场销售局（Grain Marketing board）、冷冻贮藏公司（Cold Storage Company）、烟草销售局（Tobacco Marketing Board）、烟草研究所（Tobacco Research Board）、生猪生产局（The Pig Industry Board）、农业银行（Agribank）、农业农村发展局（The Agricultural and Rural Development Authority）、农业研究理事会（The Agricultural Research Council）和农业营销局（the Agricultural Marketing Arthority）。

津巴布韦与农业有关的政策、政府的农业计划、项目以及国外农业援助资金是通过农业部下达到各省及相应的有关部门，予以落实与实施。其中涉及到农业市场、农业投入、农产品销售、分配等，由经济与市场司协调9个具有国营性质的企业进行实施和落实。整个农业行政管理体系是比较完善和健全的。近年来津巴布韦经济不景气，出现拖欠职工工资等问题，大量的农业人才流失，而新招募的人员由于经验缺乏；同时由于缺乏办公经费，办公场所简陋、缺乏办公设备和办公用品以及交通工具等，使得现有的农业管理体系的运转效率低下。

津巴布韦农业、机械化和灌溉发展部组织机构见图1。

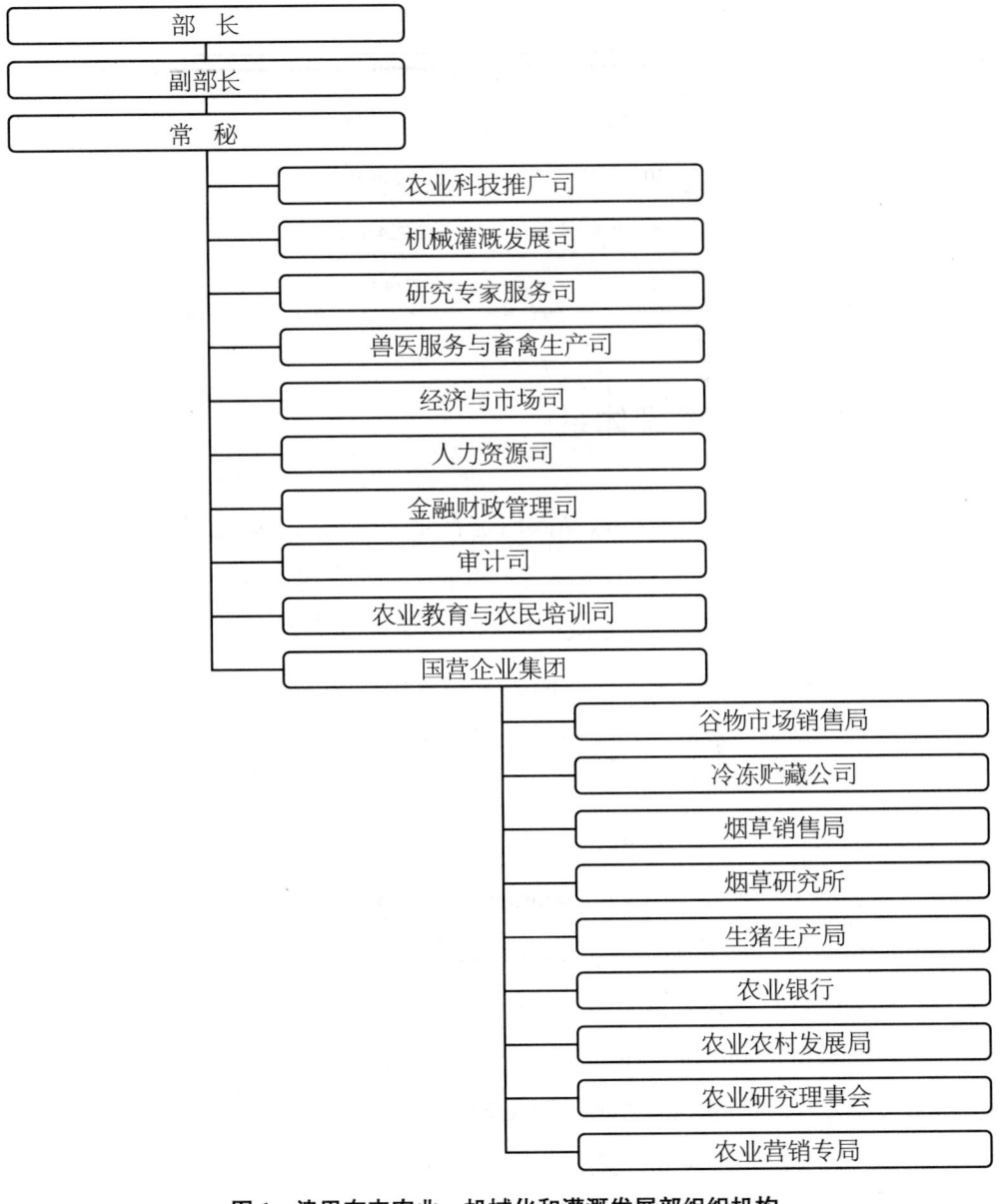

图 1 津巴布韦农业、机械化和灌溉发展部组织机构

三、农业经营管理体制

津巴布韦的农业经营管理体制的运行与其他发展中国家有相似之处，处于一种变化的状态。从 20 世纪 30 年代的国家控制经营逐渐转变为 90 年代后期的放开市场完全自由经营。但由于土地改革以及同期产生的粮食危机，国家又改变了政策，重新参与了市场经营，对商品的价格体系进行国家干预，对一些农业经营部门的结构和机构在原来的基础上进行了根本性的调整。

第一阶段

这一阶段为 1930—1980 年。殖民地时期，农业经营管理全部由国家控制，从土地的分配、农业科学技术研究、市场管理与服务、农产品价格、农业投入、资助、国内外贸易、经济作物的种植面积与销售、以及农业政策的制定等，都是由白人主导的。当然受益的也是白人。村社农民没有从市场中获得利益。这种国家控制的、单一的经营管理体制限制了竞争，尤其是限制了村社农场经济的发展和私人贸易。

第二阶段

这一阶段为 1980—1990 年，是津巴布韦独立的第一个 10 年。虽然基础设施和社会服务的发展改善了人民的生活条件，但是国家依然高度控制着市场经济，限制了农村的进一步发展和农村工业化。独立后的农产品价格和农业投入虽然促进了农业生产的发展，产量得到了提高，但是农业发展仍然缓慢。而且由国营企业高度控制农产品的流通阻碍了农产品的贸易。

第三阶段

这一阶段为 20 世纪 90 年代，农业市场经营放开。农业市场开放是津巴布韦经济结构调整的第一批的领域，农业企业在产品价格、经营决策等方面有了自主经营的权利。农业市场自主经营对农民、农村贸易、城市消费者都产生了积极的作用，同时也缓解了国营农业企业的债务等问题，取得了积极的效果。

第四阶段

这一阶段为 2000 年以后。国家完全放开的农业市场经营导致了私人垄断的出现，出现了一些损害生产者和消费者的利益的行为。为了保护生产、消费和流通领域合法权益，也由于玉米和小麦在国家经济中具有战略重要地位，而且两种农产品对津巴布韦人粮食安全起着非常的重要作用，国家又重新对玉米和小麦的市场和价格实施了垄断和控制。

四、农业基础设施与装备

（一）农田水利设施及灌溉

1. 基本概况

津巴布韦的地面水以河流为主，全国划分为 7 个流域区。全国平均年降雨量685毫米，水资源总量12.6亿立方千米，总库容为480亿立方米。国家仅管理水资源的25%，约120亿立方米水。

津巴布韦按降雨量分为5个自然分区。分别为：自然分区Ⅰ区，专业化和多元化农业区；自然分区Ⅱ区，集约化农业区；自然分区Ⅲ区，半集约化农业区；自然分区Ⅵ区，半粗放式农业区；自然分区Ⅴ区，粗放农业区。即使是在降雨量较充足的自然分区Ⅰ和Ⅱ区的来说，也需要一些灌溉设施作为补充。全国有160万公顷土地适合于发展灌溉设施，Zambezi河和Kariba湖的水量可以满足100万公顷的灌溉的需要。

经过2000年土改运动，灌溉工程配套设施遭到破坏，长期得不到维修。土地改革后新安置的农户和新农场主缺少水利设施维修资金，农田灌溉价格昂贵（电价比中国国内高6～7倍，农田灌溉设施及其配件价格相当于国内7～8倍，1米35平方毫米的动力普通电缆为35美元；电费为每度0.5～0.7美元）。一方面电价已达0.7美元/千瓦时，另一方面粮食价格由国家定价，价格偏低。尤其在干旱地区，如果没有灌溉设施保证，农作物产量不高，农民因此缺乏种粮的积极性。津巴布韦的单位灌溉设施工程费用估算见表3。

表3　单位灌溉设施工程费用估算　　（单位：美元/公顷）

灌溉方式	工程直接	安装	运行和管理
地面灌溉	10 000	4 500	375
喷灌	8 500	3 000	500
滴灌	13 000	6 000	250

在国家长期发展规划中，计划每年发展10 000公顷的灌溉设施。除此之外，政府还计划每年修复或恢复使用5 000公顷的现有水利设施。国家还有着开发修建赞比西灌渠的宏大计划。如果该计划得到实施，可覆盖160万～200万公顷土地，形成旱涝保收的粮仓。

目前全国实际灌溉面积约150 000公顷，累计配套面积约200 000公顷。灌溉方式以喷灌为主。滴灌等节水灌溉近几年发展较快，平移式喷灌机已经停止发展。

2. 管理机构与职能

历史沿革

在2000年土地改革以前，津巴布韦的农田灌溉工作由水利土地部（Ministry of Land and Water Resources）统一管理。2003—2007年，目前的灌溉司隶属于水资源和城乡发展部（Ministry of Water Resources and Rural Development）。2008年灌溉司划归到现在的农业、机械化及灌溉发展部（Ministry of Agriculture, Mechanization and Irrigation Development）。其他管理水利资源的部门还有水资源部（Ministry of Water）和国家水源管理总局（Zimbabwe National Water Authority）。

灌溉司组织机构

灌溉司由7个职能部门组成，分别为：秘书处、办公室、规划设计处、农水管理处、机电处、水利经济处和人力资源处。下设机构有：津巴布韦农田灌溉技术支持中心和培训中心（Zimbabwe Irrigation Technology Centre 简称ZITC），包括4个相对独立的培训中心、测试中心、研究中心、实验中心等，各中心设立总工程师1人，由灌溉司分管司长负责。农业部灌溉司组织机构见图2。

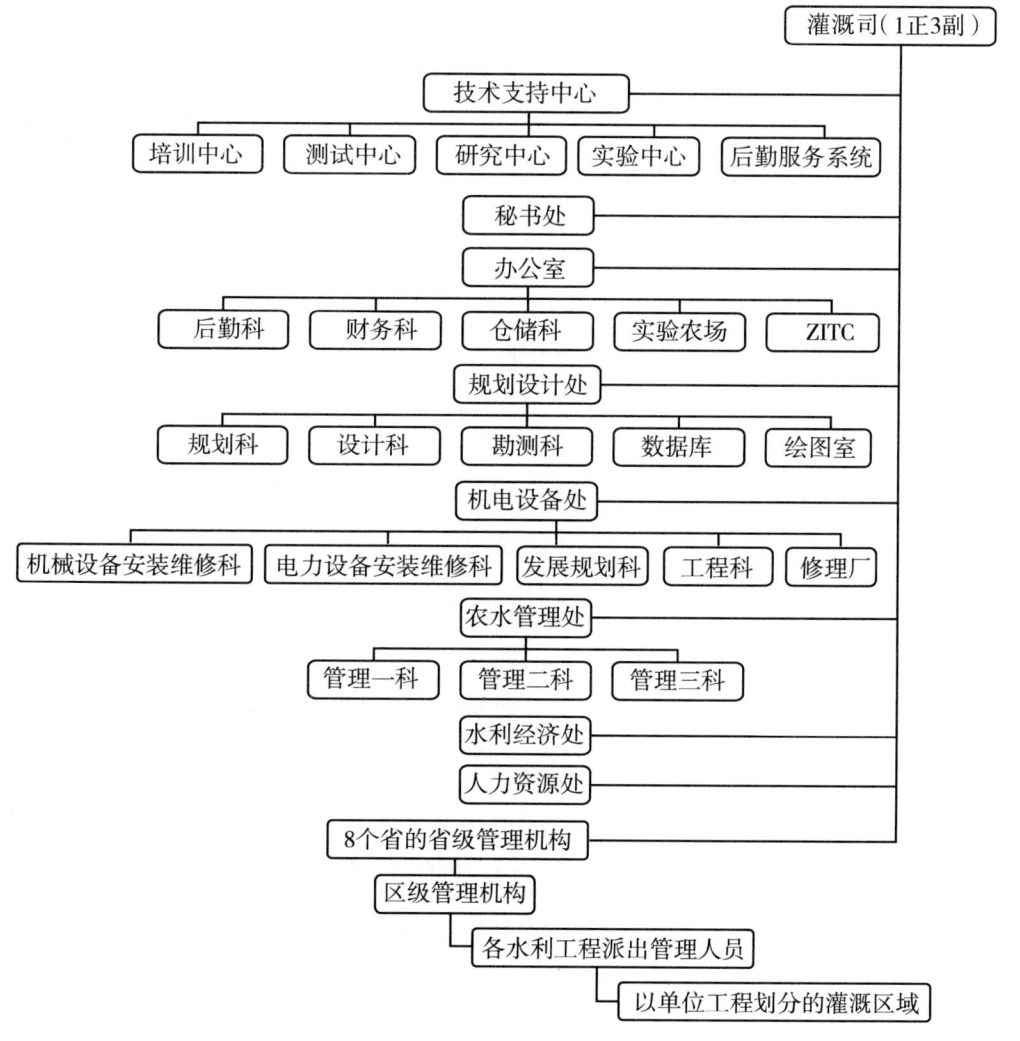

图2　农业部灌溉司组织机构

津巴布韦农业、机械化与灌溉发展部有一名负责水利的副部长。灌溉司的司长主持水利灌溉的日常工作。3个副司长分工为：常务副司长负责规划、设计、培训、研究、实验等；第二副司长负责工程和项目的具体实施、执行等；另一副司长负责各省的具体业务检查、落实和监督等。

各省设有专门的水利办公中心，有专职人员3～5人。省以下又分为若干个区，一般为7～8个不等，每个地区根据灌区的多少和大小等配置3～5人专管，基本上是每一个国家管理的水利工程都有一个专门的管理机构（在津巴布韦还有许多私人或机构管理的水利设施，不属于灌溉司管理）。

灌溉司职能

灌溉司的主要职能为：全国农田灌溉工程的规划、设计、施工、维修、养护的行政管理工作。津巴布韦没有专门的灌溉设计服务事业机构。灌溉司同时承担政府有关灌溉工程的技术工作。由于灌溉司属于行政和技术机构，大部分官员除了处理行政管理事务外，同时也承担技术任务，主要负责灌溉的规划、设计工作，勘测和施工放线的具体业务也由灌溉司承担。灌溉工程项目的可行性报告和项目调查都由灌溉司分管的副司长亲自带队驻扎现场，收集资料，测量绘图，设计计算，编写报告。但水库、大坝等水工建筑物的设计、建造则归属于水资源部，水资源部设有专门的水工设计、实验机构。

3. 先进的小农户联合体灌溉管理经验

津巴布韦的"小农户联合体灌溉管理经验"曾被FAO推荐为灌溉管理先进模式之一，即NEGOMO模式，该模式确实有许多先进经验值得学习。

Negomo是一个由A1型农户组成的类似于中国互助组形式的小型灌溉组织。成员都是在2000年土地改革后获得土地的小农户，或由政府统一安置的村社农户或工程移民。

该项水利工程在1990年进行可行性研究，1996年由德国出资援建。1998年，11月开始运转。该项目采用国家资助、农业部灌溉司指导、农户自主管理的形式。由于有了灌溉设施，当地的复种指数达到了145%。

为切实发挥该水利工程的效益，项目的管理由最初的管理委员会转到了由农户自己组成的灌溉管理组织。由于项目涉及到小农户的自身的利益，在项目的管理上进行了有益的探索，并取得了一些经验（表4）。

表 4 津巴布韦"小农户联合体灌溉管理经验"

项 目	过 去	现 在
项目管理	项目管理和工程管理组合在一起。	项目管理从灌溉工程管理中分离。工程管理通过一个专业团队进行，提供技术和经费支持，而不介入运行和具体项目管理。
工程管理	由项目管理委员会指定的一个工程管理机构管理；该管理委员会对农户水平的具体管理极不负责，也无有能力顾及。	由农户组成的灌溉管理组织。他们熟悉农户需要的灌溉技术，各灌溉小区熟悉他们的小区管理，而且熟悉他们的习惯、规则、制度和收费等具体事务。
技术服务	由项目管理委员会提供农业生产和其他有关的一系列服务。	由农户组成的灌溉管理组织提供服务；服务包括信用担保、采购、运输、市场、收费等一系列活动。
技术援助的角色	技术援助主要通过培训来进行。	农户自己更加明白自己需要什么技术，通过农户自主管理组织提出和进行培训，他们了解技术咨询的内容和要求。
农户组织的建立	不确定注册为一个独立的联合管理组织；法律上讲需要改组织机构能承担独立法人应承担的一切相关事务，但又没有完全授予其权利。	走访农户，他们愿意成立一个具有独立法人地位的灌溉管理机构来处理一切事务。该机构是灌区水平的具体办事机构，由农户组成，应得到相关的技术支持和行政保障。
水 费	水费征收压力不大。系统的长期管理费用和折旧费用应该由项目管理委员会支付，工程管理人员的工资由工程基金支付。	一个工程其收益应该由农户全部承担，水费应该包括还本和付息等项目。如果水费不能按时征收，电费就不能支付，水泵就不能运转，灌溉就停止了。因此，每个农户都明确自己的职责，要承担水费。
附加税费	由管理委员会的来支付服务附加费用。不再分配到各个农户。	由政府和农户之间的合同确定农户所交的附加税费。如果农户不上缴，则政府将不负担该项费用。
金融管理	由管理委员会来管理。	由农户灌溉管理委员会管理。
种植模式	由管理委员会来管理。种植模式由工程项目设计确定。其决策来源于现金流向、产值、以及高产值、高风险、市场等强烈支持因素。	由农户自己确定。根据市场和资金等风险由农户自己决定。工程项目根据情况和农户讨论当地情况和出口情况，农户自己确定种植模式。
种植密度	由市场进出口情况以及推广、示范等方式推进和提高。	灌溉水费的征收促进了农户加大种植密度，推广仅提供相应支持。
推 广	推广仅仅提供特定的作物技术层面的专业技术推广。	推广的着眼点在农产品改良的农艺管理、经济管理、成本分析、质量管理、流通管理、以及市场价格管理等。
市 场	由管理委员会在工程项目设计时所确定，向农户推广实施。	无论个人还是互助组，都要认识市场熟悉市场，根据市场的需求来确定对策。工程机构支持由合同确定，个人不能独立或游离于合同之外。
发展道路	可以设想，该区大多数农户在单一方向共同发展，走同一条道路。	每一成员可以根据自己的能力走自己的发展道路。在灌溉区内进行表彰、示范、推广那些收益好、交费及时地农户。使大家都得到发展。

4. 农田基本建设存在的主要问题

一是津巴布韦的农田基本建设基础薄弱。气候的变迁导致降雨减少和分布的不均匀性，使得津巴布韦农业连连遭遇自然灾害。据有关资料，灌溉农田玉米产量为5.8吨/公顷，而旱地为1.6吨/公顷。可见发展现代农业是津巴布韦粮食安全的首要任务。而现代农业的发展是离不开农田灌溉的。农业是粮食安全的基础，而农田灌溉则是农业的命脉。

二是水资源开采严重不足。据资料记载，津巴布韦年地表水总量为11.26亿立方千米，地下水总量为6.0亿立方千米，年可开采水资源总量为12.26亿立方千米；而目前仅开发利用3.7亿立方千米，仅为30.18%。

三是曾经的先进农田灌溉经验和技术，主要集中于大型商业化农场，但未能普及推广于全民发展极端不平衡。特别是A1、A2及原住民社区，缺乏农业种植技术水平，缺失现代农业理念。津巴布韦的农田灌溉研究曾经处于世界领先地位。农田灌溉的许多理论和目前正在广泛使用的实验设备和经验公式均源于津巴布韦的农田灌溉实验中心（设在布拉瓦约市）。但由于管理和资金问题，在布拉瓦约市已寻找不到现代农田灌溉的踪影了。

四是高扬程提水、高压喷灌受制于世界能源价格的快速上升。由于许多喷灌灌区的设计是建立在高耗能的高压提水喷灌设计基础之上。所以世界能源价格上涨过快以及西方对津巴布韦农产品出口的封锁后，导致目前农田灌溉出现很大的困难。由于缺乏灌溉设施，粮食产量并没有随着农民的投入的增加而增加，收益甚微。由于不能及时交纳电费和管理费用，影响到目前许多灌区的运行和维修。导致设备停用、丢失、损毁，灌区停止运转。

五是大量水利工程配套滞后，10 000多座小型水库未能用于农田灌溉和综合开发而闲置。由于后期投入较少和产权问题，致使大量小型水库未用于灌溉和综合开发，形成一边是水库绿水潋滟，一边是荒草萋萋，宝贵的水源白白蒸发，干涸的作物得不到灌溉。

六是小农户灌溉管理发展不平衡，先进典型没能及时推广应用。水库多建造于低地，而忽略了因地制宜，高建低用，尽量发展自流灌溉。津巴布韦的小农户灌溉管理居于世界领先水平，受FAO推荐和表彰推广；但在津巴布韦却未能推广普及。虽然缺少资金是一个主要原因，但理念的转变可能更为重要。

（二）农业机械

在土地改革运动前，大型商业化农场的农业机械一应俱全，包括耕地机械、收获机械和灌溉设施。但村社农户的依然沿用传统的农业种植方式。

2004年，拖拉机耕地面积达到了全国可耕地面积的5%，而到2009年，全国只有2%的可耕地的面积是用拖拉机整地和机械播种的。

2000年，全国共有20 000台（套）可使用的拖拉机，当时在每个区还建有农机服务站，这些区级服务站拥有2 000多台（套）的农用机械，为农民提供犁地等农业生产方面的服务。

2009年，全国拖拉机的数量下降到了14 000台，其中4 000台（套）是津巴布韦的储备银行在2007—2008年从中国和巴西进口的。其余的10 000台拖拉机只有三分之一能够正常使用。各区级农机服务中心的拖拉机的数量也大幅减少。农民使用拖拉机需要支付较高的费用，每公顷的犁地价格为70美元。所进口4 000台拖拉机大部分为80马力，都分给了A2型（小型商业农场）中使用。第一批进口的925台拖拉机配套有586部犁具、463台耙、226台喷水机和一些收割机械、施肥机和播种机等。但所配套的设备与拖拉机不相匹配，没有充分发挥其效能。

拖拉机的燃料也存在一些问题。政府曾一度采用补贴柴油的办法，调动农民的积极性，以促进农业生产。但农民在购买了补贴的柴油后，很少用于农业生产的目的，而是用于非农生产目的。政府于是在2009年初停止了柴油补贴计划。一些老老实实从事农业生产的农民受到了严重的影响。

目前，津巴布韦的中央银行正在制定相应的政策，为农民，特别是为小农户使用农业机械提供方便。首先，将在主要农耕区建立农用机械修理站，帮助农民修理和保养拖拉机，保证正常使用；二是政府将充分重视农业机械零部件的生产和进口，保证供应；三是将加强拖拉机手的培训工作。在农业种植区域将建立或使用已有的培训设施，常年提供农业机械方面的培训。

五、农业科技与教育

（一）农业科技推广

1. 各级农业推广部门情况

国家级（National），负责单位是津巴布韦农业部农技推广司，包括农业经营与市场部、农学部、农业培训与信息部、土地利用规划与园艺部等5个部门，约有50余人。

省级（Provincial），全国共有8个省，每个省都设有技术推广部门，分别为马绍纳兰西省、马绍纳兰中省、马绍纳兰东省、马尼卡兰省、中部省、马兴戈省、马特贝莱北省和马特贝莱南省等省级农业技术推广办公室。每个省级农业技术推广办公室都设省级农业推广专家。

区级（Districts），全国共有60个区级农技推广办公室。

乡级（Wards），全国共有180个乡镇级农业技术推广办公室。乡级农业技术推广人员数量不等，每个乡约有1~5名推广技术人员。共拥有380名农业技术推广监督管理人员。这380名农业技术推广监督管理人员负责监督和管理5 200个村级农业技术推广人员及工作。全国农业技术推广部门组织机构见图3。

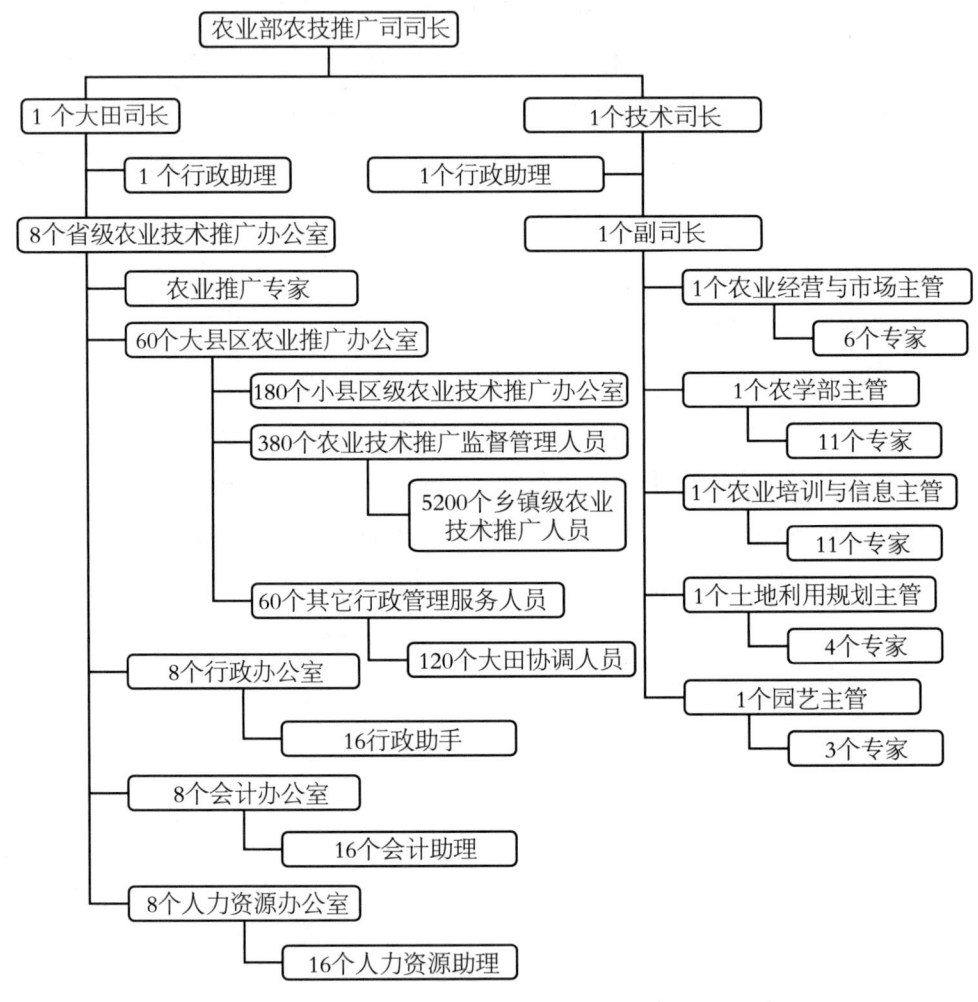

图3　全国农业技术推广部门组织机构

2. 农业推广技术支撑

津巴布韦农业部农业技术推广司全面负责农业技术的推广工作。下设五个管理部门，分别为农业经营与市场部、农学部、农业培训与信息部和土地利用规划与园艺部。每个部门由数量不等的各学科专家组成，主要任务是：一是提供农业技术培训、服务、推广、农业项目的实施、植物新品种的推介和农业信息的宣传等;二是收集农业生产中出现的难点、存在的问题以及农民的需求,解决农民生产中存在的实际问题。

3. 技术推广部门

津巴布韦农业推广工作者与农民的比率是1∶800,推广人员数量严重不足。近年来,由于本国经济状况不佳,大量的推广人员流失,越是基层单位人员流失越严重。因此,国家每年都需要补充和新增大量的基层农技推广人员。这些新增人员缺乏农业生产经验,缺乏与其他农技推广人员的交往和联系,缺乏与农民的接触和了解,工作比较被动。

国家和省级推广人员车辆有限,而在区县级的农技推广人员只有摩托车和自行车,且数量有限,乡镇一级的农技推广人员绝大多数都是步行。严重影响了农业技术推广服务的质量和数量。

农技推广人员的办公条件较差,电脑稀缺。即使是农业部的农业技术推广司的人员也是多人共用一台电脑。农业部图书馆的农业图书信息与资料多是1980—1990年代的出版物,最近几年的农业资料与数据非常少。

尽管经济条件较差,但是津巴布韦的农业科技推广部门还是做了许多工作,主要有:

个体服务:主要由农业技术推广部门负责,该部门的工作人员通过定期访问农户,为农户传授新品种、新信息、新技术、新设备,解决农业生产上出现的问题。收集农业生产上面临的困难、农业生产技术上需要改善和提高的技术问题等,汇报给高层农业专家寻找答案,将解决办法反馈给农民。

成组服务:把边远、交通不便地区的农户集合起来形成小组,由农业技术推广部门派出技术人员,上门对服务区域农户进行技术服务。

专业农民培训计划:农业部农业技术推广司对小农户的领导或推选出的代表进行培训,使他们掌握一定的农业基础知识和种植技术,再由他们进一步为其他小农户提供技术服务。

大田培训:由农业技术推广司、非政府组织以及大田展示协会等技术推广单位共同组成,以田间开放展示日和其他多种形式向农民示范大田作物新品种、作物栽培新技术以及传授生产经验等,鼓励农户模仿和学习。

交流参观:由农业部农业技术推广司与其他机构一起组织不同区域的农民相互参观,交流彼此发展农业成功经验。

学习小组：由津巴布韦农民协会与瑞典联合会创办的学习圈活动，农民形成小组，定期聚会，同时农业专家参与其中。这样的学习圈为农民提供了一个相互交流、相互学习的平台。

推广信息服务：通过电视、广播、分发印刷品等形式，把农业新技术、新信息传授给农民。

（二）农业科研及教育

津巴布韦政府非常重视农业的科研和教育工作，设有各类研究所、研究中心和研究站，如农业研究所，土壤化学研究所，生物统计局，农业研究协会，咖啡研究站，棉花研究所，作物育种研究所，兽医服务部，林业委员会，林业研究中心，草原研究站，园艺研究中心，低草地研究站，植物保护研究所，烟草研究站，蔗糖联合试验站等。这些研究机构与生产密切结合，并服务于生产，也是情报中心和种植者的良师益友，也可以称之为作物和动物的医生或顾问。每个研究机构不仅负责掌握国内有关的资料，还要及时了解国际的信息，重要情报并及时反馈到有关部门和农场。

津巴布韦有一支训练有素的农业队伍，这与重视农业教育是分不开的。农场主必须要有农业学院文凭并从事农业工作两年以上的人才可以申请开办农场。个体农民，特别是从事经济作物生产的农民，如烟农和棉农必须取得专业种植训练毕业合格证。津巴布韦的农业教育已有相当的历史，除设有3所公立农业学院，即圭比农业学院、姆列朱农业学院、奇别罗农业学院外，还有两所私立农学院：库辛卡菲克列拉农学院和奥廷托农学院。此外，还设有短训班和在职技术教育体系。学院学制原为3年，近年来进行了学制改革，缩短至2年。短期训练班有各种档次，如烟草栽培短训班专门培训烟草生产技术人员，学制1年。两所农业师资培训学院专门培训农业中专师资，学生第一年和第三年在校学习理论知识，第二年和第四年则派到全国各地的农业学校进行教学实习。

在职农业教育主要由农业技术培训分部主管，培训方式多种多样，培训时间视具体课程安排而定，一般数天到数周不等。在农村，还有青年培训中心，是专门为离开学校的青年人举办的。学员既学习农业知识，也学习其他学科和一些专业技能。农业学院的全部课程分为4个主修专业，即作物栽培、家畜饲养、农业工程和农场管理。主修专业还随着农业发展的实际需要逐步扩大。

津巴布韦与其他非洲国家相比，虽然重视农业科研与教育，也取得了好的成果，但由于近年来经济的不景气，科教人员待遇差，大量的农业人才流失。

由于科教资金短缺，设备条件得不到维护和更新，影响科研和教学质量。

津巴布韦的农业研究与专家服务司隶属于农业部，由农业部的常秘、部长助理领导，下设3三个司和生物统计和计算机服务研究所。3个司分别为动物和草原研究司、农作物研究司和农业研究和服务司。动物和草原研究司包括Matopos、Henderson、Grasslands和Makoholi 4个研究所；农作物研究司包括棉花研究所、咖啡研究所、园艺研究所、作物栽培研究所、作物育种研究所和低草原半干旱农业研究所；农业研究和服务司包括土化研究所、植物保护研究所、检疫管理部、种子管理部、国家植物园、种质资源部和信息服务部。

津巴布韦的农业研究与专家服务司组织机构见图4。津巴布韦农业研究所名称及主要任务见表5。

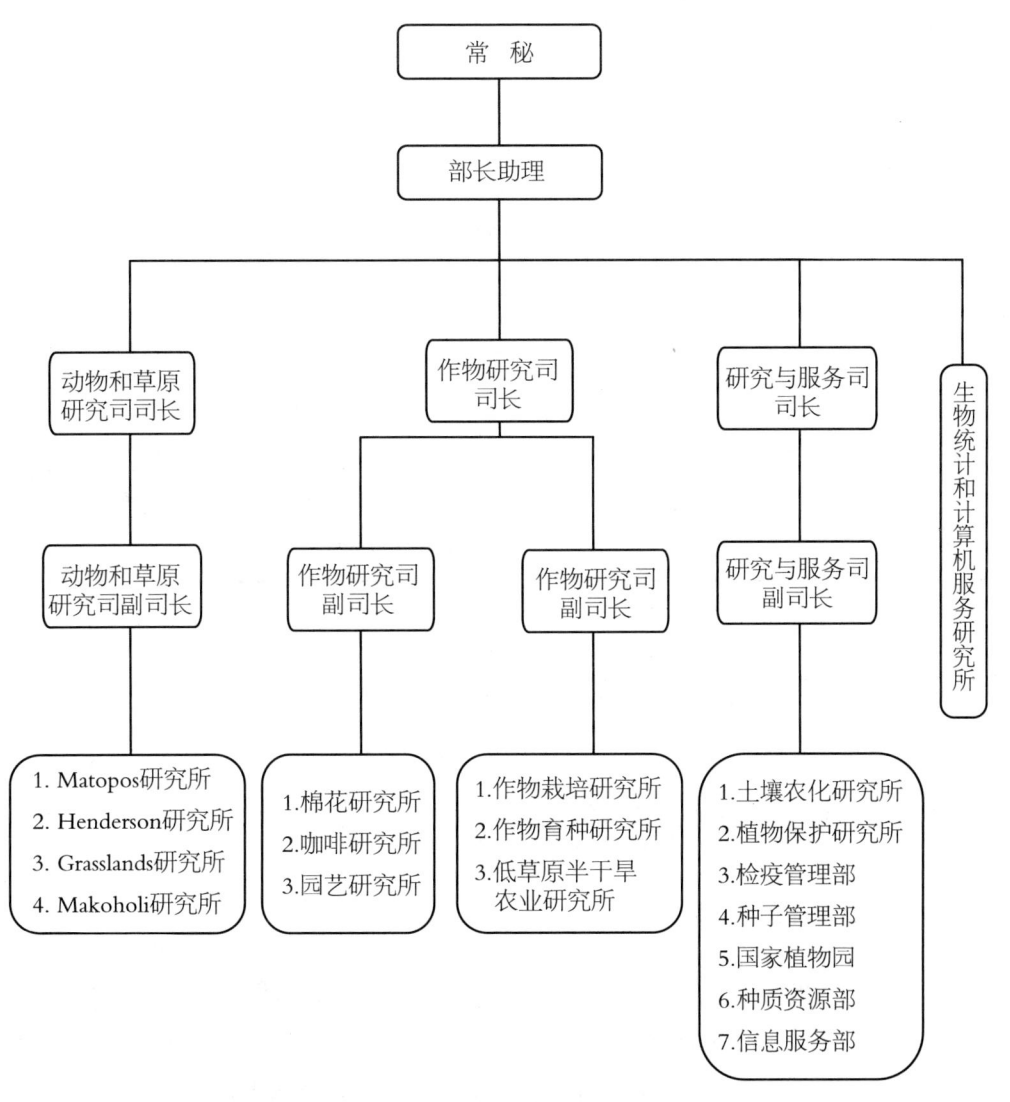

图4 津巴布韦的农业研究与专家服务司组织机构

表5 津巴布韦农业研究所名称及主要任务

单位名称	所在地	科研人员	主要职能
作物栽培研究所	单位所在地：Harare 下设：Shamva 试验站 Mazowe 杂草试验站 4个生产农场	75	在Ⅱ、Ⅲ、Ⅳ三个自然区域内开展大田谷类作物、食用和工业油料作物、豆类作物、块根块茎类作物的生产技术研究。主要开展播种时间、肥料运筹、种植密度、草害防治及作物轮作复种研究。
作物育种研究所	单位所在地：Harare 下设：Gwebi 作物品种试验中心	49	主要开展大田谷类作物、食用和工业油料作物、豆类作物、块根块茎类作物的新品种选育、保种，并提供育种家种子。该所是全国唯一的土豆和bambara groundnut保种和育种家种子的供种单位。
低草原干旱研究所	单位所在地 Chiredzi 下设：Chisumbanje 试验站 Save Valley 试验站	38	主要研究第Ⅴ自然区域的干旱半干旱生产农艺技术及园艺技术。重点开展小规模商业农场作物生产的土壤和水分综合管理技术，小规模商业农场园艺作物微灌技术，大规模作物生产的灌溉技术。它的三个研究单位：Chiredzi 研究所代表红黏壤土类型，Chisumbanje 试验站代表。
棉花研究所	单位所在地：Kadoma	28	主要开棉花作物的新品种选育、保种，并提供育种家种子。当前津巴布韦种植的棉花品种都是由该研究所培育的。该研究所还研究棉花病虫害防治及高产栽培技术，并为棉农提供技术咨询服务。
咖啡研究所	单位所在地：Chipinge 下设：Piringani 试验农场	13	主要开展咖啡病虫害防治及咖啡高产优质栽培技术研究。该所是津巴布韦咖啡生产的种子和种苗的唯一供种单位。
园艺研究所	单位所在地 Marondera 下设：Nyanga 试验站	22	主要开展蔬菜、果树及花卉等园艺作物种植技术研究。该所还嫁接繁殖落叶的果树苗提供给果农，提供甘薯和草莓的脱毒苗，并生产和销售蔬菜种子，并为种植户提供技术咨询服务。
遗传资源与生物技术所	单位所在地：Harare	8	主要负责国家植物种子资源的收集、分类和保存，包括作物种子的冷藏及田间营养体的繁殖保存。生物技术室是刚成立的部门，待引进合适的科研人员后，将逐步开展工作。

六、农产品生产与加工

（一）农业生产劳动力及农资投入概况

1. 农业人口及农业劳动力

农业人口数量及分布：津巴布韦的农村总人口为 9 294 726 人，社区农场的人口数量最多，达 7 811 748 人，大规模商业农场主的数量最少，仅有 4 800 人；旧定居者农场、小规模商业农场、A1 型和 A2 型四个农场人口数量分别为 454 182 人、51 000 人、874 686 人和 98 310 人。农业劳动力的技术素质状况：

津巴布韦劳动力的技术素质与津巴布韦长期以来的土地所有制形式一样呈两极分化状态。大规模商业农场和 A2 型农场，占整个津巴布韦农场数量的 1.1%，他们拥有现代农业生产和农业经营管理理念，雇佣着两类的劳动力：一类是技术劳动力；另一类是普通劳动力。技术劳动力技术素质非常高，基本上都受过专门技术培训，包括作物生产、农业经营、市场信息、农产品加工与贸易等各方面的专业技术人员，这些人员在自己的专业领域技术知识扎实，实践经验丰富，并且有一定地管理才能；普通劳动力占的比例比较大，仅能识字和书写，能够在专业技术人员的指导和培训下，按照操作规程进行操作或从事体力劳动。由于近年来经济不景气，农业生产收益低下，许多农场缩小规模，雇佣的劳动力数量锐减，劳动力素质也有所下降。村社农户和新安置的农场，占津巴布韦农户总数的 96.8%，绝大多数农场主本身受教育程度偏低，仅能识字和书写，其中只有少部分人员通过了津巴布韦农业部为期二年的农民农业培训，农业生产知识十分有限。

农业劳动力价格：2009 年津巴布韦劳动力价格平均为 2 美元/天。由于交通费用较高，限制了劳动力的流动。村社农场的劳动力过剩，而在大型商业农场和 A2 型农场的劳动力缺乏，从而使劳动力工资的可变性增加。在农闲季节，劳动力价格也与农忙时的价格有差异。由于农产品价格由国家控制，导致农业效益低下，农场主难以承担劳动力的高工资，宁愿少种地。劳动力也不愿到低工资的农场工作。不同地域的劳动力工资也有差别，如位于南部的马特贝莱北省高于中部省，而北部的马绍纳兰西省 Makonde 区的工资最低。从事不同工作的劳动力的价格也有区别，有 1.5 美元/天（油菜），有 1.6 美元/天（如烟草、棉花），也有 2 美元/天（小麦）。临时除草工的价格为 1~2 美元/天。粮食运输的价格（从农场到谷物销售局）为 1 美元/吨。

2. 主要农资产品价格

农资价格包括种子、化肥、农药、农田灌溉设施和农用柴油、汽油价格等。详见表 6。

表 6　2009 年津巴布韦主要农资产品价格

项目	价格（美元）	项目	价格（美元）
种 子		农 药	
玉米种子杂交种	0.5/kg	玉米杀虫剂（敌百虫 2.5%）	16/4kg
玉米种子自然授粉种子	1.4/kg	大豆杀虫剂硫丹	4/升

续表

项 目	价格（美元）	项 目	价格（美元）
大豆种子	12/10kg	大豆杀虫剂 Cabaryl 85WP	4/L
高粱种子	0.75/kg	麦田杀虫剂 Monochrotophos	13.5/L
小麦种子	1.2/kg	高粱杀虫剂 Dimethoate	7/kg
向日葵种子	2/kg	高粱杀虫剂 Dipterex	7/kg
棉花种子	2.75/kg	棉花杀虫剂	
花生种子	2/kg	a. Carbaryl 85WP	4/kg
油菜种子	100/kg	b. Endosulfan 35MO	4/L
化 肥		c. Fenvaletrate	9/L
复合肥 D（玉米、小麦等）	0.58/kg	d. Dimethoate 40EC	7/L
复合肥 L（大豆、向日葵、棉花）	0.9/kg	e. Triazophos 40EC	12/L
复合肥 C（烟草）	0.8/kg	f. Molasses	5/L
复合肥 s	0.8/kg	油菜防治病虫	
硝酸铵	0.6～0.8/kg	a.Mancozeb，	10/kg
		b.Dimethoate 40EC，	7/L
豆科作物接种剂		c.Cypermethrin，	10/L
大豆接种剂	5/1 袋（公顷）	除草剂	
花生接种剂	10/2 袋（1 公顷）	大豆除草剂（Lasochlor）	28/3.5L
大田 Ph 调节用石灰		麦田除草剂	
石 灰	0.3～0.5/kg	a. MCPA	12/L
农田灌溉		b. Banvel	15/L
麦田灌溉	0.01/m³		
农机油	3～3.5/L		

（二）种植业生产

1. 农作物类型、分布、面积和产量潜力

津巴布韦栽培的农作物种类较多，主要有玉米、高粱、珍珠谷、小（大）麦、花生、烟草、棉花、大豆、食用豆、向日葵、红薯、爱尔兰土豆和水稻等。津巴布韦虽然位于热带，但由于其海拔比较高，气候条件较为适合农作物生产。津巴布韦的降雨具有明显的季节性，不同生态区之间差异大，是影响农作物分布的最重要因素。

马绍纳兰东省、马绍纳兰中省和马绍纳兰西省三省的年降水量较大（750～1 000 毫米），土壤（沙壤土）相对肥沃，温度条件充足（年均温 18.4℃），是经济基础较雄厚的区域。有的农场还有灌溉条件。这里是津巴布韦的"面包

篮子"，是农业生产集约化区，各种农作物、家禽、家畜都在这里种植和饲养，而且生产潜力很大。

中部省降水（500～700毫米）、土壤（酸性沙土）条件、经济状况相对较差，还有季节性干旱等自然灾害，作物生产潜力不大。

马尼卡兰省降水（1 000毫米以上）多于东、中、西的马绍纳兰三个省，但温度偏低（年均温18.2℃），土地以红黏土为主，但多为山地。是农业生产集约化区，种植有茶、咖啡等经济作物，各种农作物、家禽、家畜都在这里种植和饲养，而且生产潜力很大。

马兴戈省（年均温19.4℃）、马特贝莱南省和马特贝莱北省（年均温18.9℃）三个省温度高，降水量最低（600毫米以下）、土壤为贫瘠的沙土、经济基础薄弱，适合于畜牧业的发展，种植业生产潜力最小。

谷类作物

津巴布韦的8个省都种植玉米。玉米按其生育期可分为两个类型：

一是生育期长的品种（130～170天），主要分布在马绍纳兰东省、马绍纳兰中省、马绍纳兰西省和马尼卡兰省。

二是生育期短的品种（90～130天），主要分布在中部省、马兴戈省、马特贝莱南省和马特贝莱北省，在马绍纳兰东省、马绍纳兰中省、马绍纳兰西省和马尼卡兰省也有分布。

在马绍兰纳东省、马绍兰纳中省、马绍纳兰西省、马尼卡兰省4个省，玉米种植面积分别为243 993公顷、179 840公顷、263 621公顷和237 051公顷，这4个省降水量较大，土壤相对肥沃，玉米生产水平较高。在有补充灌溉条件的大规模商业农场，玉米生产水平达10吨/公顷；在村社农场，灌溉条件、土壤状况等较差，生产水平较低。

中部省玉米种植面积最大，408 569公顷，产量潜力中等，在大型商业农场，产量潜力可达6吨/公顷。

马兴戈省玉米种植面积229 888公顷。马特贝兰南省和马特贝兰北省种植面积分别为100 937和139 644公顷，热量充分。在有灌溉条件的地方，产量潜力较高。

津巴布韦的8个省都种植小麦。在马绍兰纳东省、马绍兰纳中省、马绍纳兰西省、马尼卡兰省4个省降雨较多，河网分布较广，水坝较多，便于发展灌溉，适于农作物生长，常年小麦播种面积占全国小麦播种面积的80%以上。在灌溉条件较好的大规模商业农场，小麦生产水平达6吨/公顷以上。

高粱种植主要分布在较干旱的马兴戈省，面积达 94 281 公顷；马绍纳兰西省种植最少，仅有 9 145 公顷，但产量潜力最高。

珍珠谷在马兴戈省、马特贝莱南省和马特贝莱北省分布面积大。这种作物也适合这里的环境条件。手指谷，马绍纳兰东省、马尼卡兰省、中部省和马兴格省手指谷种植面积最大。

除马特贝兰北省外，水稻在其他七个省都有种植，但主要集中分布在马绍纳兰东、马尼卡兰、马兴戈三省，三省种植面积占全国的 85%。

经济作物

烟草在马绍纳兰西省和马绍纳兰中省种植面积最大，分别为 27 606 和 55 693 公顷，占总烟草种植面积的 28% 和 56%。在马绍纳兰东省、马尼卡兰省有少许种植，种植面积只有 7 000 多公顷。而马特贝兰北省和马特贝兰南省则没有烟草种植。

棉花主要分布在中部省、马绍纳兰中省、马绍纳兰西省和马兴戈省等省种植，其中中部省的面积最大，达 152 540 公顷，占到 43%。

油料作物

花生的种植面积除了马特贝莱北省和马特贝莱南省种植面积少以外，其余省份种植面积相差不是很大，以中部省和马兴格省面积最大，分别为 106 668 和 90 593 公顷，占播种总面积的 24% 和 21%。

大豆在全国各地都有种植，以马特贝莱南省最少，仅 103 公顷。而在马绍纳兰西省和马绍纳兰中省种植面积最大，分别占到总面积的 39% 和 29%。

向日葵的种植主要分布在马兴戈省、马特贝莱北省和马特贝莱南等省，在马绍纳兰西省、马绍纳兰中省、马绍纳兰东省、马尼卡兰省和中部省的种植面积分别为 14%、16%、18%、18% 和 31%；

食用豆

食用豆在津巴布韦八个省都有种植，以马绍纳兰西省、马绍纳兰中省、马绍纳兰东省和马尼卡兰省种植面积较大，分别占总面积的 25%、20%、19% 和 22%。

其他作物

津巴布韦种植的其他作物包括爱尔兰土豆、红薯、巴巴拉豆、碗豆、辣椒、木薯等。

2. 主要农作物的种植面积、单产、总产量

玉 米

玉米是津巴布韦的主要粮食作物。由于津巴布韦曾经大量出口玉米，用于换取外汇，又称该国为非洲的"面包篮子"。从生产者的人数、种植面积以及总产等方面，玉米在种植业中占居首位。玉米产量的大约64%用作食物，22%作为畜禽饲料，14%作为其他工业原料。

玉米对干旱比较敏感，其生长季节的气候变化，特别是降水的多少与分布，对玉米产量会产生很大的影响。

1980—2010年的31年间，玉米种植面积平均为138万公顷，平均单产为1.12吨/公顷。1992年种植面积最少，只有88万公顷，该年降雨量仅有335.2毫米。1992年以后，虽然不同年份之间上下有波动，但总体呈逐年增加趋势。2010年种植面积最大，达到了180.4万公顷。特别是从1997年开始，单产大幅下降，由1.2吨/公顷下降到2008年的0.27吨/公顷。2009—2010年单产有所上升，但仍远低于多年的平均值（图5）。

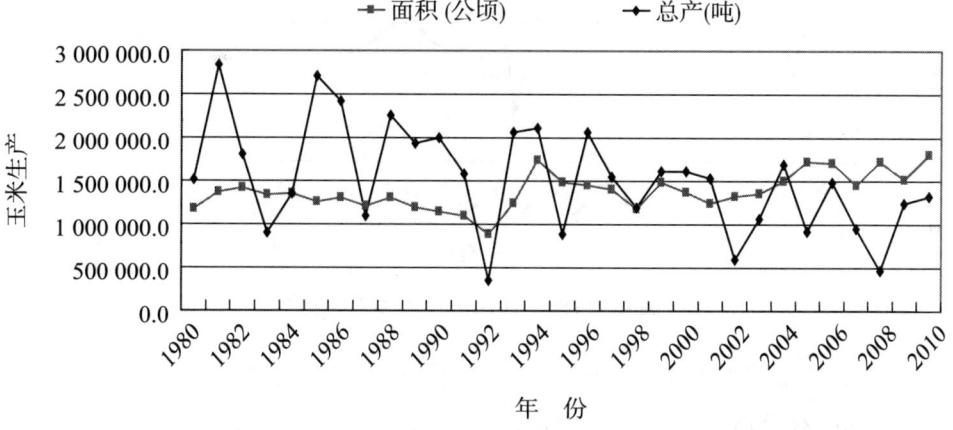

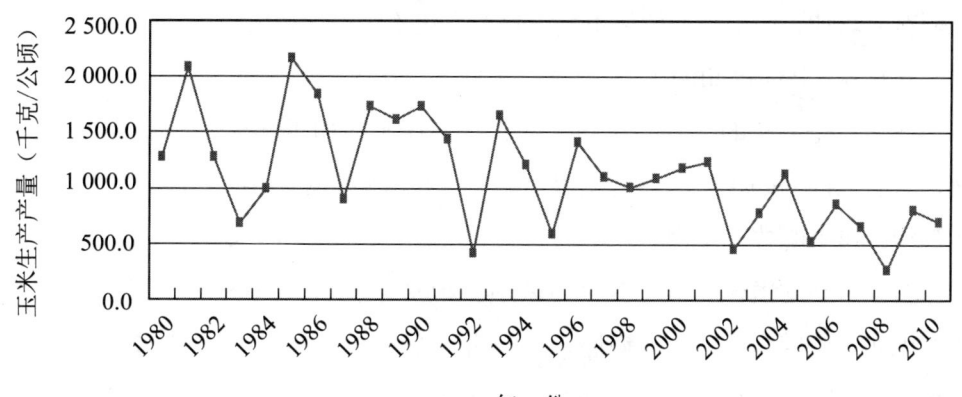

图 5　1980—2010年玉米生产趋势

玉米总产量平均为152万吨/年。多年来，总产量变化差距很大，产量最少的年份为1992年，仅为36.1万吨。产量最高的年份是1981年，达283.3万吨，总产的增加与减少与单产密切相关，即单产高的年份总产亦高。但2010年，玉米单产虽然不高，但由于种植面积的增大，总产有所增加。

高 粱

高粱是津巴布韦第二大农作物，种植面积保持在18.1万公顷。1992年，种植面积最小，仅6.4万公顷，其主要原因是该年的降雨量是31年间最少的降水量。2002年，种植面积只有8.2万公顷，到2010年增加到38.7万公顷。2009年种植面积最多，达38.9万公顷。高粱的单产不稳定，31年来的平均产量为395.4千克/公顷。最低的年份为1983年，仅157千克/公顷，其次为1992年的162千克/公顷。单产最高年份是1988年，达766千克/公顷（图6）。

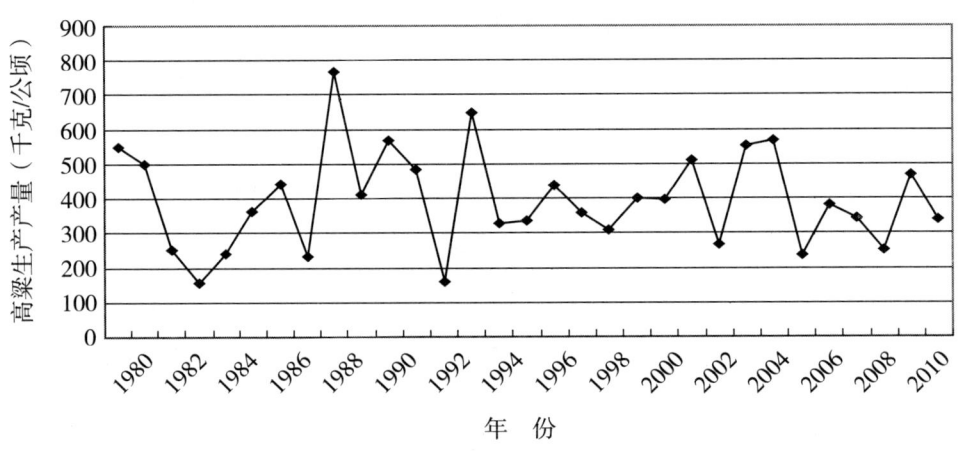

图6　1980—2010年高粱生产趋势

高粱总产量基本上比较稳定，多年的平均产量为7.1万吨/年。产量最低的年份是1992年，仅有1万吨；最高年份为2009年，达到18.1万吨。尽管种植面积有所增加，由于单产始终不高，总产变化不大。

珍珠谷（Pearl Millet）

珍珠谷是谷子的一种，也叫非洲谷，是在非洲和印度次大陆常见的一种作物，有着长而密的花序。具有抗旱、耐瘠、抗酸碱、耐高温的特性，适应性强，也是津巴布韦的救灾作物。

多年来平均播种面积在14.9万公顷。2002年种植面积最少，仅6.5万公顷。因津巴布韦的粮食安全受到威胁，2002年以后播种面积显著增加。2010年种植面积达到19万公顷，是种植面积的峰值年。

珍珠谷产量不高，单产平均189.7千克/公顷。2002年单产最低，仅有61

千克/公顷。2009年达到330千克/公顷。总产量平均为3万吨/年。1996—2002年总产呈下降趋势，而且十分明显。2002年以后，随着种植面积的增加和单产的提高，总产量也有所增加（图7）。这对于缓解津巴布韦粮食紧缺状况起到了一定的作用。

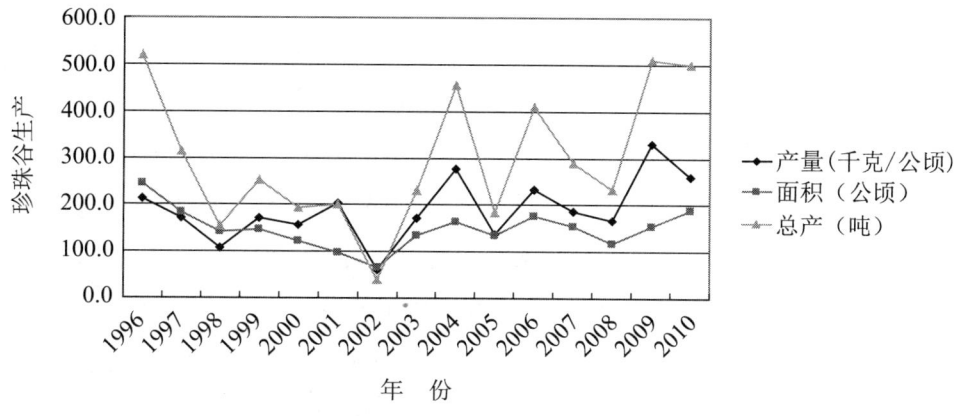

图7　1996—2010年珍珠谷生产趋势

手指谷

手指谷是一种粒小、耐旱、易于贮存的谷物，是在非洲冷凉和高海拔地区广泛分布的一种作物。

多年来，平均种植面积达5.1万公顷。2000年种植面积最少，仅3万公顷，以后种植面积稳步增加，2009年达到10.1万公顷。平均单产为335.3千克/公顷。2002年以前总产虽然起伏较大，但单产较高，达392千克/公顷。2002年单产最低，仅151千克/公顷。2003年，单产最高，达到518千克/公顷。但是在2003年以后，单产明显下降。平均的总产量多年来保持在1.66万吨/年。2003年以后虽然单产有所下降，但随着播种面积的增加，总产量还是比较稳定（图8）。

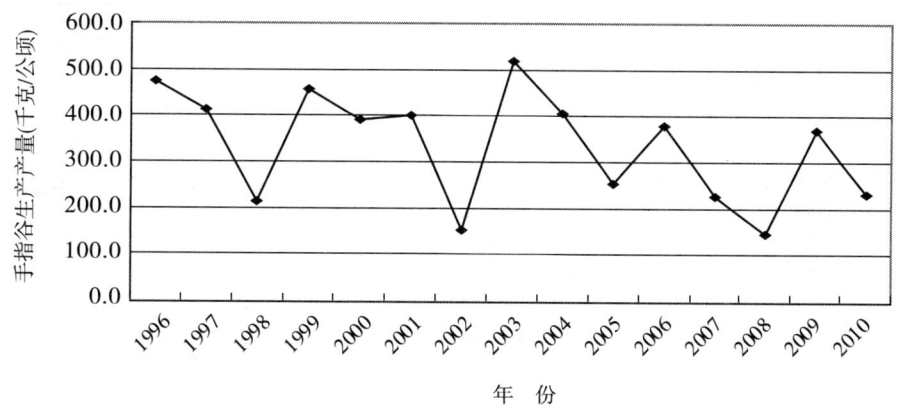

图8　1996—2010年手指谷生产趋势

棉 花

棉花是津巴布韦第二大出口农产品,在津巴布韦的农业中占有特殊的地位。

31年来,棉花平均种植面积保持在25.4万公顷。但种植面积一直在增加。从1980年的8.99万公顷增加到2010年的26.11万公顷,平均每年增加0.57万公顷,其中2008年种植面积高达43.1万公顷。

虽然种植面积增加,但棉花单产一直处于下降趋势。1992以前较高,平均单产为1 228千克/公顷。但从1992年开始,除了1996年和2004年单产分别为1 006千克/公顷和1 098千克/公顷外,其余年份单产没有超过1 000千克/公顷。1992年因降雨量极少,单产很低(只有323千克/公顷)。1992—2010年,9年间的平均年单产仅705千克/公顷。主要原因是津巴布韦实行了土地改革政策,出现了很多小农户。很多的小农户开始种植棉花,种植的面积增加了,但由于小农户缺乏棉花种植技术,如棉田中棉株群体偏少、种植过晚、防虫不到位等,严重地影响了棉花产量的提高。棉花总产平均为21.4万吨/年。1992年之前,棉花总产由于播种面积的增加而增加,产量相对比较稳定(图9)。

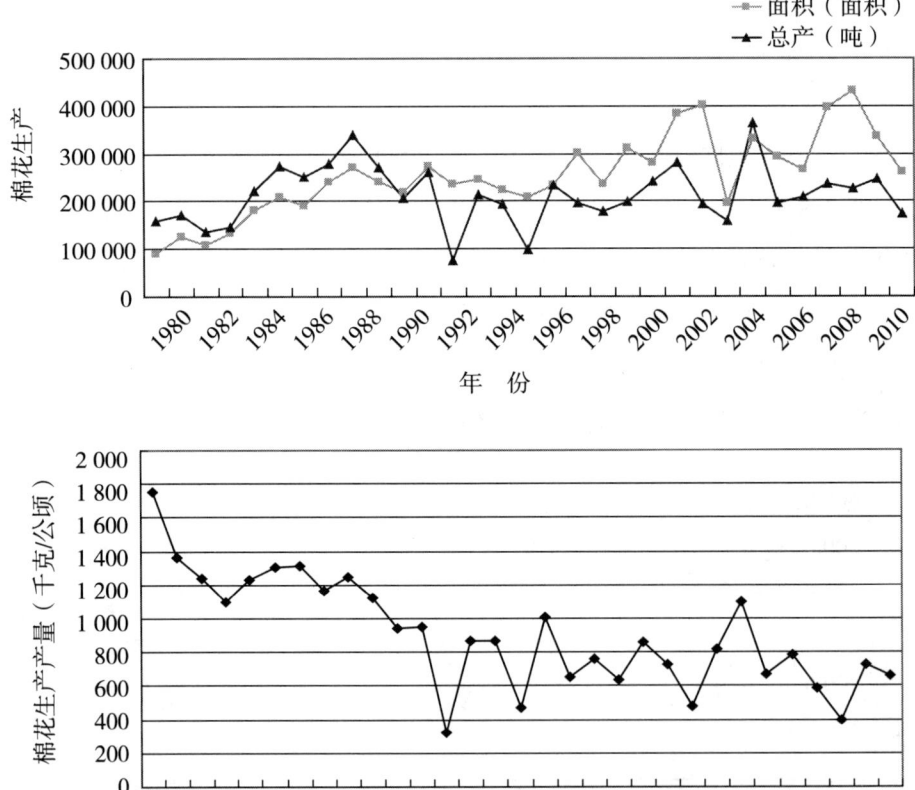

图9 1980—2010年棉花生产趋势

烟 草

烟草是津巴布韦第一大出口创汇农产品，和棉花并称津巴布韦经济发展的引擎。津巴布韦的烟草以其高品质、成熟时的香味和色泽好驰名世界。津巴布韦生产烟草的98%出口到世界80多个国家和地区。20世纪90年代，津巴布韦成为世界上第二大烟草出口国。1990—2001年期间，烟草出口占到津巴布韦创汇总值的33%以上，占到GDP的12%，直接和间接吸纳就业人数达一百万之多。

烟草的种植面积多年来保持在6.35万公顷。2001年以前种植面积较大，种植面积稳定在6.94万～8.32万公顷之间，平均年种植面积为7.66万公顷。从2001年开始，种植面积连续下降，从当时的6.94万公顷下降到2006年的3.89万公顷。2007、2008和2010年3年间的种植面积有所回升，但依然没有达到2000年以前的面积（图10）。

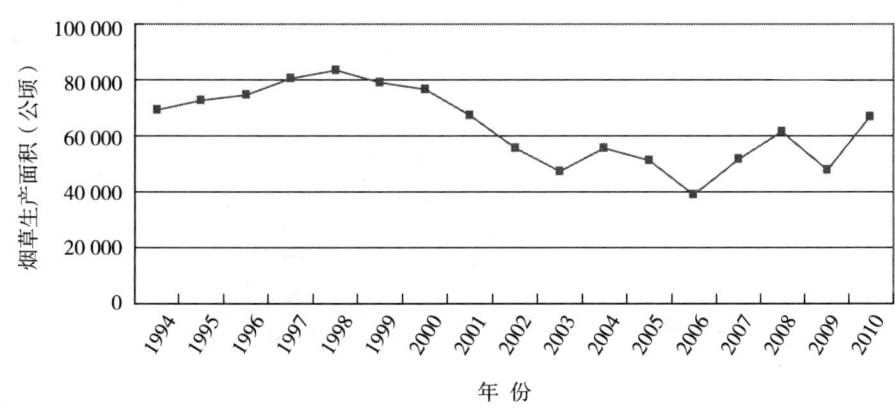

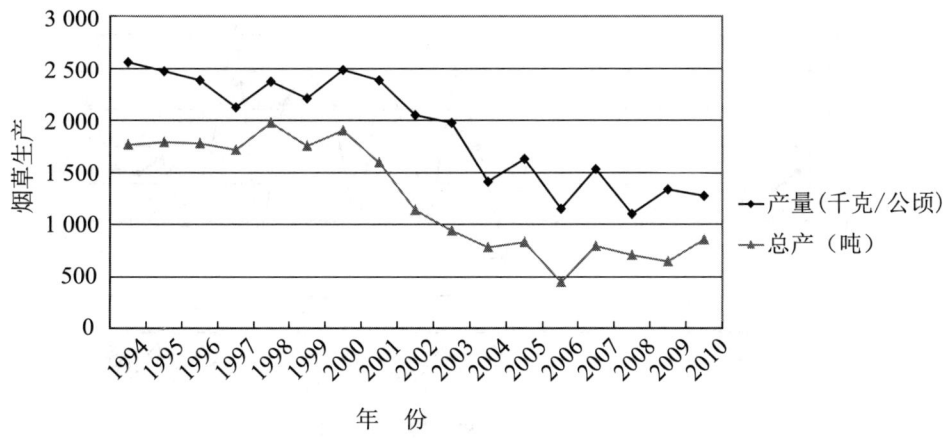

图10　1994—2010年烟草生产趋势

津巴布韦烟草的单产是有变化的。2002年以前，产量高且稳定，平均单产为2.372千克/公顷。从2002年开始，单产连年下降，从当年的2 044千克/公顷下降到2010年的1 270千克/公顷，平均每年下降96.75千克/公顷。

烟草总产量的变化与单产基本一致。2002年以前，总产高且稳定，平均17.8万吨/年。2002年以后，总产由11.4万吨直降到2006年的4.4万吨。2006年以后，因播种面积的增加，总产量虽有所增加，但远未达到2002年以前的水平。

花 生

花生是津巴布韦重要的油料作物。多年来花生的播种面积波动较大，平均播种面积为20.2万公顷。2003年播种面积最少，只有10.5万公顷。但从2003年开始播种面积连年增加，在2010年达到最高的42.5万公顷。花生的平均单产为467.4千克/公顷。1983年和1984年单产分别为166和167千克/公顷。2003年产量到达最高的823千克/公顷。总产量受播种面积影响较大，平均在9.2万吨。1984年是产量的低谷年，只有2.5万吨。2009年又猛增到21.7万吨（图11）。

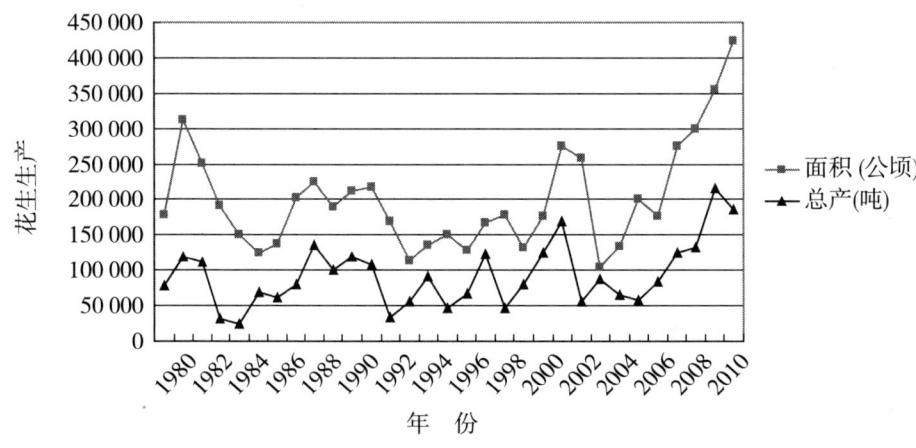

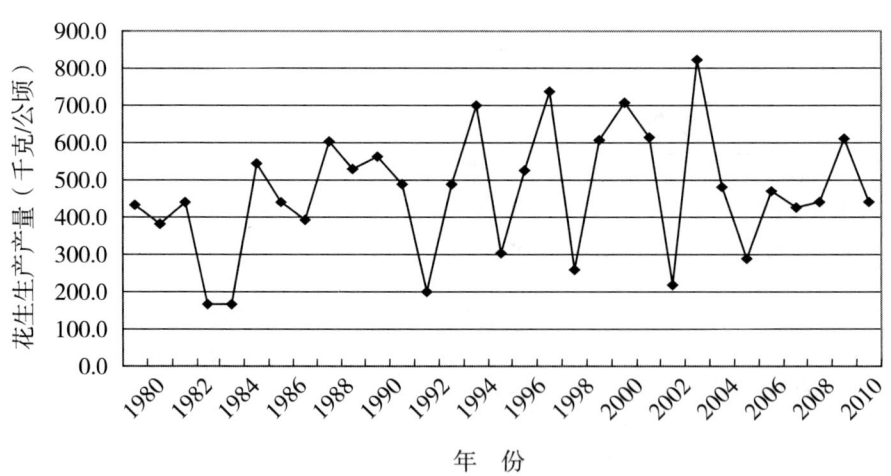

图11 1980—2010年花生生产趋势

大 豆

津巴布韦的大豆种植面积随着年份的变化有一定的波动。2003年以前的种植面积除个别年份（如1981年4万公顷，1993年3.25万公顷）偏少外基本保持稳定，在5万～6万公顷之间。随后种植面积逐渐增加，从4万公顷到8.5万公顷之间。平均年播种面积为5.43万公顷。2003年是种植面积最少的年份，仅2.54万公顷；种植面积最多的年份是2009年，达8.52万公顷。

大豆的单产多年平均在1 714.6 kg/公顷。其产量的变化可分为三个阶段：1993年以前产量比较平稳，平均单产1 684千克/公顷；1993年到2001年以前，产量较高且稳定，平均2 036千克/公顷，最高年份产量与最低年份产量仅相差601千克/公顷；从2002年开始，产量呈下降趋势，从1 647千克/公顷下降到2008年的仅660千克/公顷。虽然2009和2010年的产量有所回升，但远远未达到2002年以前的水平（图12）。

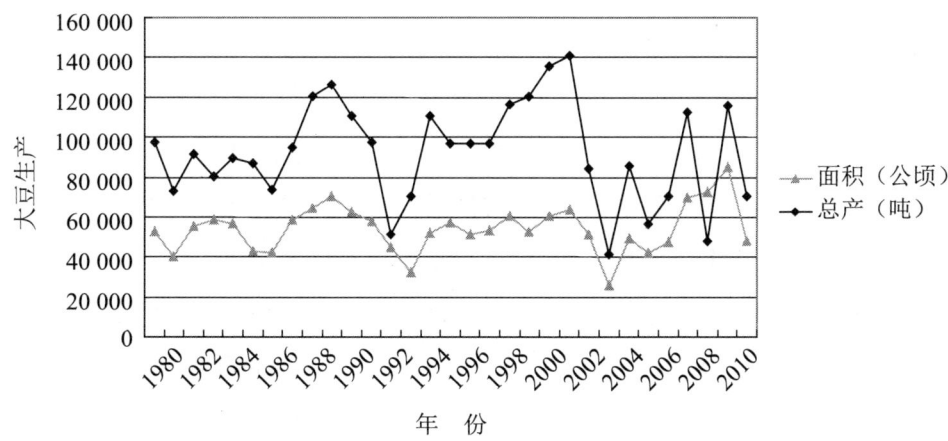

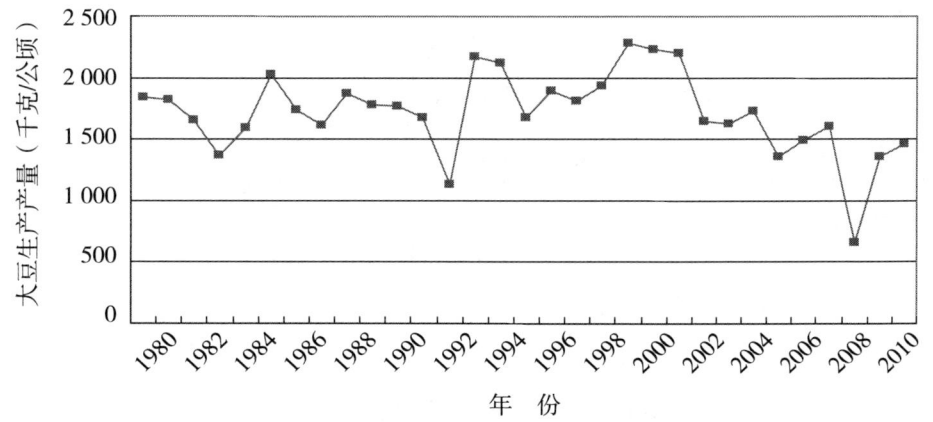

图12　1980—2010年大豆生产趋势

大豆的总产量多年来平均为9.2万吨/年。但1994—2001年大豆产量较高，8年平均总产量为11.4万吨。

据调查，津巴布韦的大豆生产不能满足国内居民消费和加工业的需求。正常情况下，市场需求20万吨的大豆，而在生产最好年份的2001年总产才14.1

万吨。由于大豆产量供不应求，造成了生产者、加工者以及经销商之间激烈的市场竞争。

小 麦

小麦是津巴布韦非常重要的冬季作物，小麦面粉的主要用途是生产面包。津巴布韦的小麦生产具有很大的潜力。

1985—2003 年，小麦的种植面积相对稳定，在 4.3 万公顷左右，其间最大的种植面积达到了 7.1 万公顷。1981—1984 年，种植面积有所下降。最少的年份是 2009 年，仅 2.06 万公顷。

小麦的单产与其他农作物相比要高一些，多年来平均单产 4.9 吨/公顷。由于小麦一般是在旱季种植，所种植小麦的地区都需要有灌溉条件。除 1992 年小麦的产量最低（仅有 2 吨/公顷）外，2003 年以前小麦的产量均比较高，平均达 5.5 吨/公顷。2003 年开始，由于农田投入成本增加，农民缺少流动资金，基础设施破坏，灌溉设备不足，农田灌溉电力供应不正常，再加上新定居的农民缺乏小麦种植技术，产量急剧下降。从 2002 年的 5 吨/公顷下降到 2009 年的 2.3 吨/公顷，平均每年下降 380 千克/公顷。小麦总产量平均为 19.4 万吨/年。总产量与播种面积的多少而有所不同。1985—2003 年，总产相对比较稳定，为 22.7 万吨。但从 2006 年开始，产量急剧下降，到 2009 年时仅 4.8 万吨（图 13）。

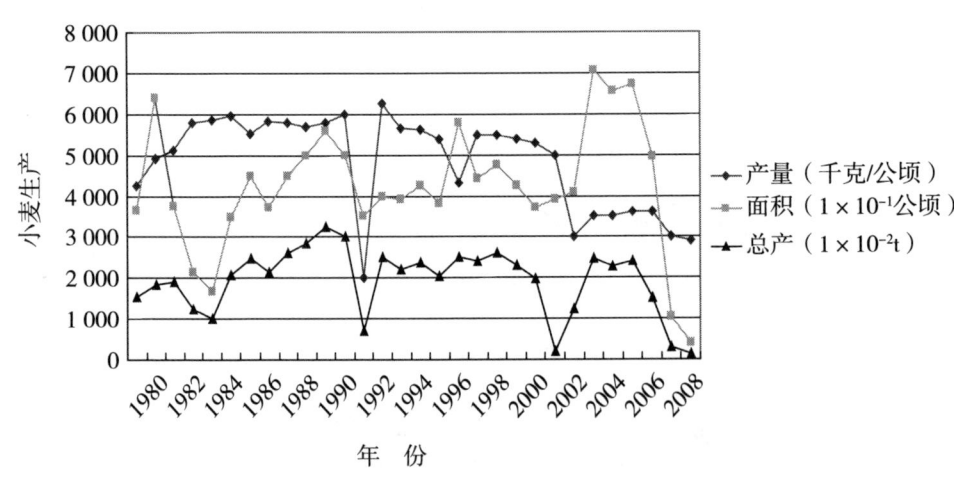

图 13　1980—2008 年小麦生产趋势

食用豆

从 2004 年开始，食用豆的种植面积迅速上升，由年平均 1.3 万公顷增加到 5.2 万公顷。2008 年与 2010 年种植面积有所下降。单产平均为 545.3 千克/公顷。1994 年单产最高，达 991 千克/公顷。2008 年单产最低，仅 95 千克/公顷。食用豆总产量是随着种植面积的多少而变化的。2004 年以前，总产量平均为 0.65

万吨/年，2004年以后年平均2.8万吨。2008年产量最低，为0.38万吨，2004年最高达5.7万吨（图14）。

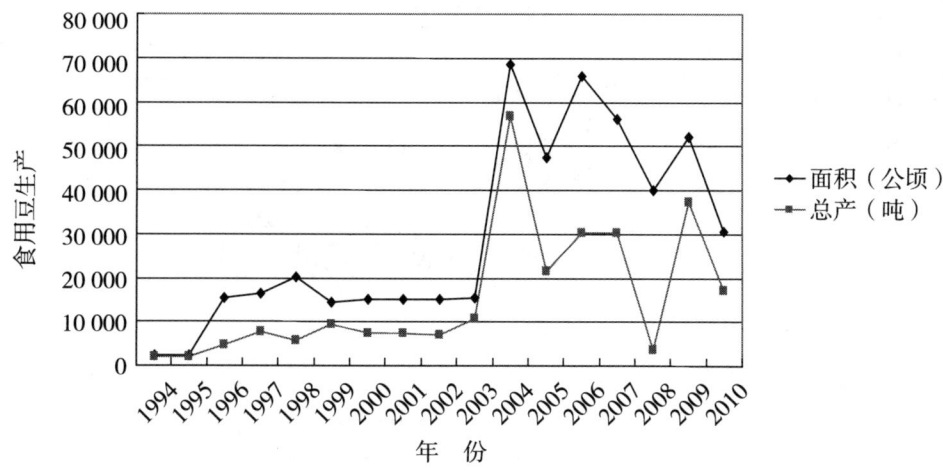

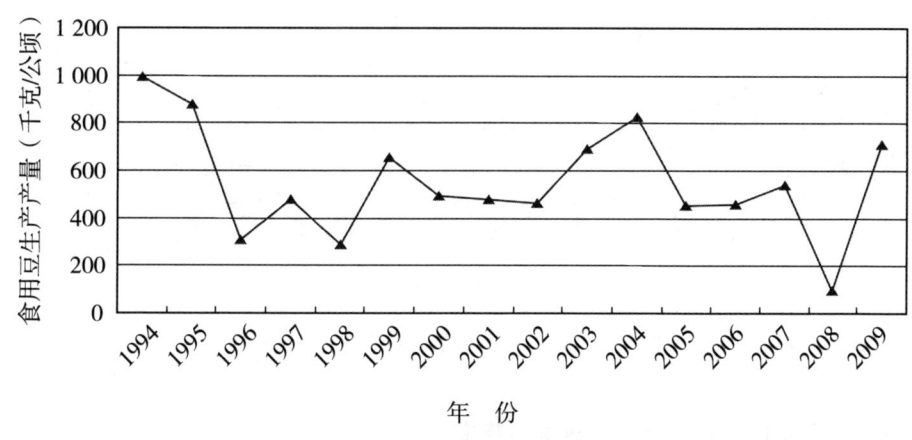

图14 食用豆生产趋势

向日葵

向日葵与花生、大豆均是津巴布韦重要的油料作物。向日葵的种植面积多年来保持在6万公顷。1987年以前和1994年以后种植面积均有所减少。

1987年以前，种植面积平均为2.9万公顷；1994年后平均为4.1万公顷。而1987—1994年的7年间种植面积较大，平均每年12.4万公顷。向日葵的单产年际间差距很大。2008年为130千克/公顷，2003年为792千克/公顷。31年来的平均单产为418.1千克/公顷。总产量的变化是随着种植面积而发生变化的。1987年以前历年年平均为1.2万吨，1994年以后年平均为1.8万吨。1987—1994年间总产量最高，每年平均值达5.1万吨（图15）。

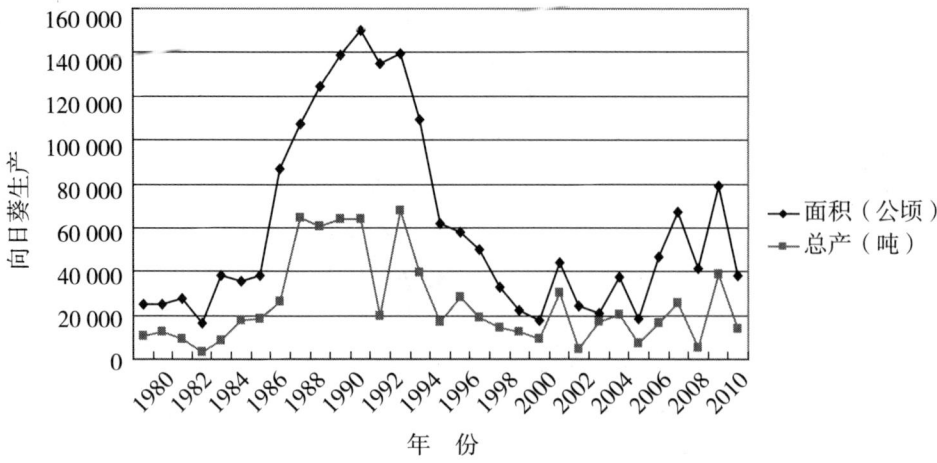

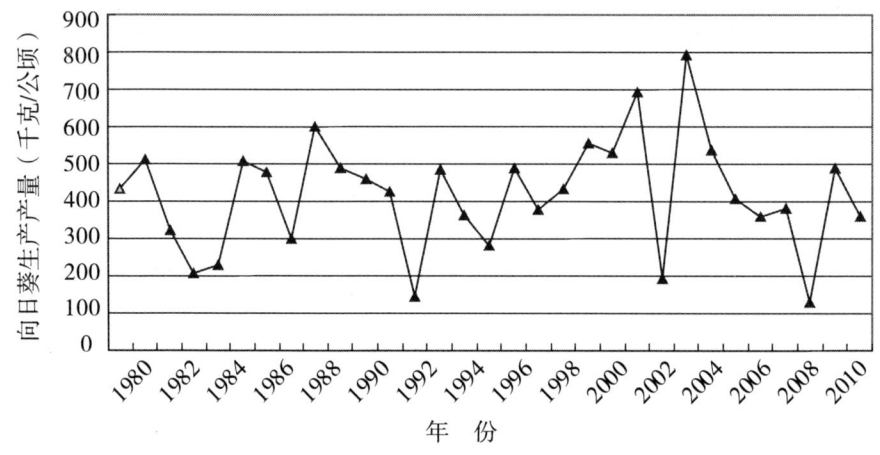

图 15　1980—2010 年向日葵生产趋势

3. 主要农作物的种植制度和栽培技术

玉　米

通常有两种类型：短生长期的品种 90～130 天，分布在自然分区 III 和 IV；长生长期的品种 130～170 天，分布在 I、II、III 区。

玉米种植一般采用两种耕作制度，即保护性耕作和常规性耕作。保护性耕作是目前正在推行的一种耕作制度，包括条带耕作、沟种以及少耕；常规性耕作主要是用犁耕、畜耕和手锄。为了减少水分蒸发，通常在冬季（7—9 月）耕地。

肥料的使用有基肥和追肥二种，基肥包括牲畜粪便、化肥（复合肥 D、复合肥 L、玉米专用肥、硝酸铵），追肥为硝酸铵、尿素。由于津巴布韦的土壤偏酸性，有的农户在整地、施基肥时，加一些石灰（C_aC_{l2}）调节土壤 pH 值。追肥在播种后 4～6 周使用。由于肥料缺乏，一般农户只用牲畜粪便和复合肥 D 作基肥，而且肥料的使用量远远低于作物生长的需要。

使用机械播种是常见的现象，但小农户主要为畜耕人播，也有不少是人工用锄播种。播种期从10月下旬到11月上旬。3月下旬到4月下旬收获。用机械收获和手工收获，绝大部分是用人工收获。

玉米的生长期期间基本不使用灌溉设施。在一些有灌溉条件的农场，如十分干旱时，可进行一些补充灌溉，灌溉时间一般在播种期、大喇叭口期和抽穗期。

小麦

津巴布韦的小麦为冬小麦，只有在有灌溉条件的地方才种植。

不同生态区根据小麦品种的生育期选择优良的品种，发挥品种的高产潜力。高草原地区可选择生育期133～140天小麦品种；中草原地区可选择生育期130～137天小麦品种；低草原地区可选择生育期105～110天小麦品种。

小麦采用机械播种：主要采用振动式播种机，或双旋转盘肥料撒播机进行撒播，或常规种子条播机；在有的地方农民实行免耕播种，在玉米和大豆收获后用播种机直接播种在残茬下面。

基肥一般沙土每公顷施用D类复合肥350～400千克；较黏重的土壤每公顷施用D类复合肥400～500千克。在缺锌或缺硼的土壤上应该施用含锌复合肥或含硼复合肥。通常是播后撒在表面。小麦生长期一般每公顷追施300～500千克硝酸铵。黏重的土壤一般在小麦出苗后三周一次施完；沙性土壤分两次追肥。

津巴布韦全境小麦的适宜播期为5月份至6月初，9月中旬至10月份成熟收获。在大规模商业农场用联合收割机，小社区农场等是人工用镰割。

小麦生长的季节正是在津巴布韦的旱季，从播种就开始灌溉，拔节、孕穗、开化与灌浆都需要灌溉。

烟草

使用的品种有KRK系列、T系列。

采用漂浮法托盘育苗技术，6月份开始育苗，一般从9月初开始移栽烤烟，移栽期长达2～3个月，11月份移栽结束，12月至次年3月采收烘烤，烤后不分级，按炉次打包储存3～4个月后，让烟叶自然醇化，4～9月分级到拍卖市场销售。烟草的育苗、移栽、采收、烘烤全是人工进行。

漂浮法托盘育苗培养基质用沙和碎成小片的松树皮配制而成，比例为沙：松树皮=1：1。

烟草大田生长期靠自然降水，但是在移栽期无降雨时需要人工点水补充水分。

棉 花

播种棉花时，土壤采用常规耕作方法翻耕、耙糖，施有机粪肥，播前或播种时使用无机肥复合肥 200～300 千克/公顷，追肥用硝酸铵 100～200 千克/公顷分别在播种后 9 周用 20%，开花期用 80% 二次使用。

10 月 5 日—11 月 20 日播种，第二年 4 月至 5 月份收获。

4. 主要农作物种子生产情况

津巴布韦农作物品种研究主要由种子企业和科研机构承担，育种者可以根据《育种家权利保护法》申请新品种保护。有 24 家注册种子公司。

种子生产由种子公司承担。2000 年以后，津巴布韦的种子生产量明显下滑，种子供不应求。一是因为快速农业土地改革运动导致大规模商业农场失去了土地，商业农场种子生产停滞。而这期间津巴布韦政府和非政府组织组织实施了"干旱恢复项目"，需要大量的作物种子；二是快速土地改革运动的实施产生了大量新分得土地的农户，这些农户也需要作物种子。

2000 年以后，种子的生产规模虽有所下降，但种子需求和销售却出现增长的趋势。如 2003～2004 年，玉米种子需求量为 87 599 吨，而市场能够提供的种子只有 31 495 吨，出现了 56 005 吨的缺口。原因主要是生产种子的农场丧失了土地，导致种子生产量下降。为了满足国内市场种子需求，政府出台了禁止种子出口的政策。

1991 年玉米杂交种生产量为 35 000 吨，2001 年时，玉米杂交种的产量达到了 60 000 吨。而在 2004 年时，杂交种生产量下降到只有 33 000 吨，意味着有近 4 000 公顷用以制种的土地用于了其他目的。再如国家检测种子公司（National Tested seeds）曾有 3 个农场的种子制种基地，到 2002 年底时只剩下一个制种基地。除了制种土地减少之外，还有肥料供给不足、燃油和电力不能正常供应（这对于小麦种子的生产影响极大），所有这些原因都造成了市场种子供应不足的状况。

5. 主要农作物生产中存在的问题及对策建议

小麦生产中存在的主要问题及对策建议

存在的问题：一是缺乏资金，投入不足；二是水利设施损坏严重，不能提供有效灌溉；三是种植粗放，生产技术落后；四是社会化服务缺位，宏观调控乏力。

对小麦生产发展的建议：一是制定粮食生产保护政策，提高农民种麦积极性。二是加强农业基础产出能力建设，提高小麦综合生产能力。三是完善社会化服务体系，提高农民科学种麦技能。四是依靠科技，确保小麦生产能力持续提高。通过筛选推广一批重点技术，提高现有生产水平；加强贮备技术研究，培育潜在生产能力；引进推广旱作节水种植技术；小麦抗病抗穗发芽品种筛选选育；绿肥生产及秸秆还田技术。

水稻生产中存在问题及对策建议

存在的问题：不能合理地分析和解释资料；研究设施（实验室、仪器和其他资源等）缺乏；报告写作能力差；所收集的田间资料可能不正确。

对水稻生产发展的建议：一是政府增加投入，实行对水稻种植户补贴的政策，鼓励农民扩大水稻种植面积。二是加强水稻研究队伍建设，培育和引进优良的水稻品种。三是加快水稻栽培技术的探讨，实现水稻生产良种良法。四是政府应投资建立种子站，确保农户有优质种子提供。五是加强基础设施建设，改善灌溉条件。六是加大农业机械投入，实现水稻生产机械化。

（三）园艺产业

1. 园艺业发展现状

在津巴布韦，园艺业是包括果树、蔬菜、花卉、香草等作物种植的总称。是津巴布韦农业的优势产业，30多年来得到了快速发展，园艺产品出口居世界前十位，是非洲第二大花卉生产国。但是，津巴布韦园艺产业的发展也受到国内外诸多不利因素制约，给产业发展造成了重大影响。目前，津巴布韦政府部门正着力加大扶持力度，努力适应国际市场变化，改善销售渠道和减少制约因素。

2. 园艺作物种类

果树

柑橘类：包括甜橙、柑橘、柚子、柠檬、酸橙；芒果；落叶果树：其中仁果类主要是苹果、梨；核果类主要是桃、李、杏；鳄梨；香蕉。

蔬菜

蔬菜作物包括甘蓝、番茄、洋葱、胡萝卜、土豆、黄瓜、南瓜、西瓜、茄子、蘑菇、辣椒、四季豆、莴苣、花椰菜、豇豆、黄秋葵、苋菜、白花菜、芥菜、荷兰豆、甜玉米、玉米笋。

花卉

玫瑰、紫菀、山龙眼、帝王花、金丝桃、柴胡、非洲紫罗兰。玫瑰是最主要的花卉品种。

香草、药草类

大蒜、柠檬草、姜、薄荷、郁金香、芫荽、迷迭香。

草莓

R olinda：高产，果小而很软，抗螨虫；Rovelle：果硬实，食味好；Selekta：果硬实、大、圆锥形，在冬季食味好；Tioga：早期栽培品种，果大而硬实，全年种植；Tiobelle：果硬实、圆锥形、黑色；Rolissa：果小，食味好，相当高产；Rorine：中等大小，食味好，产量好。

3. 园艺作物产量及变化趋势

园艺产业在20世纪的后20年长期保持较快发展，尤其是在20世纪90年代，成为津巴布韦经济中生产和出口增长最迅速的产业，产量增长平均每年超过30%。1985/1986—2006/2007年度园艺产品产量见表7。从表中可以看出，园艺产品出口从1985/1986年度的350万美元增长到2000/2001年度的13 950万美元。1998/1999生产年度达到历史最高峰，园艺产业占到国内生产总值的约4.5%。但进入本世纪后园艺产业受到不利因素的影响，产值总的呈现下降趋势。

表7 1985/1986—2006/2007年度园艺产品产量

生产年度	花 卉（吨）	农产品（吨）	水 果（吨）	总 计（吨）
1985/1986	338	396	2 272	3 006
1986/1987	593	610	5 026	6 229
1987/1988	1 326	748	7 352	9 426
1988/1989	2411	1 413	7 848	11 672
1989/1990	2 872	2 823	8 780	14 475
1990/1991	3 722	4 215	6 300	14 237
1991/1992	4 758	4 354	8 930	18 042
1992/1993	5 206	3 999	9 000	18 205
1993/1994	5 770	5 202	12 948	23 920
1994/1995	9 095	8 989	15 591	33 675
1995/1996	11 630	10 202	18 773	40 605
1996/1997	13 832	9 792	22 606	46 230
1997/1998	14 729	10 948	27 220	52 897
1998/1999	18 411	14 232	45 777	78 420
1999/2000	17 857	10 217	44 468	72 542

（续表）

生产年度	花 卉（吨）	农产品（吨）	水 果（吨）	总 计（吨）
2000/2001	21 749	9 955	45 361	77 065
2001/2002	2 2801	10 950	48 597	82 348
2002/2003	20 171	10 236	47 228	77 635
2003/2004	16 271	7 277	34 311	57 859
2004/2005	14 327	4 953	28 150	47 430
2005/2006	10 165	5 326	26 311	41 802
2006/2007	14 500	5 000	30 000	49 500

4. 产业发展形势分析

产业优势

一是得天独厚的自然条件。二是具备一定的市场竞争力。三是较高的比较效益。四是能更有效地利用水资源。五是符合国家产业政策。

产业发展制约因素

一是先期投资相对较高。二是产品加工处理能力不配套。三是灌溉用水难以保证。四是品种和技术研发滞后。五是对专业技能要求较高。六是国际市场的变化。

产业发展目标和政策措施 园艺产业发展目标：津巴布韦政府的目标，是通过对小农户加强园艺生产技术培训、帮助研究和开发国际国内市场，使小农户在生产中占的份额达到50%；全国总的园艺产量在5～7年的较短时间内实现翻番。

主要政策措施：一是加大对小农户的扶持力度。二是积极争取国际组织的资助。三是从战略层面推动园艺业迅速发展。津巴布韦园艺业是一个出口导向型行业，为保持国际竞争力，津巴布韦农业部计划成立园艺发展局，负责协调、推动和促进津巴布韦的园艺产业加快发展，通过政策手段化解产业发展的制约因素。其委托管理职能包括：支持园艺技术研究，与技术推广部门合作，向农民提供园艺专业技术服务；向社会提供国内国际市场销售信息，提出和执行国内市场园艺产品质量标准；在主要种植区建立具有预冷设备的中心包装行，筛选、分级贮藏产品，组织运输车队帮助小农场解决农产品运输问题；通过发展农业合作社和订单农业，促进园艺产品的生产和营销。为小农场主代理市场销售；收集整理产业生产和营销统计数据。协同从业人员对国家制订园艺产业发展的政策提出建议。

（四）渔　业

1. 渔业概况

津巴布韦是个内陆国家，渔业资源丰富。与南非相邻的林波波河流域及与赞比亚相接的赞比西河流域是多种热带鱼类的生长繁殖及栖息地。而东部山高林密，最高海拔2 600米；该地区内河流众多，水网密集，水质未受污染，很适于冷水性鱼类的生长。

津巴布韦属热带高原气候，年平均气温17～26℃，因此很适合于鱼类的繁殖与生长。每年的9月至次年4月是热带性和温水性鱼类的繁殖和快速生长期；每年的4月至7月份，是虹鳟鱼繁殖的最佳时期。

津巴布韦水域面积超过3 910平方千米，不仅有适宜水产养殖的气候条件和地理优势，丰富的土地及水资源，而且有一个较发达的水库基础设施：全国5公顷以上面积的水库有近万座。

但津巴布韦水产养殖业非常落后，对水产养殖重视程度不够，水产养殖投资不足，水产养殖发展的基础设施差，其水产所需设备均需进口。政府拥有的两个水产养殖研究、生产推广基地均因年久失修而几乎处于瘫痪状态。

目前，政府还没有制定发展水产养殖的倾斜政策；没有商业水产养殖发展信贷资金；也没有建立起相应的水产养殖能力建设和培训基地及设施。在大部分地区，尤其是村社地区，缺少水产养殖信息。

但津巴布韦水产品市场极具潜力。津巴布韦水产品年产量为20 000吨左右。就对目前国家经济贡献而言，鱼产品贡献率不足10%，落后于牛肉和其他肉类蛋白质的贡献率，难以跻身国内生产总值最高贡献者之列。渔业的重要性主要体现在保证粮食安全（蛋白源）和为当地人民提供了就业机会上。如在卡里巴湖地区，约有280艘渔船，有超过1 000个家庭以渔业为生，有3 000多人从事鱼类的捕捞工作；有5 000多人从事鱼类贸易，船泊制造和修理、网具生产、鱼类加工及包装等工作。

实际上，目前的捕捞渔业主要依靠几个大型水库（或称湖泊），其他众多的小型水库、河流及池塘只能提供一些人们日常消费的鱼产品，很难形成商业化的生产。

津巴布韦水产养殖品种主要是尼罗罗非鱼、虹鳟鱼和鳄鱼。一般罗非鱼养殖品种有尼罗罗非鱼、莫桑比克罗非鱼、巨鳍罗非鱼、任达琳罗非鱼4种，但具有一定养殖规模的品种均为尼罗罗非鱼。

虹鳟鱼类养殖位于国家东部穆达雷（Mutare）和尼扬加（Nyanga）。而鳄鱼养殖主要在位于赞比西盆地的维多利亚瀑布及卡里巴湖。

鲤科鱼类于20世纪80年代或90年代作为控制草类生长而引进到契为湖（Cheviro）的，但现在还没有作为商业品种进行养殖。

小规模/家庭渔业利用的主要鱼品种为罗非鱼和虎鱼，也有一些丽鱼科鱼、鲤科鱼、脂鲤科鱼、鲶科鱼等品种。

2. 渔业资源种类、分布

根据1988年出版的《津巴布韦鱼类》记载，津巴布韦鱼类共分28科，132个品种；其中土著鱼122种，外来鱼10种。但在20世纪90年代，陆续引进一些品种，如尼罗罗非鱼、鲤鱼、草鱼等；只因近十年来没有对鱼类进行过调查统计，所以没有准确可靠的数据。但根据近几年FAO资料显示，津巴布韦共有鱼类品种144种，其中当地品种鱼是114种，外来鱼30种。

鱼类的分布受鱼类品种、水体深度、温度、水体溶解氧及食物的影响。通常，在河流的源头，是涓涓细流，小溪流，生活环境简单，鱼类品种少，鱼体小；随着河水向下游流去，很多支流汇合在一起，河流变宽，河水变深，具有各种不同的栖息环境，鱼类品种也随着环境的变化也在增加，鱼类个体增大，出现了较大或大型鱼类。同时，物理栅栏的出现，如瀑布或大坝，阻碍了鱼类的活动，导致了水体栅栏上面和下面鱼类区系的极大不同。

3. 水产品产量及变化趋势

津巴布韦鱼产品捕获量一是来自于较大的河流，年产量有300吨，主要品种为罗非鱼；二是来自于各大中型水库，尤其是包括卡里巴湖等在内的五大水库。捕捞网具主要是围网、刺网、或是岸上进行作业的台网。津巴布韦小规模的渔业生产已经有很长的历史了；捕捞方式主要是使用刺网和钓杆。

20世纪90年代是津巴布韦的水产品产量高峰期，主要是由于自然条件处于最好时期，同时政府在211个中小型水库进行鱼类放养，年捕捞量在90年代达26 000吨。随后几年捕捞量逐步下降，现在的捕捞量约为每年16 000吨左右。但水产品养殖量却逐年上升，由2000年前的170吨上升到目前的3 000吨左右。

值得一提的是，存在于卡里巴湖的资本密集型浅水渔业，即卡彭塔kapenta渔业。卡彭塔是引进的一种小型沙丁鱼，学名Limnothrissa，产量占津巴布韦整个鱼产量的相当份额，但产量也呈下降趋势：如卡里巴湖的沙丁鱼，从1974—

2009 年的产量看，1974 年为 488 吨，1990 年为 21 000 吨，2009 年又下降到 9 000 吨。每单位每晚捕获量从 20 世纪 70 年代的 0.9 下降至现在的 0.1 千克水平。

据津巴布韦国家公园与野生动物管理局估测，2008 年水产品的总产量为 28 000 多吨，2009 年的产量 26 000 多吨。

津巴布韦的渔业产量的统计工作一直混乱，没有一个权威的数字。其主要原因一是没有科学的渔业统计方法，多年来一直是估测产量；二是渔业数据来自于不同的部门。但尽管数据不一致，捕捞渔业产量变化的趋势却是一致的，就是捕捞量逐年下降，但养殖量有所上升。

4. 水产养殖方式

津巴布韦的水产养殖方式有：池塘养殖、水库养殖、网箱养殖、圈养 4 种方式。

5. 渔业生产和发展存在的问题

一是津巴布韦水产品缺乏基本保障，渔业资源保护有待加强。二是有《鱼类保护》法，无鼓励渔业发展政策。三是涉渔部门多，缺乏协调。四是水产养殖推广力度小，养殖水平落后。五是渔业生产管理部门地位低。六是水产研究力量薄弱，缺乏推广力度，水产教学专业化不强。

（五）畜牧业

津巴布韦的畜牧业是农业非常重要和不可分割的组成部分，其产值约占农业产出的 15%～25%。家畜对国家经济、人们的营养和家庭福祉尤其对村社农户具有重要意义。家畜和家畜产品的销售是畜牧业收入的重要来源，同时对国家换取外汇也作出了非常重要的贡献。

在津巴布韦，小农户家畜饲养占有非常重要的地位：牛的饲养量占全国的 90%；山羊的 98%，猪的 80%。家畜不仅是国家的宝贵资产，也对小农户的生计起到了非常重要的作用。

2009 年，动物的产值（不包括野生动物在内）为 20.57 亿美元。出口创汇超过了 1.3 亿美元。畜牧业出口价值在全国农产品创汇中排位第三，仅次于烟草和棉花。

津巴布韦的畜牧业基础及结构非常好，建立了具有符合国际标准的法律体系。津巴布韦的家畜和家畜产品一直向南部非洲国家出口，牛肉曾出口到欧洲，具有很好的竞争优势。

1. 家畜数量及分布

津巴布韦南部是畜牧业比较集中的地区，牲畜数量较多，但也是干旱少雨地区。比起农区来说，处于干旱地区的农户更多依赖于家畜，是家庭经济的主要来源。

统计数字显示，牛的数量从2000年的619万头下降到2007年的501万头；山羊的数量从380万只下降到332万只；驴的数量基本保持稳定，大约有40万头；大型商业农场的牲畜头数从200万下降到70万；奶业受到了重创，泌乳牛从10.8万头下降到3.7万头；家禽数量在2003年时为1.1亿只左右，2008年时只有3 000多万只；家兔数量为17.5万只。村社农户的家畜数量近年来波动幅度较大，但总的数量是增加的趋势。旱灾是造成牲畜数量下降的主要原因之一。

根据2008年的资料，津巴布韦全国牛头数有5 255 011头，绵羊405 033只，山羊3 210 102只，猪207 967头，家禽30 000 000只，奶牛38 000头，驴517 249头。

家畜生产情况见表8至表10。

表8　2008年各类农户家畜存栏数量　　　　　　（单位：头，只）

畜 种	牛	绵 羊	山 羊	猪	驴	马
A1 型农户	353 327	27 975	144 340	9 142	26 827	99
A2 型农户	442 790	28 009	59 455	41 351	9 462	1 004
村社土地农户	3 775 113	316 839	2 782 933	141 345	450 368	129
重新定居农户	516 667	19 664	155 097	8 601	22 168	86
小型商业农场	167 114	12 546	68 277	7 528	8 424	138
总　　计	5 255 011	405 033	3 210 102	207 967	517 249	1 456

表9　2000—2008年家畜数量变化　　　　　　（单位：头，只）

年 份	牛	山 羊	驴	绵 羊	猪	驼 鸟	总 计
2000	6 186 312	3 803 589	424 121	690 643	339 977	6 911	11 451 553
2001	6 418 116	3 778 382	473 519	633 620	312 918	1 307	11 617 862
2002	5 240 694	3 380 998	502 096	643 028	183 241	777	9 950 834
2003	5 296 865	3 275 669	444 658	515 306	418 742	0	9 951 240
2004	5 226 519	3 105 458	445 496	477 567	169 236	5 907	9 430 183
2005	4 987 411	3 268 718	401 569	415 901	167 775	11 242	9 252 616
2006	5 048 218	3 124 187	523 868	413 871	188 863	2 715	9 301 722
2007	5 011 840	3 320 726	402 377	390 937	181 522	11 462	9 318 864
2008	5 106 673	3 170 533	528 900	397 800	202 234	3 943	9 410 083

表10 2008年分省家畜数量　　　　　　　　　　　　　　　（单位：头，只）

省名	牛	绵羊	山羊	猪	驴	家禽	马	鸵鸟
马尼卡兰省	695 274	63 089	558 053	25 803	20 149	1 278 591	173	
马绍纳兰中省	557 111	37 666	293 735	40 488	7 605	956 211	281	2
马绍纳兰东省	840 619	34 031	170 522	38 379	11 972	1 726 620	135	
马绍纳兰西省	447 227	46 596	155 101	45 709	9 891	1 247 331	108	
马兴戈	934 015	75 059	683 466	20 835	73 248	1 322 372	271	
马塔贝莱北省	565 175	34 037	408 287	13 147	80 637	1 055 608	327	1 523
马塔贝莱南省	496 156	89 234	424 341	6 302	132 126	1 003 459	156	2 418
中部省	719 434	25 321	516 597	17 304	181 621	1 565 260	5	
总计	5 255 011	405 033	3 210 102	207 967	517 249	10 155 452	1 456	3 943

2. 畜禽品种

种畜是改良基因的核心，对养牛业至关重要。目前已在纯种肉牛的数量和品种明显下降。纯种牛的数量从1997年的22 480头已减少到2009年的大约5 200头。注册登记的育种场从1997年的233家减少到2009年的47家。有些品种已停止繁育。种畜资源的保护亟待加强。

牛的主要当地品种有马绍纳（Mashona）、牯尼（Nguni）和土利（Tuli）。外来引进品种主要有婆拉门（Brahman）、西门塔尔（Simmental）、海福特（Hereford）、苏赛克斯（Sussex）、阿伯丁安格斯（Aberdeen Angus）、必福马斯特（Beefmaster）、利木赞（Limousin）、夏洛莱（Charolais）、荷斯坦（Holstein-Friesian）和泽西牛（Jersey）等。

牛

当地牛品种：① 土利（Tuli）：背部有隆肉的种类，体格较大、浑圆，腿部结实，后驱发达。脸短、圆形，有角或无角，除黑色颜色外，还有其他颜色的品种。背毛平滑、较短。腿粗壮、善于行走，背长。该品种具有耐高温产肉率高等特点；② 牯尼（Nguni）：中等体型、深宽，骨骼和关节发育好，角和蹄结实、坚硬，皮结实，背毛短亮。精力充沛、护犊。最显著的特点是它的颜色类型，大概有45种颜色，最多是带有成团的斑块；③ 马绍纳（Mashona）：耐粗饲、繁殖性能好、抗病力强。尽管不属于大型体格的牛品种，但相对于其他的品种，犊牛的生长速度快，适应残酷的非洲热带环境。产犊率高、肉料比高，产肉量大。

外血牛品种：① 阿非利堪（Arikaner）：抗病力极强，饲草转化率高、日增重明显。最显著的特点是本品种在草地条件下生育能力强，不用人工辅助。该品种是非洲草场以及农场植物附属物的最好的利用者；② 无角红牛（Red Poll）：属于肉奶兼用型牛。牛奶产量高、适用于奶酪和黄油的制造。性格温顺、驯化程度高，90%的后代无角，容易管理；母性强、繁殖率高、饲料转化率高，产肉率高、肉质鲜嫩；③ 短角（Shorthorn）：该品种易于管理、温顺、母性强，适应于杂交配种；④ 西门塔尔（Simmental）：该品种体型大，是肉奶兼用型的牛，适应各种气候条件。其特点是产犊率高，出肉率高。1976年比勒陀利亚世界西门塔尔种牛大赛上，津巴布韦的参赛牛获得了最高平均价格奖。该品种是津巴布韦最受欢迎的杂交品种之一；⑤ 夏洛莱（Charolais）：该品种体格大、纯白、肌肉发达，产肉率高、高产、耐粗饲，除了极热和潮湿的环境外，能适应其他各种环境。增重快、体驱较大，主要用于杂交育种、产奶和牛肉生产；⑥ 娟珊牛（Jersey）：该品种是津巴布韦最受欢迎的奶牛品种之一。耐热、适应各种气候条件，体格较小，性格温顺，奶料比高是其特点，所产牛奶质量很高。

羊

当地品种有：马特贝兰（Matabele）和马绍纳（Mashona）以及南非的波尔（Boer）羊。绵羊是小农户普遍饲养的当地品种，而杜伯（Dorper）是大型商业农场饲养量最多的国外引进品种，其次是美利奴肉羊（Mutton Merino）及其他的品种。

猪

在大型商业农场，饲养的主要品种是引进的兰德瑞斯（Landrace）、大白（Large White）、杜洛克（Duroc）和最近引进的道兰德（Dalland）猪。当地猪只有一个品种，叫Mukota，主要是小农户饲养。根据资料记载，该品种猪是在16世纪时由中国引入的。

鸡

大型商业农场鸡的品种主要是引进的鸡的品种为主。但在村社农户，饲养的鸡的主要是当地品种。当地鸡的特点是耐粗饲、抗病力强，部分公鸡颈项无毛。

驴

驴在1905年从南非引入，完全适应当地气候条件，耐干旱、使役能力强。

在津巴布韦的南部饲养的数量最多。

3. 畜禽养殖

肉牛

津巴布韦大型商业农场的肉牛曾是市场和出口牛肉的主要供应来源。大型商业农场的肉牛平均每年出栏率大约22%，而小农户肉牛出栏率只占3%到5%。全国平均出栏率为9%。

从1998年开始，小农户饲养肉牛的数量持续增加。由于土地改革运动，从2001年以后大型农场饲养肉牛头数显著下降，从占全国肉牛总数的25%下降到目前的9%和13%之间。牛肉出口创汇从1998年的4.8亿美元下降到2005年的不足100万美元。随着大型农场肉牛头数减少，小农户不仅饲养肉牛数量持续增长，市场牛肉的占有份额也逐渐增加。2001年以来，屠宰厂从小农户收购的肉牛数量越来越多，导致了村社农户饲养的肉牛价格的上涨。

奶牛

奶牛头数：1994年有383名注册的个体奶牛场和国家级奶牛场，全国拥有104 483头奶牛，其中泌乳奶牛53 073头。2004年，注册的奶牛场数下降到了198个，奶牛头数下降到了43 159头。奶牛场数量和国家级奶牛场奶牛存栏头数下降超过50%。

牛奶总产量：1994年约3亿升，2006年下降到约1亿升（64%）。而津巴布韦全国的牛奶需求量为每年至少1.8亿升牛奶。自2006年以来，由于牛奶价格控制、饲料短缺等问题造成奶牛场生存困难，牛奶产量继续下降。经过几年的下降后，乳制品行业目前处于重建和复苏阶段，但复苏进度缓慢，至少还需要5年或更长的时间。

饲料饲草问题：由于津巴布韦冬季较长且干旱，饲草饲料是个大问题，而且价格昂贵，一般奶牛场只能依赖低营养价值的干草维持。土地改革运动后，很多奶牛转到了小农户饲养，由于缺乏饲养技术、缺乏资金投入、管理不善以及奶价偏低等原因，奶牛场数量、泌乳牛数量、牛奶总产量和泌乳期的产量从2001年到2006年呈全面下降趋势。注册的奶牛场从383户减少到279户，泌乳牛从55 000头减少到38 000头，总产奶量从174 000 000立升下降到98 000 000立升。奶牛年单产从大约3 200升降低为2 600升。

山羊和绵羊

在津巴布韦的南部，有着饲养山羊的传统习惯，这里比较干旱，牧草、乔灌木丰富，适于山羊的饲养。目前大多养羊户属于小农户，饲养山羊对小农户的食物保障起到至关重要的作用。在位于南部的马兴戈省，山羊出栏率在32%。大部分山羊（62%）都用于农户本身的消费。妇女是养殖山羊的主力。当地山羊品种，特别是马绍纳（Mashona）山羊和马塔贝莱（Matabele）山羊是常见的品种。津巴布韦的绵羊品种主要是黑头杜泊（Dorper）绵羊。

小反刍动物在商业、满足人们营养和社会功能方面具有重要意义，而且小反刍动物的销售不易受交通和市场的影响。而且对于农户来说是非常重要的，在遇有紧急情况和家庭需要时，可以将羊迅速转换为需要的现金。与降雨量多的地区相比，山羊更能适应半干旱地区的环境。山羊的主要用途是肉、皮和毛，而绵羊主要是提供羊肉和羔羊。

生 猪

1994年，津巴布韦的商业母猪群达到14 000头，是数量最多的一年。2003年，下滑到了9 000头。2005年，生猪屠宰数量为25万头。目前，每年猪的屠宰量约为12万头。商品母猪的数量经过2008年的急剧减少后，目前逐步恢复数量。从几年前的9 000头的低位增加到2009年15 500头。

小农户饲养猪的数量占到全国生猪出栏总头数的80%。农户饲养的猪及其肉制品对农村地区的食物安全保障起到了非常重要的作用。当地农户饲养的猪的品种主要用于家庭消费，用于节庆仪式或出售换钱。与外来猪种不同的是，当地品种的猪具有饲养方式粗放、耐干旱、不需要很多的饲料粮和高质量的配合饲料、并且耐粗饲。

驴

驴是1905年从南非引入的品种，主要是在公共社区农户中饲养。自20世纪80年代以来，由于经常发生干旱，牛的数量减少，津巴布韦的一些小农户，特别是在津巴布韦西南部干旱地区的村社小农户，开始大量饲养驴。与牛比较，驴更耐干旱，同时作为运输动物也优于牛，其价格比牛便宜、易于管理、易于驾驭、个体小且易于装载。作为驼畜，驴可以用于驼水、驼木材、磨面、牵拉农具等。驴成为了牛的重要的替代役用动物，甚至有时驴是半干旱地区唯一的使役动物。另一重要方面是由于津巴布韦爱滋病流行，养驴在很大程度上填补了劳动力的不足。

家 禽

在津巴布韦，商品肉鸡的生产主要由两个联合育种企业所垄断，孵化和销售一日龄雏鸡、禽肉和鸡蛋。两个企业均采取合同养殖办法，与农户签定合同，为企业代养肉鸡达到屠宰重量时销售给企业。每年大约孵化1日龄雏鸡为3 000万只肉鸡、2亿只小母鸡和22.7万只产蛋母鸡。随着市场对禽产品的需求量增长，禽蛋产品一般都通过正规渠道销售。2002年销售了2 600万打鸡蛋和1 400万只肉鸡。

目前，津巴布韦各种禽肉产品短缺，主要原因与禽饲料、1日龄雏鸡的供应量及兽医药品投入不足有关。一方面是投入困难，另一重要方面是价格较低，促使小农户和家庭饲养的禽蛋通过非正规渠道销售。

饲养家禽对社区农户来说是非常重要的。鸡可以为农户定期提供鸡蛋和鸡肉用于家庭消费和出售，尤其是对贫困家庭尤为重要。家禽是小农户生活并为其提供蛋白质（蛋、肉）非常重要的来源。家禽生产周期短、回报快、食物转化率高，能利用食物残渣，对来说非常有价值。村社农户一般饲养适合当地环境的当地品种的鸡。饲养的家禽数量在1 100万只。一些农户还饲养珍珠鸡、火鸡、鸽子和鸭等。

鸵　鸟

2010年津巴布韦全国有11个注册的鸵鸟养殖场，而几年前，有66个鸵鸟养殖场。2000年是屠宰鸵鸟最多的一年，达到了40万只。2004年，总屠宰量下降到了25万只鸵鸟，鸵鸟肉一般出口到欧盟。

除了11个注册的鸵鸟养殖场外，还有250个小农户也尝试饲养鸵鸟，但由于鸵鸟与家禽混养存在鸡新城疫发病的风险，欧盟拒绝接收小农户饲养的鸵鸟。

津巴布韦一些公司还尝试小规模饲养项目，即合同养殖鸵鸟的做法，公司提供鸡苗和饲料以及其他投入，饲养到6个月时，公司回购鸵鸟。据预测，该项目每年产出大约120亿津元的产品。

屠宰一只鸵鸟的平均利润大约是300美元，其中包括了1/3皮的价值。鸵鸟皮在津巴布韦3个皮革厂进行熟化，然后加工成高品质的成品皮，年出口创汇约1 000万美元，在未来5年会提高到3 000万美元。

4. 屠宰厂和肉类加工企业

2010年津巴布韦全国有登记注册的屠宰厂126家，其中国家冷库公司（CSC）负责管理相当数量的屠宰场和高标准的肉类加工厂。这些肉类加工厂符合本国制定的公共卫生法案的标准，也符合繁多的牛肉进口国的条例，如向欧盟出口的鸵鸟、鱼和肉牛等产品；向南部非洲发展集团国家出口的猪及肉制品、肉牛和家禽等。2010年津巴布韦全国共约有22个肉牛屠宰厂和生猪屠宰厂。最大的猪肉屠宰和肉类加工厂是科尔科姆食品有限公司（Colcom），该厂所屠宰的生猪占商业市场生猪屠宰总量的70%。

屠宰厂根据其日屠宰能力进行分级。C级屠宰厂每天加工5个家畜单位，B级屠宰厂5～100个家畜单位，A级屠宰厂超过100个家畜单位。

2001年8月，也就是在津巴布韦口蹄疫（FMD）爆发以前，津巴布韦每年向欧洲出口的牛肉价值达5 000万美元，出口的肉牛主要来自大型商业农场。由于社区农户的肉牛年龄太老，不符合出口年龄标准要求，国家冷库公司的屠宰厂一般不从社区农户收购肉牛。为达到符合出口标准的牛肉，国家冷库公司不仅自己本身的养殖场采用围栏养殖肉牛，同时也要求一些有条件的个体养殖者采用围栏养殖肉牛，以达到每年出口9 100吨牛肉的配额。

随着口蹄疫的爆发，津巴布韦失去了欧洲市场，这对养牛业的负面影响很大。加之未登记注册的屠宰厂从村社农户中收购并屠宰牛，造成了市场无序的竞争，不仅助长了非正规渠道牛肉市场的发展，同时也助长了盗牛行为猖獗等问题。造成了目前的一些疫病难以控制。

（六）兽医服务体系

津巴布韦在1980年独立前一直是英国的殖民地。其兽医体系完全按照西方的方式建立的。具有完备的兽医机构和服务体系，进行动物疫病和有害物的控制。完整的兽医体系惠及了全国的家畜生产。目前的养猪业、牛肉出口企业和鸵鸟饲养加工业及其产品均已建立具有符合国际标准的可追溯性、质量保险和风险分析关键控制点系统（HACCP）。兽医体系健全，基础非常好。全国有8个省级兽医办公室、53个现场兽医办公室、308个动物卫生中心、4 000多个小农户药浴池，1个中央实验室和4个省级诊断实验室（细菌和病毒诊断实验室获得ISO17 025认证）。

1. 政府兽医服务机构（VS）

兽医服务司（VS）隶属于津巴布韦农业部，负责制定政策法规和兽医工作的协调，提供疫病监测和控制、为农民提供技术推广服务，通过中央兽医实验室提供检测服务以及动物卫生研究等项工作。兽医服务司由兽医现场服务处（DVFS）、兽医技术服务处（DVTS）、采采蝇控制处以及家畜生产和发展处（DLPD）和兽医培训学校组成。

兽医现场服务处（DVFS）：该服务处在津巴布韦的8个省以及57个区都设有办公室。现有工作人员4 300人左右，其中，畜牧兽医技术员（有2年农业证书资格）从前几年的320人增加到了目前的1 320人，同时负责牲畜药浴人员从715名增加到了1 215人。增加的人员主要是随着土地改革的进行，越来越多的小农户饲养牲畜，需要加强管理工作。在村社农户中，有3 201兽医诊所，统称为动物管理卫生中心和社区药浴中心。兽医现场服务处工作重点为：牛病监测、免疫、治疗，提供推广服务信息、普查和其他兽医服务等。

兽医技术服务部（DVTS）：该机构负责动物疫病和病害的实验室诊断、动物卫生研究和兽医公共卫生两部分，包括兽医诊断和研究。具体承担检测诊断样品，现场调查；提供研究服务；生产疫苗、诊断试剂和生物试剂和兽医咨询和协调。主要任务是为国家、地区和国际间的消费者提供符合动物卫生要求的兽医检测服务和产品。技术服务部具有设施完备的化验室，并且获得了南非兽医质量体系认证的中心实验室和3个省级实验室，对一些主要动物疫病提供诊断服务。该部门拥有各种兽医学科的专家进行咨询服务并对现场兽医人员进行指导。

实验室诊断和研究科：兽医技术服务处负责管理5个省级的诊断实验室，每个实验室都由兽医调查官和实验室技师领导。官方诊断服务受中央兽医实验室（CVL）领导。中央兽医实验室具有主要的研究基础设施、人员并提供相应的服务。

兽医公共卫生（VPH）科：该科负责协调对动物源性食品和屠宰厂动物疫病监测的检查。该卫生科在哈拉雷、契诺依和马兴戈三个有出口订单的屠宰厂设有管理站。除了负责国内的业务之外，还进行国外业务和所有注册登记的动物源性食品加工厂所的检查。该机构还负责监督国内港口、跨边境家畜和家畜产品的运输监督。但该项业务目前已由负责综合生物安全的"口岸卫生局"接管。

采采蝇控制处：采采蝇控制处通过有针对性的措施，使用杀虫剂控制大田中的采采蝇。同时该处也开展与此有关的科研技术研究及应用。定期或根据采采蝇的发展状况采取空中或地面的喷洒杀虫剂。

家畜生产和发展处（DLPD）：该机构是2002年成立的，是为了适应开展土地改革运动的需要而建立的。该部门的主要任务是通过改良家畜、保护家畜基因和畜牧技术的转化，特别是向村社地区的农户和新分得的土地的农户提供技术服务，促进畜牧业的发展。该部门目前拥有800名工作人员，有畜牧专家和畜牧推广技术人员。但不负责畜牧业的研究工作，如家畜研究站隶属于农技推广部门（AGRITEX）和研究专家司。

2. 畜牧兽医社会团体及兽医私营机构

在津巴布韦，除政府的兽医机构外，还建有众多的兽医团体和私营机构，在兽医领域内发挥着重要的作用。

家畜发展信托基金会（LDT）：该机构成立后，接管了原来由政府负责管理的小型家畜农场的畜牧兽医服务工作。其具体职能是：村社农户家畜围栏的建设；小母牛贷款计划的管理；在社区农户中建立家畜发展委员会协调社区农户牲畜的牛的药浴工作；药浴费用的收取等。在有牲畜药浴池的地方由农民自己选举产生家畜发展委员会成员。该机构另一任务是家畜畜种调整和发展计划。该机构已经成为津巴布韦农业部畜牧业司所管辖的机构。

私营机构：津巴布韦畜牧业私营机构发展完善，在食物链的每一个环节如生产者、屠宰场、加工厂、零售商都发挥着不同的作用，同时也是一个机构健全、发育良好的服务行业。

3. 半国营性质机构

半国营企业，包括拍卖局、饲料生产厂、兽医制药厂、兽医实验室、家畜贩运局、农业培训学院等机构发展的很健全、很完善。历史上，随着大型商业农场的发展，半国营企业发挥着非常重要的作用，其服务水平也较高。但近年来随着大规模农场家畜数量的减少，半国营行业也面临着生存问题，目前出现了行业合并现象。

由于村社农业投入相对较少，这些半国营企业没有制定针对村社农业服务的措施。政府对这些半国营企业也没有更多的扶持政策。如国家冷库公司以前一直对肉牛的交易和销售起着非常重要的作用，但在过去的10年间，私营肉牛拍卖者、投机者、私营屠宰厂和家畜发展信托（LDT）开始更多的参与村社农户肉牛的交易活动。尤其是家畜发展信托基金会已经与小农户的家畜生产和发展融为一体。半国营企业面临着生存问题。

4. 兽医实验室服务

兽医实验室由公共兽医诊断服务（中央兽医实验室（CVL）和省级实验室）、私人兽医实验室（ZIMVET、VETCO、AGLABS 和 LAKE HARVEST）和半国营兽医实验室（津巴布韦大学兽医系）组成。

公共兽医实验室服务：公共兽医实验室是国家参考实验室，负责动物卫生研究。是开展动物卫生及动物产品样品为基础的疾病监测实验室，以保证出口产品卫生安全的国家主管部门。

私人兽医服务：私人兽医室每年要通过兽医外科协会的检查认证后才能提供服务，同时要向官方报告可疑的或确诊的动物疫病。经过认证的私人兽医实验室可以开展禽病、鱼病、乳品质量、猪病、乳房炎和饲料分析等方面的检测工作。

5．畜牧兽医方面的投入

境外和国际组织对津巴布韦畜牧兽医的投入：畜牧兽医的主要经费来源是联合国粮农组织、国际兽医组织和部分国家的援助。然而，大部分援助是针对牲畜疾病的预防和控制，是针对疾病暴发时的紧急的援助。援助的资金很少用在改善和提高牲畜生产效率上。

津巴布韦政府（PSIP）对畜牧兽医的投入：PSIP是一项支持牲畜头数的恢复和补栏计划。该计划在2004、2005和2006年3年中分别用于264 304和106个新分的土地的农民。享受该计划的农户要达到以下条件：拥有土地（所有权证、租赁证）；充足的饲养设施；有充足的草场/饲料和水；当地政府推荐信（兽医，技术推广，畜牧等部门）；强制性保险；可行的项目建议。要求的条件比较苛刻，一般的农户很难达到标准，所以该计划的受益者还只是一小部分新分得土地的农民。

6．兽医事业发展的制约因素

兽医法律体系方面。《津巴布韦动物卫生法案》自20世纪60年代实施，当时法案的侧重点是管理白人耕作的大型商业农场。到60年代中期修订后，至今再未组织修订。随着津巴布韦土地改革的进行，大型商业农场逐步萎缩，新兴的中小型农场和社区农户日趋成为国家畜牧业的主导，原有的法律法规体系已经不适应现在形势的需要。

人才流失严重，兽医技术推广难以到位。近些年来，受高通胀、高失业率以及社会收入水平的下降的影响，大量的具有业务专长的技术人员离职，分赴个体公司或到周边国家谋生，加之每年因经济困难本国畜牧兽医高等学校培养的人员越来越少，导致畜牧兽医专业技术人员严重缺乏。另外由于对畜牧兽医事业经费投入不足，技术人员缺少基层推广经费和必要的交通费用，导致基层兽医技术推广工作难以深入基层,大量兽医技术人员人浮于事,无所事事。

兽医基础设施老化、缺乏维修,损毁严重。长期以来,兽医基础设施包括实验室、清洁室、药浴池、喷雾栅栏、漏斗状围栏、栅栏过道、围场或其他建筑或物品等因经费缺乏得不到及时维护,大量兽医基础设施损毁严重,并且被盗窃。

由于大型商业养殖场的数量减少,兽药工业逐步萎缩,市场上本国生产的登记注册的兽药消失殆尽。例如2004年2月27日政府公告中已经有56个兽药品种注销了注册。

七、农产品消费、流通与贸易

(一)农产品市场与贸易

津巴布韦的出口产品包括矿产品(白金、黄金、镍、钻石等)、农产品(烟草、糖、园艺产品)和工业制成品(有些矿物加工为基础的产品和其他)。

烟草、棉花生产在2006年创历史新低后,进入2007年情况略有好转,但到2008年有所下降,2009年进一步减少。制糖业也表现不佳。近年来,津巴布韦的农业出口总体呈下降趋势,2007年和2000年相比,农业出口额下降了53%。津巴布韦主要外贸产品及数量见表11。

表11 2000—2007年外贸产品及数量　　　　　　(单位:万美元)

年份	烟草	糖	园艺	皮棉	其他农业出口	总农业出口	全国总出口	农业出口占全国总出口%
2000	548.8	95.7	125.4	156	88	1 013.9	2 202.9	46.0
2001	594.1	70	119.1	81.9	49.7	914.8	2 113.7	43.3
2002	434.6	64.1	126.7	53.2	21.2	699.8	1 802.3	38.8
2003	321.3	54.8	118.7	67.2	21.2	583.2	1 669.9	34.9
2004	226.7	53.9	84.1	122.1	19.5	506.3	1 684.2	30.1
2005	203.8	43.1	75.9	96.3	13.1	432.2	1 606.1	26.9
2006	206.9	81	54.4	107.8	26.1	476.2	1 730.1	27.5
2007	218.6	74	55.5	104.5	22.8	475.4	1 598.1	29.7
2000—2007下降%	60	23	56	33	74	53	27	196.3

（二）水产品市场及进出口情况

津巴布韦的水产品市场需求远大于鱼类产量，水产养殖产量与当地需求和国际市场极不相称。据统计，全国只有不到20%的消费者能购买到鱼。鱼产品需求量较大的群体为城市居民和较富裕的农村地区。人们需求的不仅是加工的鱼产品，如鱼片等，就是对鱼头、鱼腹及鱼油的需求量也极大。

小鱼贩是国内鱼市场的销售主体，他们先从鱼产地购买鲜鱼，然后干制，再运往农村和城镇市场销售。但在津巴布韦，除了沙丁鱼一般干制消费外，国内消费者大多喜欢食用新鲜鱼。

卡里巴湖鱼场鱼产品主要用于出口，其价格接近20美元/千克。冰冻、冰鲜罗非鱼鱼片和全鱼是最珍贵的淡水鱼之一，出口到美国、欧洲和南非市场。目前在世界市场上，津巴布韦罗非鱼鱼片是众所周知的，并以高品质著称。

津巴布韦也从周边国家进口一些水产品。进口国主要是南非和莫桑比克，进口的主要品种是鲤科鱼、金枪鱼、大对虾，基尾虾和螃蟹，其销售市场多为大型超市和酒店。另外还从纳米比亚进口鲭鱼以及从莫桑比克进口小沙丁鱼，但这些水产品一般在较低档的市场销售。

八、农业资源开发与生态环境保护

（一）农业气候环境

津巴布韦共有8个省，每个省都种植着粮食作物和经济作物。限制农业生产发展的主要因素是降水、农田养分的输入等问题。即使是在气候条件最差的马特贝莱南省，如果拥有灌溉设施及充足的肥料，作物生产的潜力也能够充分发挥出来。津巴布韦自然灾害较少，除干旱外基本无其他自然灾害。各省份的气象数据资料见表12。

表12 津巴布韦各省份的气象数据资料

省 份	月平均温度℃	1985—2005年月平均最高温度℃	1985—2005年月平均最低温度℃	日照时数（时）	降水量（mm）
马尼卡兰省	15.3	25.4（1996年11月）	2.8（2004年6月）	7.6	1 127.1
马绍兰中省	25.6	39.3（1995年10月）	5.5（2004年7月）	8.0	753.4 452
马绍兰东省	17.7	29.4（1995年10月）	1.9（2005年6月）	10.0	859.7 893

（续表）

省　份	月平均温度℃	1985—2005 年月平均最高温度℃	1985—2005 年月平均最低温度℃	日照时数（时）	降水量（mm）
马绍兰西省	20.4	33.4（1992 年 5 月）	1.4（2004 年 6 月）		774.612
马兴戈省	23.8	37.7（2002 年 1 月）	4.9（2004 年 6 月）	8.5	339.0 223
马特贝莱北省	21.3	34.9（1996 年 10 月）	2.1（2004 年 7 月）	8.9	637.561
马特贝莱南省	21.3	36.1（1992 年 2 月）	2.6（2004 年 7 月）	8.0	460.3 073
中部省	18.2	31.5（1995 年 10 月）	2.2（2004 年 7 月）	8.8	738.6 103

（二）水资源现状、使用及管理

津巴布韦的地面水以河流为界，全国划分为 7 个流域区。津巴布韦水资源现状有以下特点：

一是年降雨量地域分布不均匀。津巴布韦西南部有 1/4 的土地面积年均降雨量在 400 毫米以下；而东部部分山区可达 2 000 毫米以上。年均降雨量为 685 毫米，可折算成为 2 670 亿立方米水量，而有效径流为 240 亿立方米。

二是政府管理的原则。地方优先，有偿使用，节约优先，谁污染谁治理；地上地下水同样属于稀缺资源，具有同等重要性；妇女同权，国家管理，人人有权使用，但主权属于国家。

三是水库开发。目前总库容为 480 亿立方米。国家仅管理 25%，约 120 亿立方米。2 200 个水库由国家和个体建设。其中 260 座为大型水库和 1 940 座为小型水库（传统分级）。

四是投资机遇。由于缺少灌溉系统，6.12 亿立方米水体等待开发和利用。目前全国的土地仅可保灌 20 万公顷。

五是在建未完工大坝。由于经济或资金问题在建未完工的大坝总库容为 29.93 亿立方米，占总可开采资源的 6%，占已利用的 31%。

（三）林业资源

1. 主要林业资源状况

津巴布韦林业资源丰富，全国 66% 的国土面积为森林植被覆盖。特点是南部以热带稀树草原林地为主，东部地区为亚热带森林。

为保护森林，津巴布韦政府制订了多项保护政策，如：国家专门辟出占国土面积的15%为森林保护地，其中保护性林地占2%，国家森林公园占13%。森林为津巴布韦提供了大量的木材和非木材的森林产品。林地净化了空气，提供了充足的氧气，是人们休闲的理想场所。

但是，津巴布韦森林保护也面临着一些问题，面积正在以较快的速度减少。根据资料，每年全国大约有7万公顷的森林被砍伐。对森林的采伐破坏主要集中在村社农场和农民重新安置地地区。土地改革运动以来，由于重新安置地的15万农户开垦了大量的土地种植农作物和饲草饲养牲畜，毁坏了大量的林地。在人口稠密地区如CHIVI，森林覆盖率只有30%。

2. 林木储藏量及分布

全国木材总囤积量估计为63 600万吨。森林公园、大型商业农场和村社农场分别占42%、40%和16%。尽管村社地区占有大量的土地面积，但与其他类型农场相比，村社农场的木材囤积量最少。主要是村社区农户由于开垦耕地而大肆砍伐森林的结果。

津巴布韦是《京都议定书》、《防止沙漠化公约》、《蒙特利尔协议》的签字方，也是《濒危动物保护国际组织》的签字方。根据这些国际公约和协议，制定了本国的相应公约和行动计划，主要包括：国家动物多样性战略和行动计划；防止气候变暖的国家计划；防止沙漠化国家行动计划等。

津巴布韦虽然是京都议定书的签约方，但到目前为止还没有获得过任何国际上在森林保护上给予的资金支持。政府虽然一直承诺加大在森林保护上面的投资，但到目前为止还没有具体的行动。如何加强与国际组织及其他国家在森林保护上进行合作和开发是政府面临的重要任务。

3. 国家实施的造林计划

森林管理局隶属于环境和旅游部下的一个半国营性质的企业，负责实施国家重新造林计划。自1983年以来，通过与其他政府部门和非政府组织的合作，在农村地区实施了造林项目。该项目是分为几个阶段实施的。

第一阶段：1983—1989年。该项目实施主要基于社区土地农户的缺乏薪材而实行的。社区农场聚居着全国65%的人口，关系国家的稳定。这一项目主要是种植外来速生林木为主，种植桉树，以减轻对本土林木品种的压力。通过项目实施全国建立了73个中心林区。桉树从1983年的20万株增加到1989年底的420万株。

第二阶段：1990—1998年。该项目仍然以种植桉树为主，但增加了外来的果树品种和本地的经济林木树种，既造林又兼顾了当地的粮食安全问题。通过项目实施，苗木从1990年的320万株增加到1998年的900万株，苗木成活率大约为67%，同时建立了1 470个农林点，林地数目达803个，共计64 000公顷。

第三阶段：1999年至现今。主要是实施农业扶持项目，其主要目的为：一是提高树木和森林资源的数量和质量；二是通过促进以林产品加工为基础的企业，从木材和非木材森林产品方面提高农村收入；三是合理利用树木及森林资源，提高当地林业经营水平，促进林业发展。自1999年以来共生产了1 000万株苗木，建立了501个林业管理站，1 134个林业管理点。

第三部分　津巴布韦农业发展的经验教训和对策建议

一、津巴布韦农业发展的经验和教训

（一）主要农业政策及措施

1. 2000年以前的农业政策

津巴布韦的农业政策框架（ZAPF1995—2020）。1980年独立时至1995年，津巴布韦没有任何关于农业发展方面的政策文件。1995年，津巴布韦的农业政策框架（ZAPF1995—2020）出台，该文件制定了25年内农业发展目标和政策建议，并进行了充分广泛的讨论。该文件对津巴布韦将来的农业发展起到了非常重要的指导作用。

战略粮食储备政策。津巴布韦独立后不久，政府实施了战略粮食储备（SGR的）政策。该政策规定：国家粮食销售局（Grain marketing board）负责粮食战略储备的任务，政府提供相应的资金。所储备的粮食主要目的是用于贴补灾年。战略粮食储备主要是贮存玉米，建立了相应的贮备粮库，最初的储备量为200 000吨，以后逐渐达到600 000吨的贮备能力。粮食贮备政策是一个非常好的政策，一是丰年时，及时地收购农产品，补充到粮库中；二是在粮食欠收时或灾年时，可以动用粮库中的存粮，用于就灾。曾经发挥了一定的作用。但到1996年时，一些政客对战略粮食贮备提出了异议，认为大批的粮食存在仓库中，增加了贮存的成本，尤其是在雨季，粮食很难保存。于是政府决定粮食战略储备库以现金外汇的形式运行，将贮存的粮食卖给了马拉维和其他国家，换来的外汇放在贮备银行。但政府动用了这些外汇贮备用来进口了燃料。所以在2000年发生灾情时，出现了粮食短缺问题，需要用外汇进口粮食。但由于外汇用作了其他目的，很难由国外进口粮食。一直到目前，粮食战略储备的政策执行是失败的，严重影响了国家的粮食安全。

2. 2000年以后的粮食价格及农业政策

政府对粮食投入和粮食的定价机制

由于政府控制着粮食生产价格，价格是扭曲的，粮食价格与农业生产成本没有直接的联系。政府虽然在粮食播种前，一直承诺要以较高的价格购买农产品以鼓励农民进行农业生产，但为避免通货膨胀，粮食的收购价格还是压的很低。政府支付给农民在玉米和小麦方面的价格，难以支付其生产成本。

政府控制着的粮食销售局（Grain Marketing Board）对粮食加工厂的原粮销售价格也实行控制。2001—2005年，政府给粮食加工厂的玉米小麦定的销售价格一直保持不变，引起了粮食加工厂的不满，粮食加工厂随即自行调整了价格。政府虽然希望控制玉米面和面包等食品的销售价格，以维护消费者的利益，但很难执行。农产品生产者的价格与消费者所支付的价格存在着巨大的差距。粮食加工厂和粮食贩子见有利可图，从事着粮食销售环节的投机违法行为。

由于政府难以为谷物特别是玉米和小麦制定一个切合实际的价格，许多从事粮食生产的农民转而种植烟草、棉花等其他高效作物。虽然有些农民依然种植玉米，但还是缩小了玉米种植面积，所生产的玉米只供自己食用。粮食种植面积的减少导致了非产粮区以及城镇人口的缺粮问题。

政府投入计划（Government Input Scheme）

2000年，政府宣布未来6年内将对农业生产进行大量的投入。农业部负责计划实施和监管预算经费。但预算中的政府投入从来没有足额到位。主要的原因是缺乏现金回笼，尤其好似给农户的商业贷款到期很难回收，甚至农民根本就不偿还。由于实施土地改革农民虽然有了土地，但不能作为农民的抵押担保。银行也没有更多的办法回收贷款。由于缺乏足够的资金支持，政府投入计划没有得到很好的实施，挫伤了农民从事农业生产的积极性，影响了农业生产的发展。2003年，津巴布韦的财政部决定终止执行政府农业投入计划。以另外一项资金计划取代政府农业投入计划。

生产力促进基金（The Productive Sector Facility）

生产力促进基金（PSF）是由津巴布韦政府通过储备银行（RBZ）在2004年对农业投入采取的措施。由于财政预算困难，所以决定以生产力促进基金作为政府对农业的投入。生产力促进基金当时也应用于了政府其他财政预算不足的部门。该项基金通过国家储备银行（RBZ）发放，用于粮食作物生产的贷款，其利率为25%。这种利率在当时还是具有吸引力的，因为当时普遍实行的利率为300%～400%。生产力促进基金分两项贷款，一个是季节性贷款为6个月的期限，另一种是能够形成资本的贷款是18个月的期限。实际上，这种贷款的偿还期限还是太短。因为贷款到期时，所收获的农作物还没有销售出去，形不成资金返还。

生产力促进基金设计及使用都存在很多问题：一是到期不能偿还的贷款立即变成了商业性贷款。而当时的商业贷款利率为300%和400%。二是贷款使用者是农户个体，但农户可以直接从商业银行贷款，贷款的偿还由国家储备银行负责。这对商业银行来说增加了贷款风险。三是国家储备银行（RBZ）的资金不能按时划拨到商业银行，而商业银行的发放的贷款也难以按时发放到个体农户。由此耽误了农时季节造成了粮食减产。四是商业银行认为贷款的手续费非常的低，要求适当增加，但国家储备银行（RBZ）没有同意其要求。五是商业银行的贷款到期时，农产品还没有收获或还没有销售出去。六是贷款到期时，商业银行先以贷款的农户名义偿还了贷款，但商业银行又把代替农户偿还的贷款作为商业贷款对待，而商业的贷款的利率是非常高的。由于商业银行把这些到期的农业贷款转变成为商业贷款，迫使农民陷入债务危机，甚至有些农民无力偿还，很难再进行农业生产。七是虽然国家储备银行（RBZ）向商业银行追回了贷款，但商业银行又向农民施压以达到回收贷款的目的。形成了恶性循环，对农民造成了很大的压力。八是一些农民不履行协议，自由销售粮食，影响了粮食安全的目标。由于以上的原因，生产力促进基金在执行的第一年就已失败告终，迫使国家储备银行（RBZ）再一次重新考虑对农业投入的计划及措施。

农业部门生产力促进资金（the Agricultural Sector Productivity Enhancement Facility–ASPEF）

农业部门的生产力促进基金（ASPEF），是考虑到生产部门资金的不足而提出来的一项政策，并在许多方面进行了改进。主要是对一些关键的农业领域进行资助，如：灌溉设施修复、园艺、农作物与畜牧业生产、新灌溉项目的扶持等。该项政策的实施没有达到预期的目标，主要是该项资金的是由中央银行操作的，与农业部和与其他部门衔接的不好，职责不清而导致的。由于该项扶持资金设计和执行过程中存在诸多的问题，预定的目标未能实现。

马古塔（Maguta）/因拉（Inala）/粮食安全计划

马古塔（Maguta）/因拉（Inala）是当地的语言，即粮食安全。粮食安全计划是津巴布韦政府于2005年宣布实施的一项命令式农业发展行动，是政府从提高国家食品安全角度出发出台的一项政策，目的是为了增加粮食生产的能力。政府选择一些农场，通过改善后勤服务，早期为农民提供农资投入，如种子、化肥、农机具等，指导农民种植目标性农产品，如玉米、小麦等粮食作物。同时政府布置军队监管战略性作物如玉米、小麦、烟草等的生产，以尽快提高农业产量，结束困扰津巴布韦长达5年的食品短缺地局面。

优异农民计划（the Champion Farmers Program）

随着粮食安全形势恶化，政府于2000年夏季推出了食品安全行动（即优异农民）计划。根据该项计划，政府承诺向能够生产出高产量的农民给予农业投入。当时的目标是：政府提供的农资由最优秀的农民充分利用，以少量的投入取得最大的回报，以促进粮食生产和粮食安全。但该方案的实施也存在一些问题，比如：政策规定，凡是填写申请表的农民都可以得到该项政策的支持，政府忽视了对申请农民生产能力的评估和生产过程中的监督。绝大多数申请这个项目的农民对项目的目标不是很清楚。项目初期，投入品到位及时。而到项目后期，政府又修改并减少了投入品的计划，发放的数量不足计划的50%，农业投入品到达滞后和消减对粮食产量造成了很大的影响。加之由于缺乏燃油和交通工具，一些地区的项目实施的较晚，对整个项目的结果产生了影响。

农民燃油补贴计划（Subsidized Fuel for Farmers）

考虑到成本和农业生产的实际困难，津政府实施了为农民提供燃油补贴的政策。该项政策最初的实施由农业部执行，但后来能源和电力发展部接管了此项计划的实施。由于能源和电力发展部的工作人员根本就不知道农民需要什么，许多计划不切合实际，分配的燃油的数量根本没有考虑到农民的需求量。该部的工作人员甚至不具备分清农民与非农民的能力，一些从事非农业生产的农民领到燃油后到黑市上去卖掉。因燃油或交通工具的缺乏，能源和电力发展部难以进行实地监督和跟踪以确保燃油的使用目的。签约的燃料公司在给农民分配燃油时推迟发放时间或减少应发放给农民的燃油数量，把剩余的燃油转移到商业市场上销售以赚取高额回报。正是由于上述的不足之处，该项计划使农民的农业生产受到了影响，一定程度上对农业生产产生了负面影响。国家对农民燃油补贴的政策由于实施不力而终止，没有达到预期目的。

减少对市场的干预政策

随着2009年国家货币和财政政策的出台，政府取消了对小麦和玉米价格的管制。由于政府减少了对粮食价格的控制，粮食价格主要有市场来决定，一定程度上可以提高农民的种粮收益。虽然实施这项新的政策会导致有可能投入成本大幅上升，但从长远的角度来说，农民是会从该项政策中受益的。

调整了粮食销售局的职能

2009年前，粮食销售局掌握着农业投入品的销售、分发，同时垄断着粮食销售的渠道。在2009年，政府取消了粮食销售局粮食销售的垄断地位。粮食销售局可以到市场上去收购粮食，可以发布次年粮食的需求量以指导农民的粮食生产。最重要的任务是，该局可以制定粮食的指导价格，而且在农民卖粮困难时，以保护价收购农民的粮食。

（二）主要做法

津巴布韦自1980年独立后，政府非常重视农业发展，吸取部分非洲国家的经验教训，既保护白人商业农场，又注意扶持村社农业和小农经济。在2000年前，根据经济总体发展目标，对农业生产和销售体制进行了一系列改革并取得了一定成效。其具体做法是：

一是保留大商业农场，继续发挥白人商业农场主的积极性。独立后政府基本上能够遵守兰开斯特大厦协议，在征购白人商业农场和实施重新安置计划时注意循序渐进，并允许白人商业农场保留其一贯的经营方式，政策上适当放宽。此外还先后任命一些白人农场主担任农业部长或副部长等职务，以调动其积极性并稳定人心。不少大商业农场由原来的多样化种植转向种植利润较大的少数几种出口创汇型农作物，尤其是烟草。大商业农场处于农业生产战略中心地位。

二是积极扶持村社农民和小农经济。为提高村社土地和重新安置土地的生产水平，独立后头五年，政府通过免费发放种子、化肥、提供技术咨询、实施优惠贷款等措施积极扶持村社农民和小农经济。八十年代后半期，政府对村社农业的支持有所减少，但扶持村社农业和小农经济一直是津农业政策的重要部分。村社地区农业产值在津巴布韦独立时只占整个农业产值的20%，到2000年前提高到了30%以上。但是，也存在一些问题，如很多的村社农民由原来种植粮食作物改种经济作物，导致国家粮食安全水平降低。

三是改革农产品购销政策和国有农业企业。1994年以前，政府通过烟草销售局和农业销售局下属的粮食销售局、棉花销售局、奶制品销售局、国家冷库公司四个国有企业，严格控制着农产品的购销业务。这些国有机构在历史上确曾发挥了很好的作用。但随着时间的推移，由于管理不善，逐渐显露出效率低下，企业严重亏损等弊病，每年需政府的巨额补贴。1994年以来，除烟草销售局外，政府对农产品购销政策和四个农业国有企业进行了一系列改革，逐步将农业生产和农产品的购销纳入市场经济体制。所采取的措施主要有：①改革农产品购销政策，取消对玉米、棉花、葵花籽、大豆、花生、小麦等农作物价格和销售的管制，允许自由买卖和加工，由市场决定农产品价格，以刺激生产和销售。②放宽除玉米外几乎所有粮食的进出口限制。1995—1996年度，政府放宽了小麦进口的限制，在经农业部审批并监督，私人可以参与小麦的进口。

③取消农业销售局,并对其下属的四个国有企业陆续实施商业化自主经营和私有化改革。1995年1月政府宣布承担粮食销售局、冷藏委员会及棉花销售局三个企业的债务,政府除负担每年维持50万~94万吨战略储备玉米的费用外,今后不再向三个国有企业提供资金,将企业推向市场,自负盈亏。④鉴于粮食的重要性,依然保留粮食销售局为国有企业,负责国家战略玉米储备和垄断玉米进出口,以调节国内供求和维持战略储备。该企业兼有商业职能和社会职能,政府只对其履行的社会职能部分进行补贴。

四是建立了完善的农业组织和服务机构。津农业组织、服务机构较为健全,既有政府组织,又有私人机构,分工较为明确,对确保农业发展起了较大作用。①农业金融公司[AGRICULTURE FINANCE CORPORATION,AFC],1970年通过合并农业土地银行和农业贷款基金而建立,其宗旨是通过提供信贷增加农业生产投入和发展农业市场,该公司目前正酝酿转变为农业商业银行。②商业农场主联盟[COMMERCIAL FARMERS UNION,CFU],成立于20世纪40年代,代表大商业农场主(主要是白人)利益,从事大商业农场的协调及管理。③津农场主联盟[ZIMBABWE FARMERS UNION,ZFU],由原津国家农场主联盟和津国家农场主协会于20世纪90年代初合并而成,主要代表小商业农场(主要由黑人经营)、村社地区和重新安置地农民的利益。其宗旨是通过与政府协商,努力向农民提供土地、技术、贷款等便利条件,扶持小农经济。④本地人商业农场主联盟[INDIGENOUS COMMERCIAL FARMERS UNION,ICFU],成立于20世纪90年代初,主要代表新近发展起来的本地黑人商业农场主利益。

二、津巴布韦农业发展存在的主要问题

1997年,津巴布韦政府决定要加快土地改革进程,提出改变以前实行的对白人土地的赎买政策,转而对白人的土地强行征购。快速土地改革运动于2000年开始实施,大批白人农场被占,农场设施遭到了损毁,生产力遭到极大破坏,导致白人管理的大型商业农场面积剧减,影响了白人农场主的生产积极性。快速土地改革运动由于影响了津巴布韦欧裔白人的利益,遭到了西方国家的反对,并对津巴布韦政府进行了制裁,该制裁延续至今。津巴布韦农业发展存在的主要问题有以下方面。

一是津巴布韦政府高级官员通过土地改革运动,采用各种手段占有了大片土地,黑人大型商业农场有所发展,但因经营管理不善,负债累累,纷纷破产,

造成土地闲置和浪费。

二是农民无地和缺地现象仍较严重。同时，部分被重新安置农民和小农户又因缺乏资金而无力增加农业投入，影响了粮食产量。

三是津巴布韦的 GDP 已经连续 10 年下降。农业国内生产总值增长率在 2008 年出现 17.5% 的负增长。农业出口由占全国出口总额的 40% 下降到 14% 左右。粮食安全问题严重。津巴布韦全国四分之一的粮食需要外部提供或进口（约 50 万吨粮食）。

四是缺乏全面的中长期土地改革战略。如何在土地改革后使农业得到尽快恢复并持续发展方面政策缺失，粮食短缺问题、农工企业发展，人员就业及外汇收入等问题是政府面临的主要问题。

五是靠天吃饭仍是津农业中的突出问题。政府曾一度重视水利建设，建设了大约 12 000 多个小型水库。但随着经济状况恶化，国家对于水利设施投入很少。即便是农业基础设施比较好的大商业农场，生产也受制于降雨情况，广大的原住民和重新安置地的农业生产则完全依赖降雨，每逢旱灾，农业生产急剧下滑，从而影响整个国民经济。

六是缺乏农资产品，技术服务缺位。近年来，由于外汇收入减少，本国农资产品生产情况不佳，缺少大量的农业投入品，农村的信贷体系已经崩溃。尤其是小农户农民，缺乏资金而无力增加投入种子、工具、燃料、化肥，且由于农技推广队伍处于瘫痪，技术推广不到位，粮食产量非常低。田间灌溉设施年久失修，或根本就没有灌溉设施等。大部分新分得土地的农民缺乏农资、拖拉机、燃料、电力等，可耕地的使用率只有 50%。

七是土地所有权问题。虽然小农户分得了土地，但没有土地拥有权，只有土地的使用权。所以农民们不愿在自己耕种的土地上投资，同时对水土保持也不关心。

八是本土化政策问题。《本土化和经济授权法案》规定在津企业必须实现津本土人控股 51% 以上，特别是外国人和白人拥有的企业必须将 51% 的股份出售给当地黑人或津政府；新的投资企业必须为本土人预留 51% 以上的股份才能获准经营。对控股进行兼并、分拆收购、重组、投资和放弃时，须经本土化合经济授权部长批准。

九是农产品价格问题。虽然政府一直承诺以较高的价格收购粮食，但屡屡失言，影响了政府形象，打击了农民种粮的积极性。如玉米的销售，虽然市场放开了，但有价无市，收购玉米的还是半国有企业的粮食销售局，玉米的的定价为 256 美元 / 吨，实际给付价格只有 180～200 美元。

三、对津巴布韦农业发展的对策建议

（一）对农田水利工作的建议

一是采取综合措施，加大现代农业投入，夯实现代农业基础。开展全国性广泛的农田整治工作。制定全国国土整治长期规划和近期规划，加强农田整治；农田整治应田、林、路、渠综合规划、分段实施。

二是广泛动员开展农田灌溉基本教育活动，积极动员鼓励开发地下水和小型水库，明晰水权和产权，加大水资源开发利用，扩大农田灌溉面积，提高粮食总产。

三是加大宣传和推广力度。动员推广部门、技术单位、新闻和教育各界，对津巴布韦的已经明确的、简单易行的农田灌溉先进技术和经验总结、推广和宣传。

四是因地制宜，提倡发展和建立自流灌区；改高压、高扬程提水喷灌为低压喷灌或有条件地建设滴灌、微喷灌，大力提倡发展和推广综合节水灌溉技术。建立和扶持节水灌溉示范典型。加强已建农田灌溉项目的管理和运行技术指导工作，节能降耗，提高现有农田灌溉设施的综合效益。

五是彻底改变低能源价格时期的设计和管理理念，加大规划、在建和已建农田灌溉项目的节能降耗系统管理，重新评价和检验这些项目的可行性、规划、建造、运行和管理，分析其经济、社会、环境效益，给出新理念下的系统评估和改进。

（二）对渔业发展的建议

一是提升渔业部门地位。二是制订鼓励渔业生产政策和管理条例。三是充分发挥现有渔业机构职能，加大水产养殖研究和推广力度。四是充分利用现有资源，进行渔业生态养殖。五是教学专业化和适用化。六是进行水产养殖分区，丰富水产养殖设备。同时，合资合作生产水产养殖设备，大力扶持和鼓励社会资金进入水产养殖行业，对进入水产养殖的公司和个人实行资金优惠政策等奖励措施。

（三）对草场改良及合理使用的建议

应采取三种办法来改进草场的质量。第一，在自然放牧地区，应限制草场的载畜量。这样做能够防止过度放牧带来的草场质量下降，在干旱季节保持饲草的充足供应。第二，在津巴布韦南部放牧区，可以有目的的播种一些禾本牧草和豆科草类，以改进草场的质量。豆科牧草不仅可以改善土壤肥力，而且在干旱季节，可以保持牛的体重。第三，农民应建立自己的饲料饲草仓库，以应对干旱季节带来的饲草问题。尤其是肉牛和产奶牛，在干旱季节应有充足的草料。

（四）对畜牧兽医工作的建议

一是注重家畜营养及饲料生产。应建立适当的草原管理系统，恢复草场的基础设施，如围栏、防火、沟壑填埋，种植优质牧草。二是大力发展饲料工业。三是保护、改良遗传物质。四是要有金融与财政的支持。五是建立外汇基金，建立一种基金用于进口畜牧业发展所需的设备和用品。六是加强畜产品出口。七是加强产品进口管理。八是做好畜牧兽医技术服务。九是加强动物卫生服务系统建设。十是将农民组织起来，让农民发展能影响主流商业经济的成分。十一是制定畜牧业防灾应急计划，增加饲草饲料产量；十二是实现有序的市场营销。十三是修复损毁的畜牧业基础设施。十四是加强畜牧业的研究工作。十五是加强肉类加工厂的维修及建设，提高畜产品的加工能力。

第四部分 津巴布韦与中国农业合作的情况

一、中津农业合作进展成效

(一) 中国对津巴布韦农业援助

2009年5月,中国、津巴布韦两国政府正式启动农业合作项目二期,由中国进出口银行向津提供2.8亿元人民币优惠贷款,"农民世界"股份有限公司从中国中工国际股份有限公司进口2 480多台套拖拉机、联合收割机等农机具以及装载机、挖掘机等工程设备。

2009年5月,利用双边援助资金通过WFP向津巴布韦提供500万美元紧急粮援,采购了7 136吨玉米提供给津巴布韦政府。

2009年7月,中国无偿援助津巴布韦4 000吨黄豆。

2009年10月,援助建立一座农业技术示范中心,已于当年10月份开工建设。投资600万美元。

2009年10月,派遣10名农业技术专家到津巴布韦开展农业技术援助工作,开展政策及宏观规划咨询、技术指导和技术培训等活动。

(二) 中津农业合作

1. 灌溉机械方面的合作

中国在津巴布没有成套的灌溉工程援助项目。只是一些灌溉机械设备援助,如变压器、测量仪器、工程机械、水泵、电缆等物资援助。中国许多公司在津巴布韦销售灌溉设备,也有一些制造厂商开始在当地设厂投资生产相关设备。销售相对较多的是塑料管厂,主要供应矿山开发,兼做灌溉工程配套。

2. 渔业方面的合作

至2010年,在渔业领域合作项目上,还只是学术交流。津巴布韦已两次共派4人参加过中国援助非洲国家水产技术人员的培训。津方人员在接受培训回国后,大力倡导应用中国的渔业发展经验,提高自己渔业管理及水产养殖能力。

3. 畜牧兽医方面的合作

在2008—2010年采采蝇和蜱对牛的生产和生产性的影响项目上,中国援助津方301.5万美元,该项目尚在进行中。

4. 种植业方面的合作

津巴布韦定期选派科研人员赴中国学习育种和栽培新技术。2010年津巴布韦选派两批8人次赴中国学习水稻和棉花育种和栽培技术。中国企业与津巴布韦在种植业方面已有合作。中烟公司已经在津注册成立独资公司,成为执行近百年的烟草拍卖制度后获得"合同化"种植和进入津拍卖行资格的第一家中国公司。之后有山东德棉集团有限公司与津巴布韦进行合作,开展棉花生产贸易;湖北农垦集团公司也来津巴布韦考察,已经开展烟草和蔬菜的联合开发。

5. 津巴布韦与其他国家及国际组织开展的农业合作

2000年前,国际机构和西方国家是津巴布韦的主要援助方。具体为联合国粮农组织,世界银行、非洲发展银行、国际农业发展基金、欧洲联盟、英国、丹麦、日本,美国等。根据资料,英国海外发展援助部门(ODA)在20世纪90年代中期对津巴布韦的援助达到了5.62亿美元。由于津巴布韦的土地改革运动,西方国家对津巴布韦采取了政治孤立和经济制裁的双重手段。到2000年时海外发展援助部门的援助只有1.9亿美元。

目前,西方援助均通过多边援助方式进行或只局限于紧急援助部分。其他的援助项目多集中在农业开发项目方面,现正在执行的项目主要有:农村地区抗艾滋病项目、植物资源保护项目、木薯生产项目、促进农村农业发展项目、园艺生产及园艺产品出口项目、禽流感防疫项目、村社农户牲畜药浴药品、建设药浴池项目、对小农户农资及农业投入品的援助项目以及村社农田保护性耕作项目。这些项目的结束期是在2011年底。援助项目的总价值为6 000多万美元。

二、中津农业合作发展前景

作为世界上最大的发展中国家,中国在农业发展上多年来所积累的经验和技术,对津巴布韦农业技术的整体比较优势明显,技术应用适应性强。中国是一个拥有13亿人口的农业大国和发展中国家,未来的农业生产不可避免地面临耕地面积减少、水资源紧缺、生态恶化等多种压力。在进一步提升国内农业综合生产能力的同时，也迫切需要农业"走出去"。中津双方在许多农业领域具有互补性，应进一步加强合作交流，实现互利双赢。中津的农业合作有着很好的前景。

三、对中津农业合作发展的建议

结合津巴布韦农业发展实际，根据中国农业生产取得的经验，对中国可与津巴布韦开展的农业合作提出如下建议。

（一）在农业生产资料方面

津巴布韦农业生产物资投入不足，农药和化肥等农业生产资料非常缺乏，市场需求较大，价格高。中国已形成以大型农资龙头企业为重点，区域性连锁配送中心为骨干的农资生产流通体系。我们双方可开展农资贸易或进行合作生产。

（二）在经济作物生产方面

津巴布韦是世界上重要的烟草生产国，其烟草优良的品质，醇厚的香气及优雅的形态享誉世界。我们双方可在烟草作物生产和加工方面开展进一步合作，保证我从津进口烟草质量与数量，提升中国烟草的品质和档次。津巴布韦棉花品质优良，纤维可纺性好。津方渴望与中国投资者开展从生产到营销等领域的全方位合作。

（三）在粮食生产方面

2000年津政府进行"土地改革"后，多数分得土地的农民缺乏生产资料和生产技术，津大片土地荒芜，出现严重粮食危机。中国在粮食生产方面实施了"高产创建"和"粮丰工程"，形成了包括节水农业技术、测土配方施肥、秸秆还田技术和农业节本增效技术等技术体系。双方可在良种、生产技术等方面开展合作。当前，津巴布韦粮食生产成本不断提高，其投入产出比较低。在这一领域，中国应主要开展技术援助；如要进行投资，应与养殖、加工业相结合，实现循环利用转化增值。

（四）在农机具生产与贸易方面

津巴布韦的土地面积广，对农业机械的需求量很大。津巴布韦实施土地重新分配和安置计划后，大商业农场的数量和面积不断减少，重新安置的小型农场数量增多，对中小型拖拉机、收割机，以及农用灌溉设备的需求量增大。中国有比较健全的农机修造体系，中小农机在东南亚和非洲市场份额较大。我们的农业机械价格低廉、性能实用等特点深受非洲国家的青睐，可采用多样的手段开发津巴布韦农业机械市场。值得一提的是，当地人不注意农机具的维护保养，或因配件短缺，不少农机具使用2~3年后便闲置。因此，提供完善的售后服务，可以提高企业信誉，增强市场竞争力。

（五）在农业科研和教育方面

津巴布韦政府非常重视农业科研和教育工作，设有各种研究所、研究中心和研究站，如作物栽培研究所、植物保护研究所、土壤农化研究所、棉花研究所、作物育种研究所及林业研究中心、草原研究站、园艺研究中心、烟草研究站、蔗糖联合试验站等。这些研究机构与生产密切结合，并服务于生产。我们双方可加强科研机构的技术交流，寻求合作研究的机会，加强人力资源开发合作。

（六）在畜牧业生产方面

近年来，津巴布韦肉牛业的发展下降，2008年，全国肉牛存栏520万头，肉牛的出口创汇由1998年的4 800万美元减少到不足100万美元。目前，津巴布韦政府正着力发展畜牧业，拓展国际畜产品市场。津巴布韦养殖业饲料供不应求，尤其是兽药全部依靠进口。中国在牲畜繁育改良、科学育肥、牛肉加工等方面拥有成熟的技术成果，饲料、兽药等相关产业较为发达，双方在肉牛开发方面前景广阔。其次，当前津巴布韦的奶制品非常短缺，奶牛养殖效益很好，也具有一定的合作开发空间。

（七）在兽医服务方面

1980年独立后，随着开展土地改革运动，白人农场为主导的畜牧业经济逐步被社区农户地区的中小农户畜牧业经济所取代，原有兽医体系服务的重点已经由大型商业白人农场，逐步转向以服务中小型农场和社区农户畜牧业为主。因此，原有的畜牧兽医基础设施和推广服务体系面临着转型问题。中津双方在主要的动物寄生虫病控制、兽医疫苗等生物制剂的研制和开发、兽用医疗器械及兽医人才培养等方面具有较为广阔的开发前景。